沥青路面施工期能耗及排放监测、评估与减量化关键技术及应用

吕思忠　马士杰　主编

中国建材工业出版社

图书在版编目（CIP）数据

沥青路面施工期能耗及排放监测、评估与减量化关键技术及应用 / 吕思忠，马士杰主编. -- 北京 ：中国建材工业出版社，2022.9

ISBN 978-7-5160-3567-2

Ⅰ. ①沥… Ⅱ. ①吕… ②马… Ⅲ. ①沥青路面一路面施工一能量消耗②沥青路面一路面施工一排污一环境监测 Ⅳ. ①U416. 217②X734

中国版本图书馆 CIP 数据核字（2022）第 155911 号

内 容 提 要

本书中的项目采用专业环保技术手段，结合施工场地环境进行全节点、连续式跟踪监测，重点对沥青路面施工期关键环节能耗和排放进行连续监测、分析、评估及模型的建立，开展减量化技术研究，并进行示范应用，构建了沥青路面施工期能耗与排放监测和评估技术体系，提出了沥青路面施工一体化节能与排放控制技术，并将研究成果应用于高速公路改扩建项目中，取得了较好的应用效果。

本书可供道路工程和交通环保等领域的技术人员和科研工作者阅读参考，也可作为道路、交通和环境工程专业的本科生和研究生的学习教材。

沥青路面施工期能耗及排放监测、评估与减量化关键技术及应用

Liqing Lumian Shigongqi Nenghao ji Paifang Jiance、Pinggu yu Jianlianghua Guanjian Jishu ji Yingyong

吕思忠　马士杰　主编

出版发行：中国建材工业出版社
地　　址：北京市海淀区三里河路 11 号
邮　　编：100831
经　　销：全国各地新华书店
印　　刷：北京雁林吉兆印刷有限公司
开　　本：787mm×1092mm　1/16
印　　张：14.25
字　　数：350 千字
版　　次：2022 年 9 月第 1 版
印　　次：2022 年 9 月第 1 次
定　　价：86.00 元

本社网址：www. jccbs. com，微信公众号：zgjcgycbs
请选用正版图书，采购、销售盗版图书属违法行为

本书编委会

主　编： 吕思忠　马士杰

副主编： 付建村　郭建民　苏建明　王　凯　卢林果

参　编： 张　新　李兴锋　杨　飞　孙承吉　章清涛　李征泉

刘方韬　孙卫东　冉德钦　刘治鲁　崔世萍　宋晓辉

徐飞萍　闫庆亮　马晓刚　魏　琨　彭　鹏　姚爱超

李雯婵　杜　瀚　田仕臻　吕　帅　王　冲

前　言

党的十九大报告将“建设美丽中国”列为建设社会主义现代化强国的重要任务，指出“建设生态文明是中华民族永续发展的千年大计”。2020 年，习近平主席在第 75 届联合国大会一般性辩论上郑重宣布，“中国将提高国家自主贡献力度，采取更加有力的政策和措施，二氧化碳排放力争在 2030 年前达到峰值，努力争取 2060 年前实现碳中和”。

环境保护与节能减排是相辅相成、缺一不可的。节能减排目标的实现，首先需要从环境保护层面解决评价技术体系构建的瓶颈，以围绕资源高效循环利用，积极开展替代技术、减量技术、再利用技术、资源化技术、系统化技术等关键技术研究，突破循环经济发展的技术瓶颈，通过科技创新、工艺应用来实现能耗与排放的减量。大力发展节能环保的施工期施工技术和设备，加大对能源综合利用、清洁化使用和排放控制的应用推广力度，对保护环境、节约成本意义重大。

本书为山东省交通运输厅重点研发项目“基于绿色理念的济青高速公路改扩建关键技术集成与示范”（项目编号：2018BZ3）子课题“沥青路面施工期能耗及排放监测、评估与减量化关键技术研究”的主要研究成果，其在济南至青岛高速公路改扩建项目中的应用取得了较好的效果。

本书共分为 8 章。第 1 章从沥青路面施工期能耗及排放评估与减量化等关键技术的研究现状入手，梳理并分析了国内外的研究成果；第 2 章对沥青路面施工期全过程各阶段进行了梳理和分析，提出了沥青路面施工期分析的系统边界和沥青路面施工期分析的系统模型；第 3 章对沥青路面施工期全过程能耗进行监测和评价，明确了能耗和排放关键环节，构建了沥青路面能耗计算评估模型和能耗评估体系，对典型的节能减排技术进行了分析和评估；第 4 章对沥青路面施工期全过程排放进行了监测和评价，确立了污染物排放监测方法，建立了沥青混合料拌和过程大气环境监测平台，同步建立了碳排放计算模型；第 5 章建立了基于生命周期分析的沥青路面节能减排量化分析体系的基本框架，在此基础上以 Excel 为平台开发了适合我国国情的沥青路面节能减排评价系统；第 6 章对我国沥青拌和站现有技术和工艺革新方面进行研究，对沥青路面节能减排进行综合分析和评价；第 7 章主要结合工程实际进行了项目研究技术的应用和比较，采用项目研究开发的相关技术，取得了良好的节能减排效果；第 8 章为结论与建议。

公路路面施工节能与减排是近年来新兴的研究学科，需要深厚的理论研究和大量的实地监测分析作为支撑。本书对国内外研究现状进行了梳理和系统分析，并增加了作者多年来的科研成果总结，以期使其更加完善并得到使用。本书本着抛砖引玉的目的，内容和方法供各位工作者参考。

因作者水平所限，书中难免存在不足之处，恳请广大读者予以批评指正。

作者

2022 年 5 月

目　　录

1 绪　　论

1.1 研究背景和意义

近年来，随着我国国民经济的快速发展，作为服务于经济建设发展的公路交通运输事业取得了举世瞩目的伟大成就。截至2019年年底，我国高速公路通车总里程达到14.96万公里，位居世界第一。但由于早期建成的高速公路大部分按照双向四车道标准设计，随着沿线区域经济的快速发展、道路运营时间的推移，已不能满足日益增长的道路通行的交通需求，因此国内多条高速公路均于近年进行改造升级或者扩建。本课题研究依托的济南至青岛高速公路改扩建工程是山东省第一条改扩建高速公路，于2015年12月获得国家发展改革委核准批复，路线全长309.172km，改扩建由原有的双向四车道改为八车道，于2016年6月开工建设，2019年12月建成通车。

2015年，党的十八届五中全会将生态文明建设提到了一个前所未有的高度，牢固树立绿色发展的新理念，更加重视和加强生态环境保护工作，已经成为“十三五”时期最重要的发展实践之一。李克强总理在当年的政府工作报告中也提出，要聚焦提质增效，推动产业创新升级。报告要求狠抓节能减排和环境保护，各项约束性指标超额完成，公布自主减排行动目标，推动国际气候变化谈判取得积极成果。今后我们国家将继续改善环境和保护生态，促进节能减排和低碳发展，以环境保护优化经济增长，经济社会活动的生产、建设和消费等各环节都不能以破坏生态为代价。

党的十九大报告将“建设美丽中国”列为建设社会主义现代化强国的重要任务，指出“建设生态文明是中华民族永续发展的千年大计”。2020年，习近平主席在第75届联合国大会一般性辩论上郑重宣布，“中国将提高国家自主贡献力度，采取更加有力的政策和措施，二氧化碳排放力争在2030年前达到峰值，努力争取2060年前实现碳中和”。2021年3月15日，习近平总书记主持召开中央财经委员会第九次会议，将碳达峰、碳中和的基本思路和主要举措作为一个重要议题进行研究，会议为“十四五”期间做好碳达峰工作谋划了清晰的“施工图”。明确把碳达峰、碳中和纳入生态文明建设整体布局，这事关中华民族永续发展和构建人类命运共同体。2019年中共中央和国务院印发的《交通强国建设纲要》要求“构建安全、便捷、高效、绿色、经济的现代化综合交通体系”，并从促进资源节约集约利用、强化节能减排和污染防治、强化交通生态环境保护修复等方面提出了交通运输绿色发展的重点方向。近年来，国家将生态环境保护和碳排放、碳中和逐步提升至国家战略的高度，为各行业工作的重点指明了方向。

环境保护与节能减排是相辅相成、缺一不可的。节能减排目标的实现，首先需要从环境保护层面解决评价技术体系构建的瓶颈，以围绕资源高效循环利用，积极开展替代技术、减量技术、再利用技术、资源化技术、系统化技术等关键技术研究，突破循环经济发展的技术瓶颈，通过科技创新、工艺应用来实现能耗与排放的减量。相对于国外制定严格的拌和站等生产减排措施，我国存在标准规范不明确、技术措施不全面、执行力度不到位的弊端，加剧了环境污染，导致近年来我们在筑路、修路、养路持续发展的同时，要面对各大城市大气颗粒物值持续超标、雾霾天气不断、污染指数居高不下的尴尬。在这个前提下，大力发展节能环保的施工期施工技术和设备，加大对能源综合利用、清洁化使用和排放控制的应用推广力度，对保护环境、节约成本意义重大。

众所周知，在沥青路面建设的各个环节都会消耗资源和能源，并产生温室气体及有害气体排放等。国外调查资料显示，修建一条 1km 长的标准双车道沥青路面，需要消耗大约 7.0×10^6 MJ 的能源，相当于 240t 标准煤；丹麦交通部门产生的 CO_2 排放约占全年 CO_2 排放总量的 1/3，其中 95%直接源于交通基础设施建设及运营。根据我国的调查资料统计，2004 年我国公路交通行业的 CO_2 排放量约为 2.9 亿吨，预计到 2030 年将达到 11.08 亿吨。沥青路面建设产生的能耗高、温室气体排放量大等环境问题已日益引起国内外的广泛重视。

近年来，国内学者开始引进国外的一些研究成果和工程实例，在我国道路建设中开始研究沥青温拌并推广温拌沥青技术和废旧材料循环再利用技术，起到了相应的低碳环保的作用，也节约了一定的资源和能源，减少了排放，取得了较好的社会效益和环境效益。但对沥青路面施工期的能耗与排放尚缺乏比较细致的量化研究，也缺乏相关的节能减排定性和定量化评价研究，导致了在节能低碳环保沥青路面研究方面技术开发和应用针对性不明显、理论依据不够充分等。因此有必要对沥青路面施工期能耗及排放监测、评估与减量化等关键技术研究，建立以能耗和排放量化分析为核心的沥青路面节能减排分析评价体系，开发基于沥青机械发泡的路面施工节能减排技术，优化和完善低碳环保型沥青路面建设模式等，尤其在高速公路改扩建项目中显得尤为重要。

本课题采用专业环保技术手段，结合施工场地环境进行全节点、连续式跟踪监测。重点对拌和站集料加热工艺和材料的能耗及排放、施工场地扬尘、前后场沥青烟的无组织排放和扩散条件进行监控和研究。致力于规范山东地区高速公路改扩建技术的节能评估与技术优化工作，使评估工作有据可依。通过研究能耗组成、能耗的影响因素、能耗计算方法、各能耗项单位能耗、能耗水平，提出完善的评价体系和有效可行的节能措施。研究开发山东省高速公路改扩建节能评估系统，并形成高速公路改扩建节能评估地方指南。

本课题研究认为，沥青机械发泡应成为常态化应用，即在高温沥青中加入一定比例的温拌剂，使沥青发泡，以降低沥青混合料拌和温度的新技术。泡沫沥青温拌技术能够有效降低沥青混合料的生产施工操作温度，且泡沫沥青温拌混合料的路用性能仍能达到热拌沥青混合料的标准，其经济效益、社会效益和环境效益十分显著。

项目的实施，可以建立绿色公路路面施工期环保评价体系和绿色低碳施工技术体系，对建立真正意义上的绿色公路节能低碳环保示范项目，推动公路建设科学发展、绿色发展、可持续发展具有重要的意义。项目研究的成果具有较大的工程应用价值，可为国内类似工程的实施提供宝贵参考。

1.2 国内外研究现状

近年来国内外对沥青路面施工期能耗及排放减量化研究主要采用生命周期分析法或者借助生命周期理论开展研究，主要集中在沥青路面能耗与排放分析和基于节能减排的量化分析评价体系两个方面。结合本课题研究内容，主要从沥青路面能耗及碳排放分析评估、沥青路面沥青烟排放组成及减量化研究和以沥青发泡为基础的沥青路面温拌技术三个方面进行现状分析和归纳。

1.2.1　路面生命周期评价国内外研究现状

1.2.1.1　国外研究现状

国外已经对生命周期评价方法进行了大量的基础性研究，欧美发达国家和欧盟等国际组织均建立了各自的生命周期分析数据库，促进了各行业生命周期分析研究的开展。生命周期评价方法运用于道路工程领域始于20世纪90年代，芬兰学者运用LCA方法进行了路面环境影响比较分析，随后，生命周期评价方法在道路工程中的应用得到进一步推广与发展。目前，国外研究人员运用在道路工程行业中的生命周期分析方法主要有以下三种：基于流程的生命周期分析方法、基于经济投入产出模型的生命周期分析方法和综合性生命周期分析方法。

1996年，芬兰学者Häkkinen和Mäkelä采用基于流程的LCA方法对SMA路面和传力杆水泥路面的环境影响进行了分析和比较。该研究选择1km、日平均交通量2万辆、50年使用寿命的SMA沥青路面和水泥路面为研究对象，将路面生命周期分为材料生产、建设施工、运营、养护维修、废弃处理五个阶段。研究结果表明，由于养护方案不同，水泥路面CO_2排放比沥青路面多40%～60%，而沥青路面的SO_2排放比水泥路面高40%～60%；在能耗方面，若计入沥青本身蕴含的热值，沥青路面的非再生能源消耗大约是水泥路面的2倍，若不考虑热值，两者的能耗接近；相对于道路材料生产、路面施工、养护修补而言，路面在运营过程中的车辆能耗排放高得多。

1998年，美国的Horvath和Hendrickson采用卡内基梅隆大学的EIO-LCA（经济学投入产出生命周期评估）模型，对热拌沥青混合料（HMA）和连续配筋水泥混凝土（CRCP）路面进行评价。结果表明，原材料准备和生产阶段，沥青路面的能耗相比水泥路面要高40%，而水泥路面的其他环境排放指标值要高于沥青路面。研究认为，综合考虑沥青路面的可再生能力，沥青路面相比水泥路面来说更为绿色环保。

2000年，Mroueh采用基于流程的LCA方法研究分析了路面结构中材料利用情况对环境的影响。研究调查了7种路面结构，分别采用粉煤灰、废弃水泥混凝土、高炉矿渣替代原材料。分析的环境类型包括资源利用、占地、水污染、固体废物排放、气体排放以及噪声污染等。分析对象为芬兰公路，日交通量为7000辆，重车比例为14%。分析周期为50年，分析阶段包括材料生产、路面施工和养护阶段。在养护阶段分析中，研究假设各种路面都采用相同的养护方案，这就等于假设每种路面结构都具有相同的性能变化曲线，这与实际情况明显不符。最后，研究采用专家权重系统归一化加权计算各种不同的环境负荷，形成了综合环境“得分”。研究结果表明，再生资源或废弃材料路面的环境友好性要优于采用新料的路面。

2001年，Stripple采用基于流程的LCA方法研究了热拌和冷拌沥青混合料路面与水泥混凝土路面在材料物化阶段、机械施工阶段以及路面使用阶段的环境影响。结果表明，在不考虑原料能（原材料所包含的不作为能源使用的燃烧热）的情况下，计算1km路面40年使用期内能耗，沥青路面能耗约23×10^6 MJ、水泥路面能耗27×10^6 MJ，沥青路面能耗明显低于水泥路面，但热拌和冷拌沥青路面两者差别不大。三个阶段中，道路施工期CO_2等气体排放最多，其次是养护阶段，最后是使用阶段。忽略水泥路面的碳化作用（水泥路面一定深度范围内吸收CO_2），水泥混凝土路面CO_2排放明显高于其他两种沥青路面。

Nisbet采用基于流程的LCA方法研究并比较了城市道路和公路的沥青路面与水泥路面的环境影响。环境类型包括能源消耗、各种气体排放量（如CO_2、NO、SO_2、CO、CH_4、挥发性有机化合物和粉尘颗粒）以及自然资源消耗等。研究结果表明，水泥路面结构建设产生的大气排放量低（二氧化碳和氧化氮除外）。同时，研究对10种不同的因素进行了敏感性分析。其中，对沥青路面来说，沥青的热值能对原始能计算至关重要。敏感性分析的其他要素包括服务寿命（useful life）、路面设计、养护方案、水泥混合料配合比设计、沥青混合料配合比设计、粉煤灰利用、沥青路面再生利用及施工机械。

2003年，Park首次将综合性生命周期评价（hybrid LCA）应用于路面研究，将路面的生命周期分为建筑材料制造、施工、维护修理和拆卸回收四个阶段。建筑材料制造阶段，该研究结合韩国的经济输入-输出方法与国家能源消耗平衡表进行分析，而路面生命周期的其他阶段，则采用基于流程的LCA分析。研究表明，建筑材料制造阶段的能耗最大；在排放方面，建筑材料制造阶段排放最高，占总排放量的56.9%。

Treloar同样采用综合性生命周期分析方法，研究了全厚式沥青路面、素混凝土路面以及连续配筋混凝土路面等8种不同路面结构形式在材料物化阶段、机械施工阶段以及路面使用阶段的环境影响。研究结果表明，全厚式沥青路面的能耗最高，不设传力杆的水泥混凝土路面的能耗最低。

2005年，Zapata和Gambatese针对Horvath与Stripple研究结论的争议，采用基于流程的生命周期分析方法，研究了热拌沥青路面与连续配筋水泥混凝土路面在材料物化阶段及施工阶段的能耗与排放。研究结果表明，热拌沥青混凝土路面两阶段的能耗较小，主要原因是沥青的提炼和生产过程所产生的能耗值要低于水泥。

2011年，Darrell　Cass采用实地测量的方法对美国一条州际沥青路面大修工程所涉及的材料生产、运输和施工机械进行了数据收集，并进行了能耗与排放量化分析，建立了两个综合性生命周期分析模型。研究结果显示，该工程每英里单车道的二氧化碳排放当量值分别为787.19Mt和1383.28Mt，材料生产及机械加工过程所产生的碳排放占总排放的比重达到90%以上。

2014年，Qazi Aurangzeb采用综合性生命周期分析方法，分析了回收沥青路面混合料含量对环境的影响，包括能量消耗和温室气体排放。研究把生命周期分为材料生产、施工、维护和修复四个阶段，在施工和维护阶段使用基于流程的LCA方法，在材料生产阶段使用基于输入-输出的分析方法。研究发现，施工阶段的能耗和排放只占总能耗的6%～8%，材料生产阶段占大部分。此外，增加再生沥青（RAP）的使用，可显著降低能耗和排放，当加入30%～50%的RAP时，每公里路面宽度内CO_2排放可减少38114～63524kg，采用30%、40%、50%的RAP，能耗可以相应减少26%、33%、40%。

1.2.1.2　国内研究现状

相比于国外对于路面生命周期评价的深入研究，路面生命周期评价在我国的研究尚处于起步阶段，研究成果并不多见，且大多集中在绿色循环低碳技术节能减排效果评价与水泥混凝土路面生命周期分析和研究方面，而且侧重于材料物化阶段和建设施工阶段，缺乏对沥青路面全生命周期能耗排放量化分析和节能减排体系系统研究。

武汉理工大学刘顺妮对硅酸盐水泥和混凝土进行了环境影响分析。清华大学的龚志起利用生命周期评价方法（LCA）研究了几种建筑材料物化环境状况，主要分析了钢材、建筑玻璃、水泥、PVC管材在生命周期物化阶段的环境影响。长沙理工大学郑莉对路面材料水泥混凝土、再生水泥混凝土和粉煤灰水泥混凝土开展了生命周期评价的研究。南京林业大学郑艳华采用生命周期分析方法，研究了重庆某高速公路水泥混凝土路面在材料物化阶段、施工阶段、使用阶段以及拆除回收阶段的能耗和排放等环境影响，并提出相应的改进措施和方法。清华大学尚春静采用综合性生命周期分析方法，具体研究了我国中西部地区标准四车道高速公路水泥混凝土路面在材料生产、路面施工、维修养护以及拆除回收四个阶段的能耗和排放，并给出了上述四个生命周期阶段能耗大小的排序，同时提出了减少水泥混凝土路面环境负荷的措施。华南理工大学潘美萍采用生命周期分析方法，探讨了路面生命周期碳排放评价的方法和技术框架，界定了路面生命周期碳排放的核算范围，明确了除使用阶段以外的各个生命周期阶段清单分析的具体内容。同济大学王贤卫将高速公路建设界定为原材料生产、运输、施工建设三个阶段，分析了我国西南地区四条高速公路施工期CO_2排放，着重研究了路基工程、路面工程、桥梁工程、隧道工程等单位工程CO_2排放比例。长安大学杨博采用基于流程的生命周期分析方法，研究了沥青混合料生产过程、沥青路面建设过程以及沥青路面运营和使用过程中的能源消耗与气体排放；研究在定额法和排放因子法的基础上，采用理论计算和调查的方法，量化分析了沥青路面施工期能耗与排放；从沥青路面状况和沥青路面行驶状况角度出发，提出了沥青路面使用阶段车辆和维修养护阶段产生的能耗和排放的量化分析方法；并在分析能耗与排放的量化结果上，提出有效的沥青路面节能减排方法及建议。姜志威对城市高架桥建造周期内的碳排放进行了分析，并计算了上海市某高架段的建材生产和机械施工的碳排放。李兴华通过案例进行了公路隧道工程施工机械的碳排放计算。刘沐宇和欧阳丹以一座桥梁为例计算了一座桥梁的生命周期碳排放。徐双计算了某案例混凝土梁结构和钢-混组合梁结构的碳排放。东南大学的苏瑛应用生命周期评价方法，研究包括从原材料生产到路堤修筑完成整个过程，普通路堤和聚苯乙烯泡沫塑料（EPS）两种不同路堤的环境影响。

综上所述，国外交通运输行业普遍采用基于流程、基于经济投入产出模型及综合性生命周期评价（LCA）方法进行能耗和排放研究，取得了丰硕的成果，主要集中在水泥路面与沥青路面材料生产及施工阶段的能耗和排放方面，建立了部分材料生命周期评价能耗排放因子基础数据库。与国外的道路工程生命周期分析相比，受制于我国生命周期分析方法研究的发展水平，目前国内仅完成了钢铁、水泥、铝、工程塑料、建筑涂料、陶瓷六大类典型、量大、面广的代表性材料的生命周期分析研究，道路交通LCA研究较少，仅有的一些研究也局限于水泥混凝土路面的生命周期分析研究，针对沥青路面的生命周期分析研究较少。与国外相比，我国路面LCA研究存在以下不足：

（1）交通运输行业未建立适合我国行业发展水平和工业生产水平的生命周期清单分析基础数据库，道路材料生命周期清单分析大多基于国外的能耗排放数据。目前，国内针对道路行业进行LCA及节能减排量化评价体系研究主要采用美国及IPCC提供的能耗和排放因子数据库，缺少本地化的能耗排放因子基础数据库。

（2）针对沥青路面环境影响的LCA研究较少，且主要集中于材料物化阶段及建设施工阶段，沥青路面施工期整体的研究较少。

（3）国内交通运输行业采用 LCA 进行环境负荷影响评价，分析结果往往停留在清单分析上，测算了能耗排放数据，缺乏后续影响评价研究，导致 LCA 体系不完整。

（4）沥青路面缺乏节能减排量化评价体系，节能减排新技术、新材料开发针对性不强。

与国内目前沥青路面生命周期分析研究不对称的是，沥青路面是我国各等级公路，尤其是高速公路路面的主要形式，我国在沥青路面设计、施工和养护等方面已经积累了相当多的经验，在今后相当长的时期内，新建公路路面、运营养护仍将以沥青路面为主。因此，在目前资源与环境问题日益严峻的背景下，加快建立道路行业全生命周期能耗及排放量化评价体系、深入挖掘生命周期各阶段节能减排潜力、积极探索中国式低碳交通发展道路任重道远。

1.2.2 沥青路面能耗碳排放分析及评估研究现状

1.2.2.1 沥青路面能耗碳排放分析现状

目前国外对沥青路面施工期能耗及排放减量化研究主要采用生命周期分析方法或者借助生命周期理论开展研究。

1990 年，国际环境毒理学与化学分会（SETAC）在召开的有关生命周期评价的国际研讨会上，首次提出了“生命周期评价”的概念。随着对生命周期理论的研究和应用的逐渐成熟，生命周期分析方法在能源与温室气体排放分析预测中的应用日益广泛。目前国外研究人员在沥青路面生命周期分析中所采用的研究方法包括：基于流程的生命周期分析方法、基于输入-输出模型的生命周期分析方法和综合性生命周期分析方法。

上述方法认为沥青路面在使用寿命期限内的各种工程活动都属于其生命周期阶段，细化为具体的阶段包括设计、材料生产、施工等。目前，还没有统一的标准规定沥青路面生命周期的阶段该如何划分，通常是根据分析研究问题的目的和要求合理划分。目前主要的划分方式是将沥青路面生命周期划分为材料生产阶段、施工阶段、使用阶段（包括养护阶段）以及生命周期末四个主要阶段，并以此进行生命周期能耗与排放的量化研究。

Hakan Strioole 采用生命周期评价分析瑞典的水泥路面和沥青路面整个生命周期过程（建设、维修、拆除和建筑废料回收）的能源消耗与温室气体排放情况，建立了两种路面的评价模型，得出公路运营期为 40 年时沥青路面每公里在建设和维修期的能耗为 23TJ、水泥混凝土路面为 27TJ。

Pablo Zapata 和 John A. Gambatese 基于生命周期法研究了连续配筋混凝土路面和沥青路面建设过程的能耗情况。沥青混凝土路面建设中的能耗主要集中在混合料拌和、集料加热（约占总能耗的 48%）以及沥青生产（约占 40%）三个部分。

Häkkinen 和 Märkelä 应用生命周期分析方法（LCA），以芬兰国家调查统计数据为基础，计算比较了设计年限 50 年内，沥青玛𤧛脂碎石路面与水泥混凝土路面的材料生产阶段、施工阶段以及运营阶段的能耗与排放，得出运营阶段产生的排放大约是其他阶段排放量总量的 2 倍，水泥混凝土路面 CO_2 排放量比沥青路面高 40%～60%，沥青路面能耗约是水泥混凝土路面的 2 倍。

2003 年，Park 采用综合生命周期评价（hybrid LCA）方法将路面的生命周期分为建筑材料制造、施工、维护修理和拆卸回收四个阶段。研究表明，建筑材料制造阶段的能耗最大；在排放方面，建筑材料制造阶段排放最高，占总排放量的56.9%。

Hanson Christopher 和 Noland Robert 给出了在生产热拌、温拌以及冷拌沥青混合料温度要求下的温室气体排放估算方法。比较热拌沥青混合料、温拌沥青混合料和水泥混凝土结果显示，温拌沥青混合料的温室气体排放量可能仅相当于水泥混凝土生命周期温室气体排放量的34%，相当于热拌沥青混凝土温室气体排放量的76%。

Graham J. Treloar 将综合性生命周期模型运用到8种不同路面类型中，其中包括汽车制造、维修、更换和操作。研究认为金融系统边界比传统的系统边界更好，并选定5km、日交通量为10000辆的连续配筋路面结合投入产出模型将汽车的价格转换成能耗。结果显示，在分析期第一年，汽车制造能耗占总量的64%，路面建设占比21%，汽车操作占比15%；在40年的服务年限内，汽车操作占比62%，汽车制造和维修占比28%，路面建设和维修占比10%。

Raja Chowdhury 等应用基于流程的生命周期分析方法，研究比较了新集料、再生集料、粉煤灰以及高炉底灰用于路面建设所产生的环境影响。人为再生料在降低能耗、减少气体排放和对环境友好等方面更有优势。

尚春静等采用生命周期分析方法，具体研究了我国中西部地区高速公路在材料生产、建造、养护以及拆除废弃四个阶段的能耗和排放。公路生命周期按20年计算，1功能单位高速公路共消耗2512.89t标准煤，排放的温室气体二氧化碳2197.83t、氮氧化合物14.94t。

秦永春针对温拌沥青混合料所具有的节能减排效果进行了定量分析。结果表明，温拌沥青比热拌沥青 CO_2、NO 排放量明显下降，沥青混合料的拌和温度达到140℃左右时，沥青烟等的排放量会成倍上升。

郑莉对水泥混凝土、再生水泥混凝土和粉煤灰水泥混凝土开展了生命周期评价的研究。结果显示，主要环境污染排放为 CO_2，在水泥混凝土中掺入适量粉煤灰不仅可以降低能耗，而且可以减少CO、碳氢化合物等有害气体排放。最后简要介绍了基于LCA的路面材料信息化开发手段和方法。

清华大学龚志起利用LCA研究分析了钢材、建筑玻璃、水泥、PVC管材在生命周期物化阶段的环境影响，研究结果表明水泥生产工艺过程和电力生产产生的环境影响最大，全球变暖和粉尘是两种主要的环境影响类型，而熟料烧成工艺消耗的能量最大，占到了水泥总能耗的89.6%。

杨博等人以生命周期为分析视角，采用文献调查与现场调查相结合的方式，调查了沥青混合料生产过程、沥青路面建设过程、运营使用过程的能耗及气体排放情况，分析了影响沥青路面能耗与排放的关键工序，建立了节能减排分析方法的基本框架。

1.2.2.2 沥青路面能耗碳排放评估体系研究现状

在沥青路面节能减排量化分析的基础上，建立能耗与排放的评价体系也是国内外研究的重点内容之一。

Darrell Cass 等对一条位于密歇根州西南部的州际管线公路大修工程的能耗及环境影响采用综合性生命周期分析方法进行了量化分析，大修工程所涉及的材料生产、运输以及施工机械运转等各项数据均为实地测得。由分析的不同对象采用不同的分析方法量化能耗与环境影响，由此建立了两个综合性生命周期分析模型。上述两个模型的分析结果表明，该大修工程每英里单车道的CO_2排放量分别为 787.19Mt 和 1383.28Mt，材料、燃料及机械加工生产过程的CO_2排放量占总排放量的 90%以上。

Arpad Horvath 教授科研团队开发了 PaLATE 评价系统，这是一个严格按照 ISO 14040 标准确定的生命周期分析步骤，采用综合性生命周期分析方法的路面环境与经济效益生命周期分析评价系统。它考虑了路面建设的材料生产阶段、施工阶段、养护维修阶段以及使用寿命终止阶段的能源消耗与气体排放。PaLATE 路面生命周期分析评价系统的基本框架如图 1-1 所示。

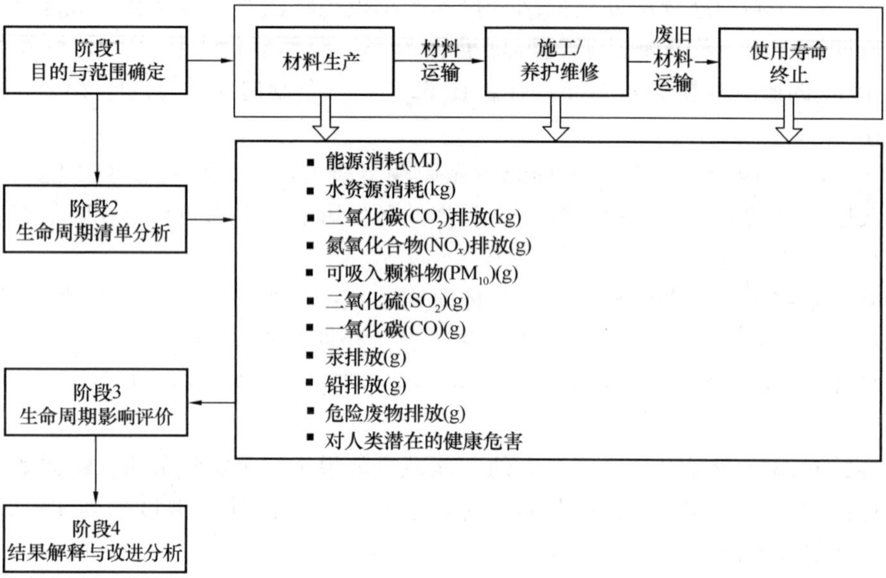

图 1-1　PaLATE 评价系统基本框架

美国威斯康星大学再生资源研究中心的 Lee Jincheol 等开发了针对公路建设项目的道路建设环境与生态可持续评价系统 BE^2ST（Building Environmentally and Economically Sustainable Transportation Infrastructure-Freeways）。BE^2ST 以道路工程建设项目为评价对象，根据可持续性发展的 4R 原则（reduce-recover-reuse-recycle），即减量化、回收化、再利用、再循环和可持续发展国际研究中心提出的贝拉吉奥原则，在综合考虑施工方、管理方及使用方等各方面要求的基础上，选择健康安全、温室气体排放、能源消耗、水资源消耗、材料循环利用以及生命周期成本作为评价指标，并采用会议讨论的方法确定了各个评价指标的标准值。其确定的标准值见表 1-1。BE^2ST 评价系统框图如图 1-2 所示。

表 1-1　BE^2ST 评价系统评价指标及标准

评价指标	健康安全	温室气体排放	能源消耗	水资源消耗	材料循环利用	生命周期成本
评价标准	有害材料用量减少 10%	排放量减少 24%	降低 10%	降低 10%	循环利用率 20%	减少 10%

2007 年美国华盛顿大学 Martina Soderlund 在《可持续性道路设计-环境影响评价模型》中从可持续发展角度系统研究了道路环境影响评价，并建立了量化分析模型，该模型为 Greenroads 道路环境影响评价体系的雏形。在此基础上，华盛顿大学的科研小组进行

了深入研究，并于 2008 年与美国西图集团合作，提出了 Greenroads 评价指标体系。Greenroads 系统作为一种认证分级体系，对所有的环境影响指标进行加权评分是该系统的核心，这种以价值选择为基础的加权方法要求科学合理地确定权重以保证评价结果的客观、准确、公正。此外，与生命周期分析方法相比，这种综合性评价方法的评价过程并不十分透明，往往依赖于第三方机构开展，其他单位和公众难以再现其评价结果。

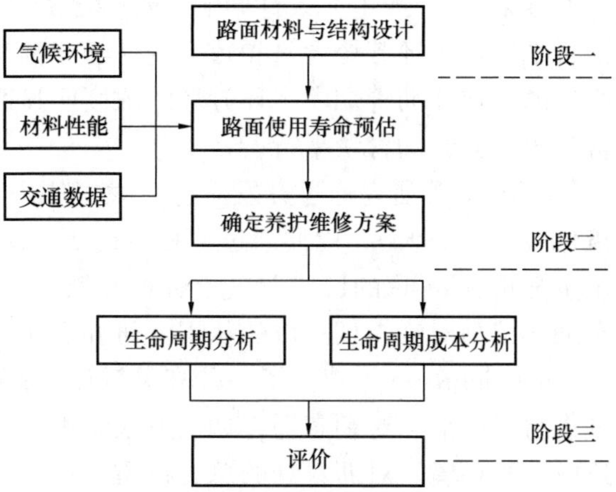

图 1-2　BE^2ST 评价系统流程图

国内对能耗与排放评价体系的研究思路主要是参照国外的研究成果，增加部分国内的工程特征来进行研究，且系统的研究工作正处于刚刚起步的阶段。

长安大学杨博等以科学性、约束性和激励性原则选取沥青路面节能减排评价指标，分别提出Ⅰ水平和Ⅱ水平评价指标的基准值，建立沥青路面节能减排评价指标体系。同时，以 Excel 为平台，设计开发实用简便的沥青路面节能减排分析评价系统 E3SAP。

长安大学蔺瑞玉、沙爱民提出了沥青面层和半刚性基层建设过程温室气体排放总量模型，基于评价指标、测算方法和模型构建了沥青路面建设过程温室气体排放评价体系。评价体系边界涵盖路面工程建设中沥青混凝土面层、半刚性基层温室气体直接排放和能源间接排放涉及的所有生产阶段和施工环节。评价体系框架包含目标层、准则层、一级指标层、二级指标层和变量层，变量层即每一指标对应的评价影响因素。并且提出了沥青路面温室气体排放总量评价标准的确定方法，根据不同等级道路路面材料用量的差异性确定了温室气体排放公路等级系数。

重庆交通大学王婷婷、郭小宏等以重庆某高速公路为实例，基于“绿色道路”评价系统和绿色施工评价体系提出绿色养护理念，从技术、环境影响、资源再利用、交通与运营影响方面构建绿色养护评价体系，综合评价现有的预防性养护技术，为合理选择养护措施提供参考依据。

1.2.3　沥青路面沥青烟排放组成及减量化研究现状

沥青烟就是沥青加热和含沥青物质的燃烧产生的气溶胶和蒸汽。沥青烟中既有沥青挥发组分凝结成的固体和液体微粒，又有蒸汽状态的有机物。沥青烟组分极为复杂，随着沥青来源不同存在较大的差异。国外对其成分及危害的研究相对较早且较多，近年来主要集中在不同工况条件下沥青烟危害的程度等方面。相比较而言，由于沥青烟成分随着沥青成分具有较大差异等影响，国内对沥青烟成分的定量分析及减量化研究相对较少，而对其净化处理等方面的研究相对多一些。

MACHADO，M. L. 等对沥青和煤焦油沥青的烟气冷凝液进行评估，以确定多环芳烃（PAH）成分、原油来源或产生烟雾的温度是否与诱变活性相关。用改良的 Ames 试验检测烟气冷凝液的致突变性。所有样品均检出苯并［a］芘（BP）等多环芳烃。生成温度、原油来源和/或工艺条件影响沥青烟冷凝液中多环芳烃的浓度，但不影响其致突变性。在沥青烟中，多环芳烃含量和致突变性随原油来源而变化，但与加工条件无关；在316℃下产生的煤焦油沥青烟中多环芳烃的浓度明显高于232℃时产生的多环芳烃，其诱变活性通常与多环芳烃的含量平行。

M. Maze等研究通过开发一种在大气压力下空气流动的过程来识别沥青中的挥发性有机化合物（VOC），以便通过气相色谱-质谱联用的标准分析协议对沥青排放物进行定性和定量分析。VOC的形成取决于各种参数，如沥青温度、沥青氧化和空气湿度。这项研究有助于提高对沥青烟排放的认识。研究表明VOC的降低主要与沥青温度有关。

Janet Simpson等建立了一种高灵敏度、高选择性、高可靠性的沥青烟分析方法，并对其进行了验证。对动态沥青烟生成系统进行了改进，以在模拟沥青路面摊铺条件下提供一致的试验环境。对沥青烟的总有机质进行了量化。监测并确定了16种特定的优先多环芳烃，这些多环芳烃都是在过滤部分的微量水平上测定的。结果表明，该方法可以表征沥青烟成分，并能识别出特定的优先多环芳烃。

Anthony J. Kriech等对在道路铺面、屋面材料中232℃和316℃温度下产生的屋顶沥青烟进行研究并利用生物实验得出结论。结果表明，产生方式的微小变化会导致烟气成分的显著差异。在动物实验中，相对于野外烟雾，实验室产生的烟雾明显富集在与致癌性相关的高分子量PACs中。

Salima Sendid等开发了一套吸附系统。该系统基于焦炭细粉对多环芳烃的吸附，优化了干式洗涤器和采用氧化技术的RTO的组合，在最大限度提高沥青烟处理效率的同时，最大限度降低能耗和碳排放。用于高浓度沥青烟、对多环芳烃具有极高破坏效率的处理。

史宝成等于2001年研制了沥青烟富集器，用涂有色谱固定液的玻璃纤维滤筒捕集沥青烟和多环芳烃，用烟尘测试仪进行等速采样，同时采集沥青烟尘和捕集气态烃类物质。其对沥青烟样品进行了气相色谱-质谱联机分析，共检出了196种有机污染物，主要化学组分是多环芳烃。

冯斐斐等在分析煤焦沥青加热烟气提取物的成分时，用粉尘采样器采集煤焦沥青加热300℃和400℃的挥发烟气，包括大颗粒和大小颗粒混合物，并应用气相色谱-质谱（GC/MS）联用技术对四组采样样品主要成分进行分析。结果表明四组成分主要包括多环芳烃类（PAHS）、杂环类、单环芳烃类和脂环族类化合物，最终结论为GC/MS法分析的煤焦沥青加热烟气提取物的主要成分为多环芳烃类物质。

赖智钦等针对长大隧道的热拌沥青混合料施工环境比较恶劣，认为温拌沥青混合料的应用是隧道铺面工程的一种有效解决方案。通过室内试验方法，选择两种温拌沥青混合料，与热拌沥青混合料进行主要的路用性能对比，收集混合料生产过程中的沥青烟进行浓度检测，最后通过质谱分析方法对沥青烟颗粒进行化学成分分析。结果表明，采用温拌技术在保证沥青混合料路用性能的同时，通过降低拌和温度可以有效减少沥青烟的生成量50%以上。

1.2.4 以沥青发泡为基础的沥青路面温拌技术研究现状

温拌沥青混合料（WMA）是一种使用特殊技术或添加剂，使拌和温度介于热拌沥青混合料（150～180℃）和冷拌（常温）沥青混合料之间，性能达到（或接近）热拌沥青混合料的新型沥青混合料。研究结果表明，采用合理的温拌技术，可以在不牺牲沥青混合料路用性能的前提下，拌和温度降至80～120℃，碾压温度降至60～100℃，能源消耗较热拌沥青混合料减少30%。中温沥青混合料生产过程中CO排放量减少63%，SO_2排放量减少40%，氮氧化合物排放量减少近60%。同时温拌沥青混合料具有与热拌沥青混合料基本相同的路用性能和施工和易性，而且集料加热温度降低，也能减轻拌和过程中沥青的老化。

WMA首先于1995年在欧洲进行室内试验研究，并取得较大成功，应用于高速公路、城市快速路、机场道路等工程实践，在美国、澳大利亚、南非、日本等国家也获得了广泛的应用。

按照工作机理，温拌技术基本上可以分为如下三类：

（1）降黏型温拌技术：添加高温条件下黏度很低的有机降黏剂，降低作业条件下的胶结料黏度。该类有机添加剂以蜡或蜡状物为主。

（2）发泡型温拌技术：通过自由水或结晶水，采用机械或细集料带水激发沥青发泡来临时性降低沥青的黏度。

（3）基于乳化平台的温拌技术：将少量的皂液浓缩液加入热沥青表面，再与集料进行拌和，通过拌和作用使表面活性剂与沥青相互作用，在沥青内部形成具有一定润滑性的结构性水膜，从而降低沥青黏度，增强了混合料在低温下的施工和易性，进而实现温拌效果。同时，碾压时结构性水膜破坏，水分排出，活性剂在力的作用下转移到集料与沥青之间，增强了两者之间的黏附性。

目前，国内外主要的温拌技术有数十种，我国以有机添加剂法和表面活性剂法的研究应用为主。

本课题研究主要基于沥青机械发泡温拌技术对节能和排放减量化进行定性和定量研究，对沥青发泡的研究现状进行说明。

1995年起壳牌公司与挪威Kolo-Veidekke合作攻关开发一种温拌混合料技术。这种温拌技术分为两个阶段：首先将软质沥青［沥青温度为（110±10）℃］加入集料进行拌和，以充分裹附集料表面；其次将硬沥青（25℃针入度为1～10mm）以泡沫沥青形式喷入预裹附的混合料中并迅速拌和。这样，软沥青与泡沫化的硬沥青共同作用降低了沥青结合料的黏度，提高了混合料在低温时的工作性，从而实现温拌效果。这种温拌技术主要是水分与热沥青相互作用形成泡沫沥青，泡沫沥青在混合料拌和过程中起到润滑作用进而提高低温下混合料的施工和易性。但此温拌技术必须着重考察混合料的抗水损害能力，因为在形成泡沫沥青时注入了一定的水分，水分的滞留会降低沥青的黏附性且影响混合料的水稳定性，必要时可适当提高集料的加热温度或掺加抗剥落剂（图1-3）。

目前，中国对泡沫沥青的研究还多集中在将其作为稳定剂和再生剂应用于基层稳定和冷再生方面，而利用泡沫沥青制备温拌沥青混合料的相关研究很少，应用就更不多见。

我国的温拌沥青混合料技术研究起步于2005年，研究重点为表面活性剂法（EW-MA）和有机添加剂法（SA）这两种技术，并于2005年在北京试铺成功我国第一条温拌沥青混合料试验路段。

交通运输部公路科学研究院开发TRH温拌沥青改性剂及相关的成套技术：通过使用RH温拌沥青改性剂材料配制温拌沥青，使用常规的拌和技术在较低温度下拌和，生产温

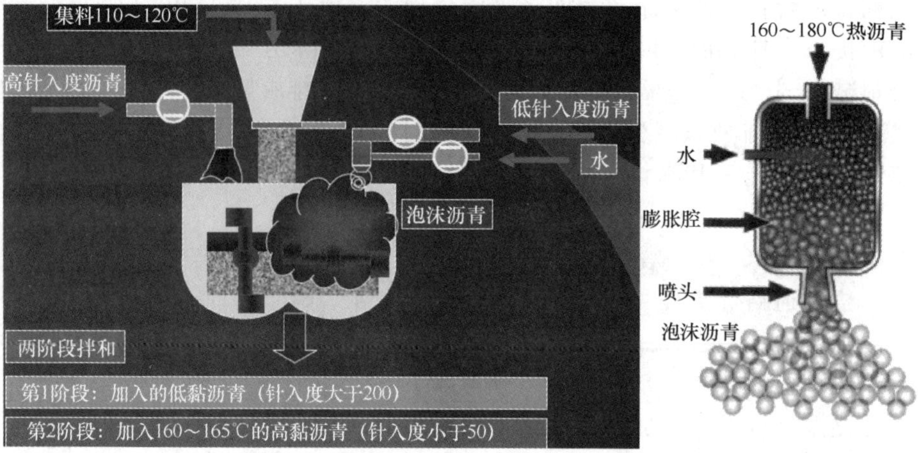

图 1-3　泡沫沥青（WAM-foam）生产工艺流程

拌沥青混合料，通过降低沥青结合料的高温黏度使热拌沥青混合料的施工温度降低 30℃左右。其在北京市等有代表性的工程项目中得到成功应用。

2006 年，西部交通建设科技项目“温拌沥青混合料应用技术研究”立项。作为国家级专题研究项目，交通运输部公路科学研究院、同济大学等主要承担单位对多种温拌技术进行了全面的评估，并积极在各地组织实施多条试验路。

国内对沥青发泡温拌技术的研究主要集中在 2005 年之后，且主要集中在实验室验证等方面。黄维蓉等从微观上介绍沥青从发泡到消泡、维持稳定状态的整个过程并分析其发泡机理，得出沥青发泡过程是沥青膜表面张力与内部蒸汽压力相互作用的过程；再从现有泡沫沥青评价指标本身理论、试验、用在泡沫温拌技术三方面分析现有评价指标直接套用在泡沫沥青温拌技术上的不足；最后提出基于激光测距仪、数码相机等设备的非接触试验方法以及泡沫直径、尺寸分布、消泡速率三个新评价指标。研究表明非接触试验方法与新指标相结合能更好评价沥青发泡效果。

徐金枝、郝培文等采用三种不同品种和标号的沥青进行发泡试验，分析了采用膨胀率、半衰期评价沥青发泡性能存在的问题，探讨了发泡指数的计算方法及其作为沥青发泡性能评价指标的适用性；并基于研究成果，提出了沥青发泡性能的优化设计方法。

胡林等对沥青发泡装置中的沥青发泡腔进行了研究，通过分析泡沫沥青的形成和破灭机理开展不同结构沥青发泡腔的试验研究，根据泡沫沥青温拌技术的特点，结合强制间歇式搅拌设备的生产工艺，提出沥青发泡腔结构的改进措施。

1.2.5　国内外研究现状评价

在对国内外沥青路面施工期能耗及排放评估与减量化等关键技术研究方面的现状调查和分析中可以发现，国内外对沥青路面节能减排量化分析与评价已经开展了一定的研究，取得了一些可以借鉴应用的研究成果。但从宏观上以生命周期分析理论为例，虽然研究给出了一些能耗与评估体系，但体系中如何定量化以及减量化的技术却缺乏系统的研究。针对目前的研究成果，对其总体评价如下：

（1）在评估体系研究过程中，普遍采用生命周期分析方法或理论，建立了相应的评估体系，但节能减排量化分析与评价重点的结合不够紧密，尤其是在节能减排量化分析方面缺乏全面的研究，例如对排放物质的定性和定量研究尚存在不足。

（2）节能减排量化分析数据的来源和选择不具备相应的针对性。数据的可靠性和准确性是保证沥青路面节能减排量化分析结果科学合理的基础。现有的相关研究都没有给出数据选择的基本原则，数据的选择和使用方面还比较混乱，导致研究成果和结论不具备通用性。

（3）针对工程实际的项目研究侧重点体现不够。针对沥青路面施工期能耗及排放评估体系的研究中，基本上是对整体的过程进行全周期分析，而对具体工程的实际结合不够紧密，尤其是在现阶段沥青拌和场站位置的选择不再以施工便利性为首要条件、物料的购置和处置逐渐规范化以及施工场地环境保护要求逐渐提高等条件下，现有的节能减排评估指标选择和体系框架架构尚存在较大的提升空间。

（4）现有的节能减排评估体系与路面施工减量化技术结合方面的研究尚未开展，同时对不同沥青混合料沥青烟成分的定性和定量分析尚无比较系统的研究成果。

1.3　主要研究内容及技术路线

1.3.1　主要研究内容

针对高速公路沥青路面建设过程中的节能减排量化分析问题，本课题参考应用生命周期理论，将高速公路沥青路面施工期全过程界定为材料物化、运输和施工三个阶段，对沥青路面施工期能耗和排放进行量化研究。首先，建立沥青路面施工期评价体系，确定沥青路面的材料和设备清单数据，提出沥青路面建设阶段能耗与排放量化计算方法和详细计算过程；其次，量化分析沥青路面施工期各阶段的能耗和排放；最后，对比分析半刚性基层路面和柔性基层沥青路面施工期能耗与排放。明确能耗高、排放量大的分项工程和关键环节，为建设工程节能减排措施的应用提供科学的指导。对沥青机械发泡温拌技术从机理、控制条件以及节能减排等方面进行研究，形成一整套的能耗及排放减量化的标准技术体系及沥青路面能耗与排放减量化技术，从节能减排角度对路基路面材料、技术的研发以及生产和施工技术的合理优化提供指导。具体的研究内容如下：

1. 沥青路面施工期能耗及碳排放分析研究

采用文献与现场调查相结合的方法，依据生命周期理念，调查国内外在沥青混合料生产、沥青路面施工过程中的能源消耗与碳排放现状，分析各环节能耗与排放的关键影响因素，掌握沥青路面施工期能耗及碳排放的一般规律，为能耗与评估技术和体系提供研究基础。

2. 沥青路面施工期沥青烟排放组成分析研究

采用实验室与现场采样分析的方法，重点对沥青混合料拌和过程以及路面摊铺过程中的沥青烟成分进行定性化和定量化分析研究，研究的沥青混合料原材料涵盖项目使用的所有类别和施工环节。

3. 沥青路面施工期能耗与排放评估技术及体系研究

在前两部分研究的基础上，以节能减排评价为核心，合理选择评价指标，科学确定指标权重，建立沥青路面节能减排综合量化评价技术方法。参考生命周期理论，结合工程实际，针对沥青路面节能减排分析与评价的特点，设计和开发沥青路面施工期能耗与排放评估体系。

4. 沥青路面施工能耗与排放减量化技术研究

在对沥青路面施工能耗及排放评估研究的基础上，从沥青混合料温拌技术、沥青拌和站生产方式、污染物处理以及管理等角度，研发和提炼相应的节能和减排技术，使其达到减量化的目标。

5. 沥青路面施工能耗与排放减量化应用研究

在济青高速公路改扩建工程中进行沥青路面能耗与排放减量化应用研究，对能耗及排放减量化效果进行量化分析。

1.3.2 技术路线

项目研究的技术路线如图 1-4 所示。

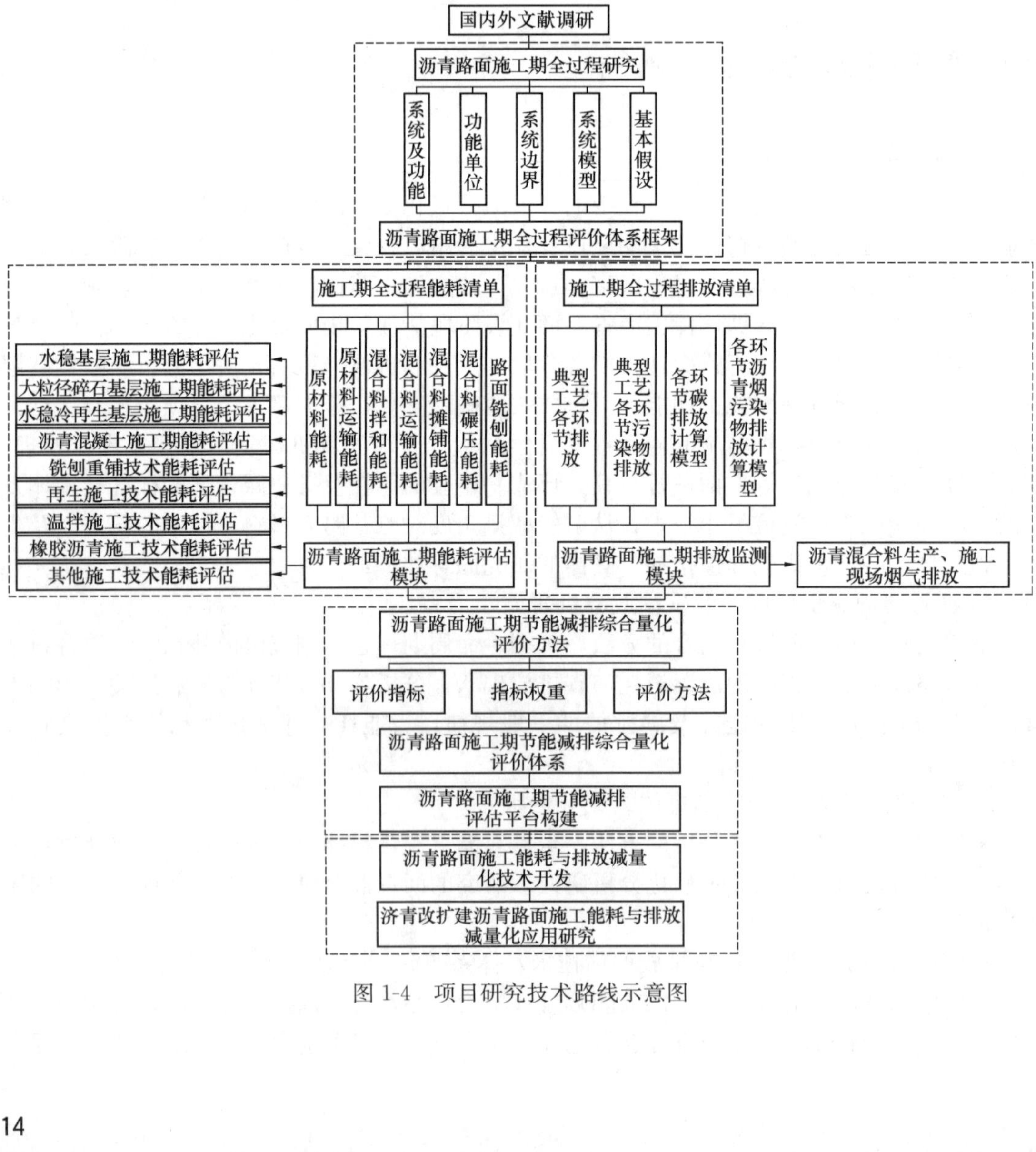

图 1-4　项目研究技术路线示意图

2 沥青路面施工期全过程评价体系框架

2.1 沥青路面施工期分析方法概述

2.1.1 生命周期评价方法理论

调查发现，沥青路面建设过程中的能源消耗以及碳排放问题，主要是对各个生产环节上能源消耗和碳排放的情况进行过程分析。进行定性化及定量化研究，国内外应用最广泛也是最有效的理论分析方法主要是生命周期评价（life cycle assessment，LCA）。国际环境毒理学与化学分会（SETAC）最早于1990年主持召开了有关生命周期评价的国际研讨会，首次提出了“生命周期评价”的概念。目前普遍理解和认可的LCA定义是由美国环保局提出的。

美国环保局对LCA的定义是：生命周期评价是一种对工业系“从摇篮到坟墓”的评价方法。“从摇篮到坟墓”即开始于从地球上聚集原材料来制造产品并结束于所有的材料返还地球。LCA可评估研究目标生命周期所有阶段的累积环境影响，并把很多传统分析中没有考虑到的影响包含在内（如原材料的采掘、材料的运输和最后的产品处置等）。

根据ISO 14040标准定义的技术框架，LCA分析评价过程一般分为目的和范围的确定、清单分析、影响评价和结果解释四个部分，四个部分之间相互联系、不断反复。LCA评价过程如图2-1所示。

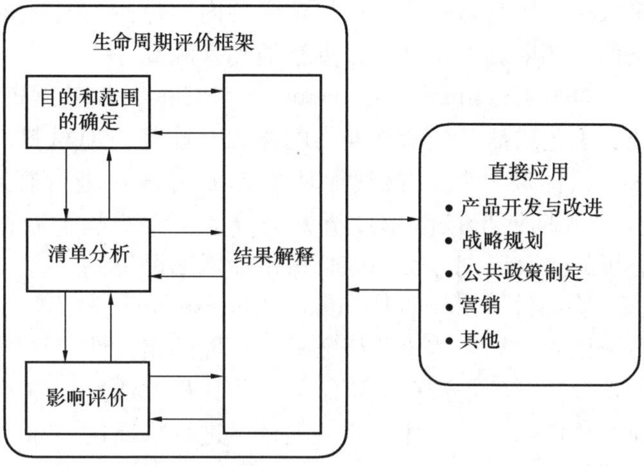

图2-1 LCA评价过程

查阅国内外研究资料可知，LCA方法具有全面性、强调性以及开放性等优点。

（1）LCA具有全面性。LCA是对研究目标“从摇篮到坟墓”有关的环境影响进行分析的过程，从而可以在生命周期中找到环境影响的来源和解决办法进而实现节能减排。

（2）LCA 具有强调性。LCA 是一种注重环境影响的评价方法，虽然清单分析的结果可以得到具体的资源消耗和排放的量，但是生命周期评价强调研究目标在生命周期中环境的影响，包括资源消耗、土地占用及排放污染物等，最后以量化结果反映研究目标的环境影响程度，从清单数据中找出有重要环境影响的关键环节，从而帮助我们提出相关的建议以改善现有状况。

（3）LCA 具有开放性。虽然目前生命周期评价的过程已经有了国际标准来遵循，但 LCA 体现的是先进的环境管理思想，只要能够使得 LCA 更加完整和详细，任何先进的方法和技术都能为我所用。生命周期评价服务于各个相关行业和学科实现清洁生产、可持续发展，针对于不同的研究目标，选择适合的技术和方法来提升和完善生命周期评价，以得到更好的结果。

2.1.2 生命周期评价方法的类型

生命周期评价（LCA）的原型是“资源与环境状况分析”（resources and environmental profile analysis，REPA），出现于 20 世纪六七十年代，最初应用于评价可口可乐公司饮料包装瓶在生产过程中的环境负荷。1990 年国际环境毒理学与化学分会（SETAC）首次提出了 life cycle assessment（LCA）的概念。1993 年国际标准化组织（ISO）开始起草 ISO 14000 国际标准，正式将生命周期评价纳入该标准体系。

ISO 于 1997 年颁布了 ISO 14040（《环境管理　生命周期评价　原则和框架》）标准，将生命周期评价（LCA）分为紧密相连、不断重复进行的四个步骤：目的和范围的确定、清单分析、影响评价和结果解释。

（1）目标和范围的确定。确定研究的目标和范围是生命周期评价的第一步，它是清单分析、影响评价和结果解释的出发点和落脚点。目标就是确定生命周期评价的目的和意义，研究范围的确定取决于研究目标，范围界定主要内容包括系统功能、功能单位、系统边界、假设和限制条件、环境影响类型、数据种类和来源等。

（2）清单分析。清单分析（life cycle inventory，LCI）是以数据资料、计算模型为基础对一种产品、系统、工艺或活动生命周期内的输入（能耗与原材料消耗）、输出（环境排放，如废气、废水、固体废弃物以及其他环境释放物等）进行客观量化的过程，为 LCA 方法的核心。生命周期评价按清单分析方法分为三类：基于流程的生命周期评价、基于经济投入产出分析的生命周期评价和综合性生命周期评价。

（3）影响评价。影响评价（life cycle impact assessment，LCIA）是建立在生命周期清单分析的基础上，根据生命周期清单分析数据与环境的相关性，评价各种环境问题造成的潜在环境影响的严重程度，即把清单分析结果（能耗排放数据）与环境影响类别（能源枯竭系数、温室效应、酸雨效应等）建立相关关系，进行特征化、标准化、加权处理，确定各类环境问题影响程度，是 LCA 方法的难点（图 2-2）。

影响评价部分具体分为以下四个步骤：

① 选择和定义影响类别。目前国际上环境影响类别主要分为能源枯竭、温室效应、酸雨效应、臭氧层破坏、生态毒性、光化学烟雾形成、人体健康损害、颗粒物质等。这些

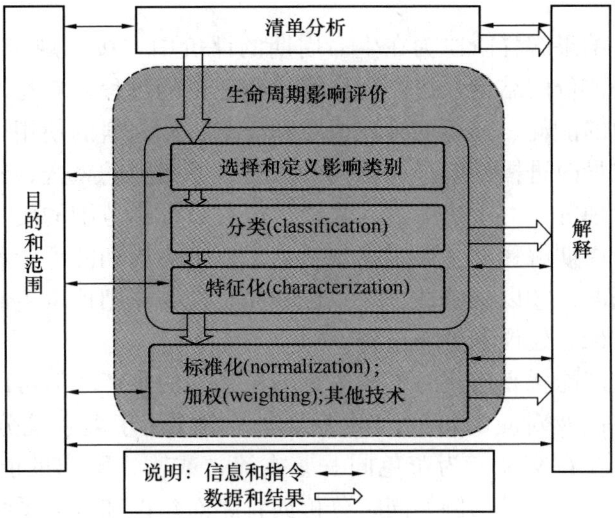

图 2-2　影响评价流程

影响的作用范围和对应的环境负荷项目见表 2-1。

表 2-1　环境影响类型及对应环境负荷项目

环境影响类型	作用范围	对应环境负荷项目
能源枯竭	全球	不可再生资源消耗，如煤、石油等
温室效应（GWP）	全球	CO_2、NO_2、CH_4、CFCs、CH_3B_r
酸雨效应（AP）	区域	SO_2、NO_x、HC1、HF、NH_4^+
健康危害	区域	SO_x、NO_x、CO、NMVOC
颗粒物质	区域	$PM_{2.5}$、PM_{10}

② 分类。分类是将清单结果与环境影响类型联系起来并进行分组排列的一种定性的过程。当清单结果中污染物涉及的环境问题多于一种时，需要采用并联、串联或复合机制的方式将污染物分配至不同环境影响类型。实际研究中对分类过程没有特殊要求，可以进行简化处理。

③ 特征化。特征化即建立影响类型模型，并汇总同属一类的清单结果的过程。特征化的表示方式为：造成某种类型的环境影响变化或环境排放因子。特征化的结果表明了环境排放或资源消耗的状况。对每一种影响类型都应建立具体的模型来表示清单结果与因子间的关系。如对全球变暖，某物质的全球变暖潜力（GWP）被选作特征化因子。IPCC 将 CO_2 作为参照物，特征化因子表明其他物质的潜在影响相当于多少单位 CO_2 的影响。

④ 标准化和加权。标准化即分析各因子对影响类型的相对贡献，是影响评价的可选分析过程。加权评估是生命周期影响评价的可选分析过程。权重反映了不同影响的相对严重程度。加权过程是一个价值判断的过程，不同主体、不同研究目的采用的加权方法

不同。

（4）结果解释。结果解释阶段为在生命周期的评价中，按照规定范围和目的的要求，归纳分析清单和影响评价的结果，进而得出结论和建议的过程。它将对产品、整个工艺和活动的生命周期之内的能耗、环境的排放机会和需求、原材料的使用等进行系统评估。这种研究分为定性和定量改进措施：产品结构的改变、原材料的重选、制造工艺及消费方式的改变和废弃物的管理等。对于决策过程，根据研究目标和范围的要求，向决策者提供所需的相关信息。生命周期解释的主要步骤包括：①以生命周期的评价和清单分析结果为基础辨识重大的环境问题；②以敏感性、一致性和完整性为原则评价生命周期和清单的研究结果；③得出解释结论、建议和最终报告。

如在分析沥青生产能耗和排放时不考虑炼油厂设备的生产，但考虑生产单位质量沥青时炼油厂所需的能耗以及对应的排放。第三类边界主要用于多系统分析，边界划分过程中，不同系统间难免存在交叉，为避免同一基本流，或输入输出的能耗和排放的重复计算，应详细定义系统间的边界。例如同时分析沥青路面建设和电力系统，就需要确定两者的计算边界，否则电能的能耗与排放在两者中将重复计算。由于本研究仅分析沥青路面系统，与其他系统的交叉不会引起计算结果的重复计算，只是计算范围对计算结果大小的影响。

边界设定是 LCA 研究的关键。在同一研究中，若边界设定混乱，将严重影响分析的可靠性；在不同研究中，不一致的研究边界将导致研究的不可比较性。

外国研究人员在 ISO 14040 规范的基础上，根据具体项目提出了开展生命周期分析的具体方法。目前常用的生命周期分析方法主要有以下三种类型：基于流程的生命周期分析方法（process LCA）、输入-输出生命周期分析方法（I-O LCA）以及综合性生命周期分析方法（hybrid LCA）。

基于流程的生命周期分析方法以产品系统的生命周期流程为基础，根据生命周期分析目的和范围的定义，将生命周期流程进一步细化为若干次一级流程，并具体研究次一级流程中每一个阶段的能耗和排放量，最后将各个阶段的能耗和排放量加总，就可以得到产品系统生命周期能耗和排放的总量。

输入-输出生命周期分析以 Wassily Leontief 在 1936 年提出的经济投入-产出模型为基础，在经济投入-产出分析模型中增加了环境影响输入和输出分析，其主要分析步骤与经济投入-产出模型一致。因此，可以认为输入-输出生命周期分析方法其实质是经济投入-产出分析方法与生命周期理念在环境影响量化分析过程中的一种有机结合。该模型将经济划分为若干部门分类结构，通过编制投入-产出表并建立相应的数学模型，反映经济系统各个部门（产业间）相互依存的平衡关系。

基于流程的生命周期分析方法和输入-输出生命周期分析方法均有各自的优缺点，见表 2-2。Hendrickson 等人研究认为，基于流程的生命周期分析方法和输入-输出生命周期分析方法具有互补的特点，两种方法相结合能够得到更加准确有效的分析结果。

综合性生命周期分析方法是结合上述两种生命周期分析方法的优势，尽可能避免其缺陷，从而结合形成的一种全新的生命周期分析方法。

表 2-2 基于流程与输入-输出生命周期分析方法优缺点比较

方法	基于流程的生命周期分析	输入-输出生命周期分析
优点	① 详尽的具体流程分析 ② 可用于产品的环境影响比较 ③ 可用于工艺流程改善分析	① 经济视角的综合分析 ② 可用于敏感性分析 ③ 采用公开数据，结果具有可再现性
缺点	① 系统边界设置过于主观 ② 分析耗费的时间和成本较大 ③ 难以用于新的工艺流程	① 采用行业平均数据难以反映特殊性 ② 难以分析具体的工艺流程 ③ 分析数据具有一定的不确定性

在对国内外文献的调查中发现，国内外研究学者在研究沥青路面生命周期分析中基本采用基于流程的生命周期分析方法。项目沥青路面建设工程相对其他工程而言，基本可被认为是一个前后衔接的线性过程，因此采用基于流程的生命周期分析方法也可以比较直观地将整个过程反映出来。

2.2 沥青路面施工期全过程的研究目的

进行沥青路面施工期全过程分析时首先需要对研究目的进行定义。定义的内容包括：①应用意图；②开展研究的理由；③研究结果的受众；④结果是否用于向公众发布对比论断。

本研究目的是对沥青路面施工期过程中的能耗与温室气体排放进行分析、计算与评价。具体的研究目标可分解为：

（1）建立沥青路面施工期过程中能耗和温室气体排放（以下简称排放）有关的原材料及机械设备清单数据集。

（2）同功能单位条件下，计算沥青路面在原材料生产阶段的能耗与排放。

（3）沥青路面运输阶段能耗与排放分析，包括原材料生产完运输至工地及材料加工完运输至施工现场等过程。

（4）沥青路面施工阶段能耗与排放分析，包括沥青路面材料的加工、摊铺、碾压等过程。

研究结果主要为与沥青路面建设和研究有关的单位、部门和个人提供一种基于施工期全过程的环境分析方法，提供一种认识沥青路面施工期能耗和排放之间关系的途径，为公路沥青路面建设的决策、设计和施工提供与能耗和排放相关的分析数据及评价依据。同时，对现有的沥青路面建设技术进行与能耗和排放相关的分析、比较与评价。

2.3 沥青路面施工期全过程的研究内容

2.3.1 理论基础及概述

根据国家标准《环境管理　生命周期评价　要求与指南》（GB/T 24044—2008）的规定，LCA 的研究范围包括：①所研究的产品系统；②产品系统的功能；③功能单位；④系统边界；⑤分配程序；⑥LCIA 的方法学与影响类型；⑦解释；⑧数据要求；⑨假设；

⑩价值选择和可选要求；⑪局限性；⑫数据质量要求。按照规范要求，对上述主要内容进行详细分析。

2.3.2 沥青路面施工期产品系统及功能

本课题研究的产品系统为沥青路面系统。沥青路面包含路基顶面以上所有的路面结构和材料，由垫层、底基层、基层、面层及层间处治材料组成。其功能主要是为路面上行驶的车辆提供稳定可靠、舒适安全的基础支撑。根据生命周期评价法（LCA）的概念，产品的生命周期涵盖产品生产到消亡的整个过程。其中，产品生产过程是为生产产品而进行的一系列准备、生产和制造活动，产品消亡过程则包括产品的废弃和处置等活动。本课题只研究沥青路面建设阶段的能耗与排放。根据沥青路面施工期的阶段特点，将沥青路面施工期分为三个主要阶段：

1. 材料物化阶段

主要包括路面原材料的生产过程。所研究的原材料清单为：水泥的生产，道路沥青和SBS改性沥青的生产，石料的开采和加工，木质素纤维、矿粉、石灰、粉煤灰等材料的生产。机械设备清单为：卡车、无机结合料拌和及摊铺设备、沥青混合料拌和及摊铺设备。

2. 运输阶段

包括原材料生产完运输至工地及材料加工完运输至施工现场等过程。

3. 施工阶段

包括沥青路面材料的加工、摊铺、碾压等过程，以及沥青类材料的加热、拌和及混合料摊铺和碾压过程中机械设备的能耗和排放。

2.3.3 功能单位

沥青路面的功能是满足车辆行驶需求，是连续的带状构造物，其设计参数，如车道宽度、车道数、路面结构组合、材料层厚度组合，与交通量、气候环境有关。定义功能单位的目的是为输入和输出数据的归一化（量化）提供基准。简而言之，功能单位就是使比较的双方具有相同的功能，反映在沥青路面上是具有相同的交通和环境承载力。本课题定义沥青路面施工期功能单位为单位质量1t的沥青路面材料或单车道1km路面结构层。

2.3.4 系统边界

系统边界决定沥青路面施工期全过程所包含的单元，限定环境评价的分析深度。大多数工业产品所涉及的生产部门十分庞杂，生产过程也是十分复杂甚至是保密的，过分追求分析的全面性和广泛性易导致分析深度过大，不仅数据难以获取，复杂的数据处理也大大降低了结果的可靠性，因此合理选择系统边界是保证评价结果可靠的关键步骤。理论上需确定三类边界条件：系统与环境的边界；直接和间接生产活动过程之间的边界（如工厂的建造、运输工具的制造）；研究系统与其他系统之间的边界。第一类边界由分析的目标及环境类型所决定，本研究的第一类边界为能耗与温室气体。第二类边界是决定分析深度的主要边界，为减小研究范围，本课题不考虑机具设备的生产与折旧，主要考虑材料生产和运输过程中所消耗的能源和排放。

2.3.5 系统模型

根据边界条件和沥青路面施工期的三个阶段，建立沥青路面系统的生命周期分析模型，如图 2-3 所示。

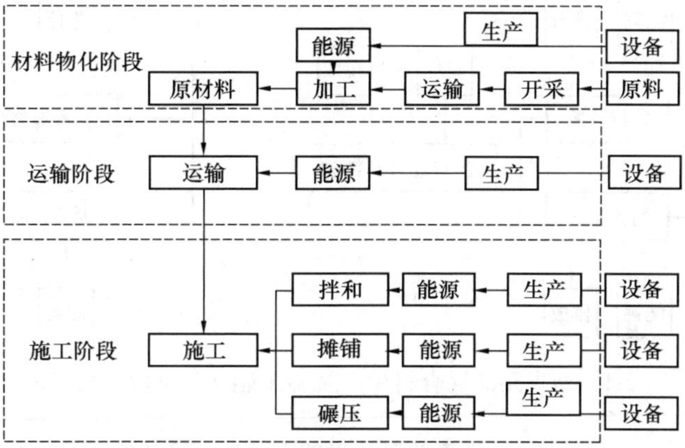

图 2-3　沥青路面施工期的系统分析模型

建立系统模型有利于展现组成系统的各过程之间的相互关系，明确各主要的分析对象，更重要的是可以保证所研究系统的完整性，不易造成遗漏，同时有助于为进一步研究提供支撑依据。系统模型用以模拟基本流和产品流的输入输出，即在系统过程中消耗了什么物质、排放了什么物质。在设定的边界条件下可知，沥青路面系统的主要输入是原材料和直接能源。而原材料仅考虑其加工所消耗的能源，不考虑其原料能，因此，沥青路面系统的主要输入是生产原材料的能源与其他直接能源。

以沥青路面建设为例，沥青路面建设可以粗略分为沥青混合料生产、运输以及沥青路面施工等若干环节（图 2-4）。其中，沥青混合料生产又可以细分为沥青生产、矿料生产和沥青混合料拌和三个环节，每一个环节均存在能耗与排放。根据生命周期分析方法，计算每一个环节的能耗与排放量，求和就能得到沥青混合料生产阶段的能耗和排放量。沥青混合料施工阶段的分析与此相同。在得到沥青混合料生产、运输和沥青路面施工阶段的能耗和排放量后，再次求和就能得到沥青路面建设整个生命周期内的能耗与排放量。

由图 2-4 可以发现，基于流程的生命周期分析方法具有重视细节、直观简单的特点。

（1）基于流程的生命周期分析方法尤为注重产品的生命周期细节，由于构成产品生命周期流程的每一个环节都需要进一步细化，因此其分析结果更为准确。

（2）基于流程的生命周期分析方法比较直观、简单，不需要过于复杂的理论基础，仅需要对生产工艺流程进行合理准确的划分即可。

根据基于流程的生命周期分析方法，本课题将就沥青路面工程划分为沥青路面原材料生产、路面混合料以及路面施工三个生产环节进行逐一分析，其中重点对沥青路面混合料生产环节以及路面施工环节进行分析和研究。

根据三类边界类型、评价目标以及研究条件，设定沥青路面生命周期评价的边界条件，见表 2-3。

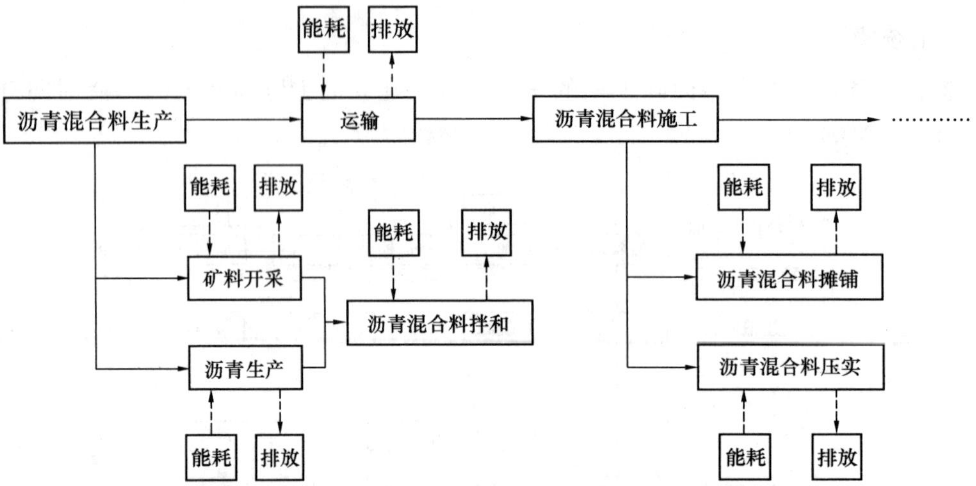

图 2-4　沥青路面混合料生产及施工能耗与排放分析简图

表 2-3　沥青路面建设期全过程边界条件

分析内容	边界条件
机具设备	运输、运行能耗与排放，不包括生产和折旧
原材料	原料开采、运输、加工
工业废弃材料	原料运输、加工
循环利用材料	可再利用原料加工（如铣刨）、运输
能耗	不考虑原料能；化石能源生产能耗与排放为其使用的 10%

2.3.6　基本假设

1. 运距

运距是车辆运输中必须要考虑的因素，运距的长短直接关系到车辆油耗和排放，但是不同工程、不同地域、不同的材料和运输条件都将影响运距，因此运距的假设存在大量的不确定性。为考虑这些不确定性，需要对运距进行假设，使运距接近实际情况，并在较大范围内变化，在此假设最大运距为最小运距的 5～10 倍。

2. 能耗计算

能耗计算中有四类能量：一次能、燃前能、原料能和内嵌能。一次能是指系统所需的化石类燃料完全燃烧释放出的能量，包含燃料的燃前能；燃前能是指用于化石类燃料或材料提炼、生产和运输的化石燃料能量，也被称为间接原始能（indirect primary）或上游能（upstream energy）；原料能是指系统中的化石烃类材料（非燃料）完全燃烧释放出的能量，包括燃前能，这类材料在系统中并不以燃料形式利用，最典型的就是沥青材料；内嵌能是指一次能和原料能的总和。

如果在计算中考虑沥青的原料能，也就意味着假设沥青在使用中是完全燃烧，这与实际情况不符。虽然沥青可以燃烧，但目前几乎没有沥青燃烧的应用案例，沥青的主要用途仍是作为建筑材料使用，但应考虑沥青生产加工过程的能耗与排放，因此，能耗分析中仅考虑沥青的燃前能而不考虑沥青的原料能。同样，本研究中所有材料的原料能均不予以考虑。

2.4 本章小结

（1）提出了沥青路面施工期全过程的研究目的：对沥青路面施工期过程中的能耗与温室气体排放进行分析、计算与评价。

（2）明确了沥青路面施工期全过程的三个阶段：材料物化阶段、运输阶段、施工阶段。

（3）提出了沥青路面施工期分析的系统边界。

（4）提出了沥青路面施工期分析的系统模型理论。

3　沥青路面施工期全过程能耗监测及评估技术

针对沥青路面建设如何科学分解建设项目的施工过程，系统测算建设过程各个环节的能耗，探索建立交通运输业工程建设领域的能耗排放评价指标，对每项技术进行准确的能耗综合评价，推广应用新型节能减排技术，是目前国内外学者都在思考和探索的热点。欧美国家在道路建设过程中开展了系统的道路能耗指标的计算分析，对路面施工过程进行分解，分别考虑了原材料生产运输、混合料拌和、路面摊铺压实等施工环节，有些机构还从全生命周期角度进行了分析，包括路面养护和再生重建等生命周期过程。形成了评价指标体系，建立了部分基础数据，并且编制了相关计算软件。尽管如此，我们在对国内相关技术进行评价时，并不能直接照搬国外的数据，因为国内外的施工工艺、施工设备、原材料等各个方面都有所不同，最终结果必然存在较大差别，因此必须结合国内的具体工艺，开展相关调查研究，形成准确可靠的本地基础数据库。

本课题以沥青路面施工为研究对象，对原材料生产运输、混合料拌和、运输、摊铺、碾压等施工环节进行调查，结合能耗评价指标，计算施工各环节的能耗情况，为有效评价公路项目各路面结构能耗奠定基础。

3.1　沥青路面施工期关键节点能耗监控方法设计

3.1.1　能耗获取方法

调查扩建工程施工工艺等路面基础数据后，能耗可以直接通过机械设备、运行车辆的参数和使用频率计算得到。根据数据来源方式、适用范围不同，路面新建或扩建工程能耗量化计算方法有三种：实测法、理论法、定额法。

实测法以沥青路面施工（原材料生产）某个特定生产工艺流程能耗的实测数据为基础，在具体工程计算中，根据实际使用的生产设备及其运转状况，测定单位产量能耗。

理论法以生产设备的标准参数为依据，计算其在标准工况下的能耗。在数据缺失的情况下，理论法也可以采用相关行业单位产量能耗的平均值作为代表值，用于能耗的量化计算。理论法以理想状况下设备参数为核心，其关键在于设备参数的获取及量化计算过程。

定额法以我国现行《公路工程预算定额》（JTG/T B06-02—2007）和《公路工程机械台班费用定额》（JTG/T B06-03—2007）为依据，首先根据预算定额规定的施工工艺流程，确定单位产量的机械台班数量；其次根据机械台班费用定额规定的机械设备单位台班能耗参数，确定能耗总量；最后计算得到单位产量的能耗。定额法是实测法和理论法的综合，该方法不仅体现了社会平均水平下的施工工艺流程，而且能够以相对具体的机械设备参数为核心。

上述三种能耗量化计算方法的流程图如图 3-1 所示，其中，实测法考虑了不同生产设备、生产商、设备运转等实际情况，计算结果比较准确，但是该方法仅局限于特定的工程，适用范围有限。理论法以生产设备标准工况及其工艺流程平均值为基础，具体到某一特定情况，可能会出现高估或低估等误差，但是该方法充分考虑了行业的普遍情况，具有一定的代表性，尤其在目前国内相关统计数据缺失的情况下，具有很好的适应性。定额法是采用现代管理技术建立的一套系统、完整的量化体系，由国家主管部门管理和完善，具有较高的权威性、稳定性和实效性，但是仅适用于定额中规定的机械设备的能耗计算。

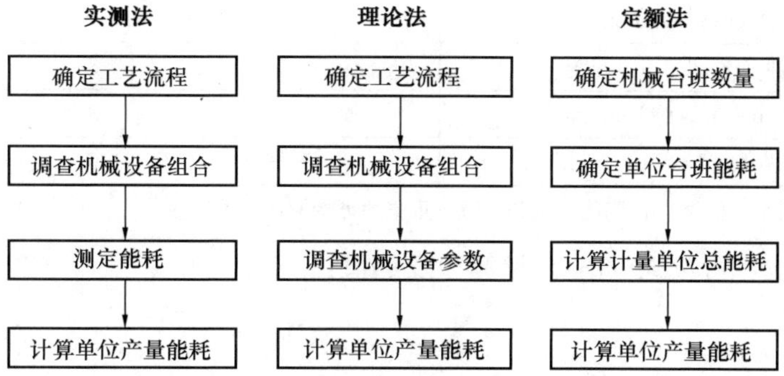

图 3-1　能耗量化计算方法流程图

本课题采用“定额法＋理论法＋实测法”的基本原则的能耗量化计算方法，使计算结果可以真实表达道路工程的能耗，同时为后续研究提供基础数据积累，见表 3-1。

表 3-1　路面施工期能耗监控措施

序号	沥青路面施工期设备	能源类型	能耗监控措施
1	运输车辆	燃油	加油明细或车辆油耗表
2	推土机	燃油	加油明细或车辆油耗表
3	沥青加热罐	燃油	加油明细
4	燃烧器	燃油/天然气/煤制气	油/气明细
5	煤制气设备	电能＋燃油	电表（电流、电压）＋加油明细
6	拌和站主设备	电能	电表（电流、电压）
7	常规摊铺机	燃油	加油明细或车辆油耗表
8	大宽度摊铺机	燃油	加油明细或车辆油耗表
9	钢轮压路机	燃油	加油明细或车辆油耗表
10	胶轮压路机	燃油	加油明细或车辆油耗表
11	传送带	电能	电表（电流、电压）

3.1.2　能耗换算

在能耗计算过程中，沥青路面原材料生产或路面施工中不同设备使用的能源种类不同，有固体状态的煤，有液体的汽油、煤油、柴油，还有电源，不同种类的能源不仅单位不同，其产生的动力效果也不同。量化和评价时，都需要不同能源进行累加，得到统一的数据，代表其综合能源消耗量，否则无法进行评价。

目前，生命周期分析方法中多采用净发热值法计算能源消耗量。燃料燃烧发热是其释放自身能量的途径，因此，可以采用燃料的发热值将能源消耗数据转换为普通能源单位

（焦耳，J）。联合国政府间气候变化专门委员会 IPCC 经统计分析后得出了不同燃料的净发热值统计数据，见表 3-2。

表 3-2 燃料净发热值数据

燃料类型及英文说明	净发热值	较低	较高
车用汽油（motor gasoline）	44.3	42.5	44.8
汽油/柴油（gas/diesel oil）	43.0	41.4	43.3
残留燃料油（residual fuel oil）	40.4	39.8	41.7
液化石油气（liquefied petroleum gases）	47.3	44.8	52.2
无烟煤（anthracite）	26.7	21.6	32.2

注：较低与较高值是 95%置信区间的下限和上限；重柴油可参考残留燃烧油。

根据以上方法，可按式（3-1）计算净发热值：

$$E=\sum_{i=1}^{n}(F_i \times NCV_i) \tag{3-1}$$

我国的《综合能耗计算通则》（GB/T 2589—2008）规定，用能单位实际消耗的燃料能源应以其低（位）发热量为计算基础，并且折算为标准煤量 kgce。低（位）发热量等于 29307 千焦（kJ）的燃料，称为 1kg 标准煤（1kgce）。表 3-3 中总结的是几种沥青路面新建或改建过程中涉及的各种机械设备、车辆常用燃料的平均低位热值及折算的标准煤系数。

表 3-3 几种能源的平均低位发热值及折算标准煤系数

能源名称	平均低位发热量	折标准煤系数
原煤	20908kJ/kg（5000kcal/kg）	0.7143kgce/kg
洗精煤	26344kJ/kg（6300kcal/kg）	0.9000kgce/kg
原油	41816kJ/kg（10000kcal/kg）	1.1572kgce/L
燃料油	41816kJ/kg（10000kcal/kg）	1.4286kgce/kg
汽油	43070kJ/kg（10300kcal/kg）	1.4714kgce/kg
煤油	43070kJ/kg（10300kcal/kg）	1.4714kgce/kg
柴油	42652kJ/kg（10200kcal/kg）	1.2194kgce/L
液化石油气	50179kJ/kg（12000kcal/kg）	1.7143kgce/kg
油田天然气	38931kJ/kg（9310kcal/kg）	0.9541kgce/m^3
电力（当量值）	3600kJ/（kW・h）（860kcal/kW・h）	0.1229kgce/（kW・h）

MJ 与标准煤的换算单位为 1kg 标准煤 29.307MJ，净发热值也可以同标准煤量进行换算。

3.2 原材料能耗评估

3.2.1 沥青能耗评估

目前，国内也开始对沥青材料的能耗与排放进行调查与研究，但还没有建立完善系统的沥青类材料的能耗与排放量化清单。本课题将参照欧洲沥青协会（European Bitumen Association）提供的清单分析成果。欧洲沥青协会在 1999 年进行了比较全面的沥青材料生命周期清单分析，2009 年对研究成果进行了进一步的更新和完善。该项研究主要针对道路铺装用沥青材料，包含了针入度等级 20～220（0.1mm）的石油沥青、聚合物改性沥青和乳化沥青，生产工艺则考虑了直馏、半氧化、丙烷脱等多种加工流程，数据来源涵盖了欧洲主要工业国家，具有较广泛的代表性。考虑到石油产品多用国外油源，国内沥青生产工艺水平同其他先进国家相当，本课题采用欧洲沥青协会得出的不同沥青生命周期清单数据。

由于石油沥青（基质沥青）、改性沥青、乳化沥青和改性乳化沥青的生产工艺有很大不同，其生产过程能耗也有较大的差异。但是，目前有关沥青路面生命周期的研究中，大多均未将这四种沥青分开考虑。因此，针对道路工程中石油沥青、改性沥青、乳化沥青和改性乳化沥青均有使用的情况，有必要在沥青生产阶段对石油沥青、改性沥青、乳化沥青和改性乳化沥青的能耗分别进行分析计算。

沥青的生产流程为：石油→常减压渣油→普通石油沥青→改性沥青/乳化沥青。调查研究结果表明，常减压渣油生产装置消耗电能和化石燃料，溶剂脱沥青生产装置、改性沥青生产装置和乳化沥青生产装置消耗电能（表 3-4）。因此，在沥青生产过程中主要消耗电能和化石燃料。化石燃料一般包括煤、燃料油或燃料气等，如图 3-2 所示。

表 3-4　沥青生产能耗类型

能量源名称	能耗类型
常减压渣油生产设备（热交换器、电脱盐罐、初馏塔、常压塔、减压塔、常压炉、氧化塔）	电能、燃料
运输罐车、储存罐	石油挥发
沥青生产设备（深拔装置、氧化塔、溶剂脱沥青设备、改性沥青生产设备、乳化沥青生产设备）	电能

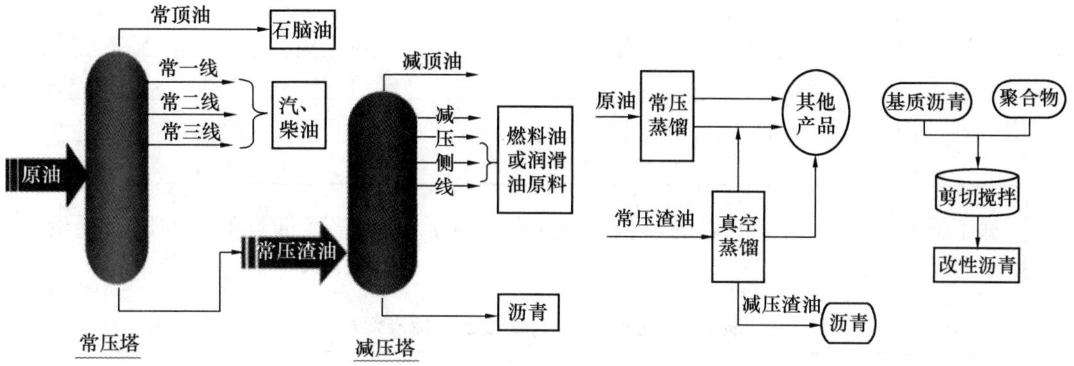

图 3-2　石油沥青与改性沥青生产工艺流程简图

为方便进行能耗比较，将不同化石燃料的消耗统一转换为标准煤（规定应用基低位发热量 7000kcal/kg 的燃料）用量作为能耗的代表值，依据我国热值将不同化石燃料转换为标准煤。

3.2.1.1 基质沥青能耗清单

在不考虑基础设施的情况下，生产 1t 普通沥青所需的能耗见表 3-5。

表 3-5 1t 普通沥青生产能耗

1t 沥青		单位	原油开采	运输	炼油	存储	总计
原材料	原油	kg	1000	—	—	—	1000
能源消耗	天然气	m^3	18.9	0.4	0.58	0.19	20.1
	原油	L	17.5	9.3	11.9	2.2	40.9
	煤炭	kg	0	0.21	0.49	0.33	1.03
	铀	g	0	0.00001	0.00003	0.00002	0.0001

依据不同化石燃料与标准煤的转换关系可得出生产每吨普通沥青的标准煤消耗量，见表 3-6。

表 3-6 生产 1t 普通沥青标准煤耗

能源	用量	折标准煤系数	标准煤折算值（kgce）	合计（kgce）	合计（MJ）
天然气	$20.1m^3$	$0.9541kgce/m^3$	19.2	67.4	1975.3
原油	40.9L	1.1572kgce/L	47.3		
煤炭	1.03kg	0.9000kgce/kg	0.9		

3.2.1.2 改性沥青能耗清单

改性沥青中 SBS 含量为 3%～5%，生产 1t 改性沥青需要普通沥青 955kg（95.5%），SBS 需要 45kg（4.5%）。改性沥青采用高速剪切法或胶体磨法制备，SBS 改性沥青能耗见表 3-7。

表 3-7 1t SBS 改性沥青生产能耗

1t 改性沥青		单位	普通沥青	SBS	剪切	总计
原材料	原油	kg	955	45	—	1000
能源消耗	天然气	m^3	14.2	25	0.78	40
	原油	L	39.1	20.5	0.3	59.9
	煤炭	kg	1	4.4	2.1	7.5
	铀	g	0.00006	0	0.00015	0.0002

依据不同化石燃料与标准煤的转换关系可得出生产每吨普通沥青的标准煤消耗量，见表 3-8。

表 3-8 生产 1t SBS 改性沥青标准煤耗

能源	用量	折标准煤系数	标准煤折算值（kgce）	合计（kgce）	合计（MJ）
天然气	$40m^3$	$0.9541kgce/m^3$	38.2	114.3	3349.8
原油	59.9L	1.1572kgce/L	69.3		
煤炭	7.5kg	0.9000kgce/kg	6.8		

3.2.1.3 乳化沥青能耗清单

乳化沥青在公路建设中多用于透封层和黏层，还应用于沥青混合料冷再生基层。进行能耗测算时，考虑到普通乳化沥青种类为我国常用，其中沥青固含量按65%计，原材料组成包括：普通沥青650kg（65%）、乳化剂8kg（0.8%）和水342kg（34.2%）。在不考虑基础设施的情况下，生产1t乳化沥青的能耗见表3-9。

表3-9　1t乳化沥青生产能耗

1t乳化沥青		单位	普通沥青	乳化剂（生产和运输）	热水（水和加热）	乳化沥青制备	总计
原材料	原油	kg	650	8	342	—	1000
能源消耗	天然气	m^3	13.1	0.22	0.08	1.21	14.6
	原油	L	26.6	1.4	1.8	0.4	30.2
	煤炭	kg	0.67	0.3	0.07	3.25	4.3
	铀	g	0.00004	0.00002	0	0.00023	0.0003

依据不同化石燃料与标准煤的转换关系可得出生产每吨普通沥青的标准煤消耗量，见表3-10。

表3-10　生产1t乳化沥青标准煤耗

能源	用量	折标准煤系数	标准煤折算值（kgce）	合计（kgce）	合计（MJ）
天然气	14.6m^3	0.9541kgce/m^3	13.9	52.7	1544.5
原油	30.2L	1.1572kgce/L	34.9		
煤炭	4.3kg	0.9000kgce/kg	3.9		

3.2.1.4 改性乳化沥青能耗清单

根据上述普通乳化沥青的生产方式，进行能耗测算时，改性乳化沥青中沥青固含量也按65%计，原材料组成包括SBS改性沥青650kg（65%）、乳化剂12kg（1.2%）和水338kg（33.8%）。在不考虑基础设施的情况下，生产1t改性乳化沥青的能耗见表3-11。

表3-11　1t改性乳化沥青生产能耗

1t改性乳化沥青		单位	改性沥青	乳化剂（生产和运输）	热水（水和加热）	乳化沥青制备	总计
原材料	原油	kg	650	12	338	—	1000
能源消耗	天然气	m^3	32.5	0.33	0.08	2.21	35.1
	原油	L	38.9	2.1	1.8	0.8	43.6
	煤炭	kg	5.5	0.45	0.07	6.25	12.3
	铀	g	0.0001	0.00003	0	0.0005	0.0006

依据不同化石燃料与标准煤的转换关系可得出生产每吨普通沥青的标准煤消耗量，见表3-12。

表 3-12 生产 1t 改性乳化沥青标准煤耗

能源	用量	折标准煤系数	标准煤折算值（kgce）	合计（kgce）	合计（MJ）
天然气	35.1m^3	0.9541kgce/m^3	33.5kg	95.1	2787.1
原油	43.6L	1.1572kgce/L	50.5kg		
煤炭	12.3kg	0.9000kgce/kg	11.1kg		

3.2.1.5 橡胶沥青能耗清单

橡胶沥青混合料与 SBS 改性沥青混合料的主要差异在于采用的改性沥青类型不同，橡胶沥青的生产能耗包括橡胶粉改性剂生产和橡胶沥青制备的能耗。国内外学者对橡胶粉的制备过程能耗进行研究分析，结果见表 3-13。

表 3-13 橡胶粉单位生产量的能耗

原材料		能耗（MJ/kg）
中国	橡胶粉	3.59
美国	橡胶粉	4.27
	交联剂	54.1

由数据可以看出，国内与国外的数据基本相当。为了使结果更符合国内实际情况，本课题采用国内的数据进行橡胶沥青的能耗测算。由于橡胶粉采用废旧橡胶轮胎制备得到，废旧轮胎作为废弃物利用，其本身的生产能耗不计入橡胶粉生产之内。橡胶沥青单位生产量的能耗情况见表 3-14。

表 3-14 橡胶沥青单位生产量的能耗

沥青类型	胶粉掺量（%）	能耗（MJ/t）	标准煤（kgce）
现场湿法橡胶沥青	18	3156.17	107.7
成品湿法橡胶沥青	20	3292.70	112.4

注：胶粉掺量为质量比。

3.2.2 集料能耗评估

在沥青混合料中应用的集料包括粗集料、细集料。集料生产工艺流程主要包括石料开采、集料加工两个阶段。集料生产过程中温室气体的排放主要来自炸药爆破和石料生产线消耗电能。但集料生产的场地建设等准备工作也是有能耗与排放的。本课题仅考虑了开采、加工两个环节。

1. 石料开采

石料开采主要是石料爆破开采。石料工程爆破中常用的爆破手段有浅孔爆破法、深孔爆破法、药壶爆破法和洞室爆破法等几种。爆破手段的选定要根据工程规模大小、施工难易程度及开挖强度的需求。深孔爆破法爆破开发岩石的施工过程主要为：台阶平整→钻孔→装炸药、堵塞炮孔口→连接起爆网络、起爆→清运石渣。石料爆破流程中的能耗总结如图 3-3 所示。

2. 集料加工

爆破后由挖掘机、装载机配合自卸汽车将石块装运到石料加工厂进行生产加工。爆破得到的大块石材要在石料加工厂通过破碎和筛分等工序破碎成用于道路施工的不同规格的粗、细集料。集料生产线根据进出料粒度和产量等要求，通常配用的设备有颚式破碎机、反击式破碎机（一级公路要求使用反击式破碎机）、给料机、输送机、筛分设备等。由颚式破碎机对开采石料进行初破，其给料粒度为125～750mm范围内，可根据实际情况选用合适的型号。初破后进入反击式破碎机进行二级破碎，一级初破和二级破碎之后，由输送机运到筛分机进行筛分，不合格物料继续返回二级破碎机，形成一个二级破碎和筛分设备之间的闭路循环，直到所有物料粒度达标，再由输送设备将不同规格的成品料运到储料堆。其流程图如图3-4所示，改建工程石灰岩集料破碎加工如图3-5所示。

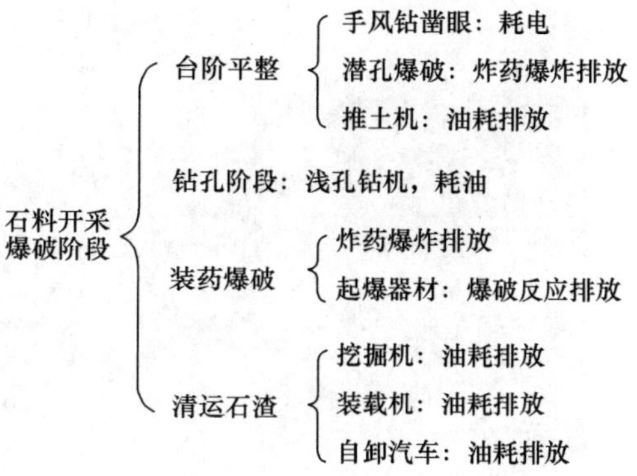

图3-3　石料爆破流程中的能耗

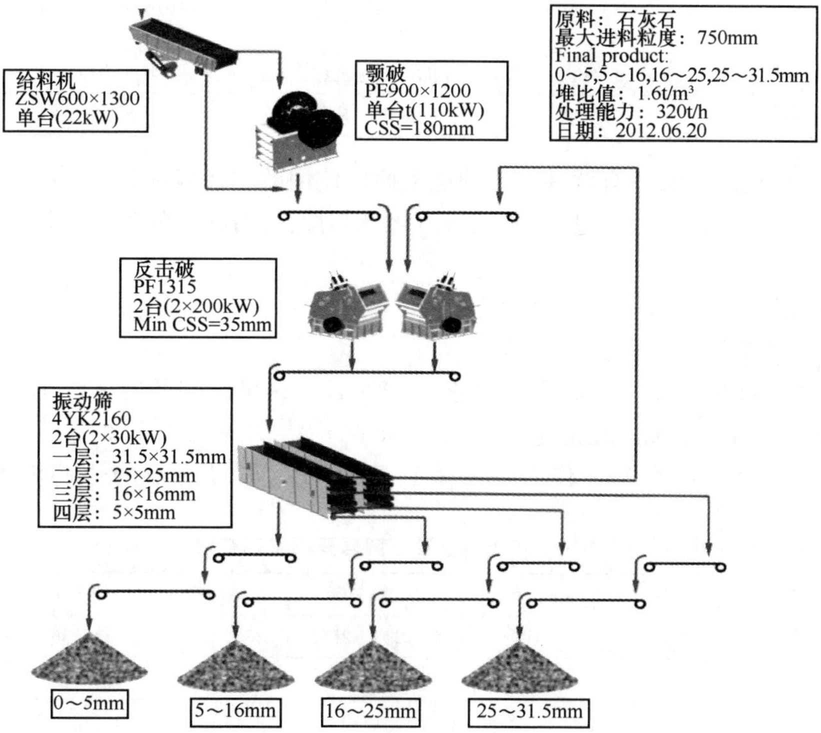

图3-4　集料生产工艺示意图

根据前文分析，将石料获取流程中的能源消耗及能耗类别汇总，见表3-15。依据集料生产的工艺流程，集料生产的能耗环节包括石料开采的化学爆破、集料破碎消耗的电能及装载机、车辆需要消耗柴油、汽油等燃料。化学爆破需要的炸药是将化学潜能瞬间转化为对外界做功。

图 3-5 改建工程石灰岩集料破碎加工

表 3-15 集料生产过程中能耗类型

生产过程	设备名称	能源类型
块石开采	钻机，水、风、电系统	电能
	自卸汽车、挖掘机、装载机	柴油
	爆破	炸药
集料破碎	给料机、颚式破碎机、反击式破碎机、输送机、振动筛分设备、除尘系统	电能
	自卸汽车、挖掘机、装载机	柴油

道路工程中应用的石料有两种，分别是上面层使用的玄武岩和其他结构层使用的石灰岩。为得出石料在开采和加工过程中的能耗，分别对两个石料厂的生产过程进行了跟踪调研。依据调研进行能耗分析。

3.2.2.1 粗集料能耗清单

1. 块石开采能耗

经对石料厂的现场调查，每开采 1t 玄武岩块石，钻机消耗的电能约为 5kW·h；每开采 1t 石灰岩块石，钻机消耗的电能约为 4.3kW·h。开采块石的炸药用量，采用现场实地调查，共连续调查六个工作日，开采玄武岩和石灰岩块石的炸药消耗数据列于表 3-16、表 3-17 中。

表 3-16 炸药用量及玄武岩开采量调查表

调查内容	第一天	第二天	第三天	第四天	第五天	第六天
气温（最低/最高）	23℃/31℃	21℃/28℃	23℃/25℃	23℃/30℃	25℃/36℃	25℃/33℃
炸药用量（kg）	3500	4037	2511	2367	2871	2796
石料开采量（t）	17500	20200	12500	11900	14300	14000

表 3-17 炸药用量及石灰岩开采量调查表

调查内容	第一天	第二天	第三天	第四天	第五天	第六天
气温（最低/最高）	23℃/31℃	22℃/28℃	24℃/26℃	24℃/31℃	23℃/34℃	22℃/35℃
炸药用量（kg）	810	805	806	813	817	811
石料开采量（t）	5400	4500	2400	5100	6000	5550

依据玄武岩和石灰岩石料厂的调研数据可以采用计算平均值的方法求得每生产 1t 玄武岩或石灰岩的炸药消耗量（表 3-18）。

表 3-18　开采 1t 玄武岩或石灰岩块石的炸药消耗量

石料厂类别	玄武岩厂	石灰岩厂
每生产 1t 石料的平均炸药消耗（kg）	0.20	0.15

块石开采后，要将石块运输至加工厂进行破碎加工，一般加工厂都靠近塘口。本课题调研的玄武岩的塘口距离加工厂 1km，石灰岩塘口距离加工厂 2km。采用自卸汽车进行运输，两个石料厂的运输车参数相近，具体型号和参数见表 3-19。

表 3-19　运输自卸汽车基本参数及油耗表

调查项目	车型		
	福田瑞沃 290	重汽豪沃 336	江淮轻量化 290
额定功率（kW）	213	247	213
载重（t）	45	45	45
燃油类型	柴油	柴油	柴油
行驶速度（km/h）	80	80	80
满载油耗（L/100km）	85	105	82
空载油耗（L/100km）	50	62	48
平均满载油耗（L/100km）	90.7		
平均空载油耗（L/100km）	53.3		

自卸汽车消耗柴油，其排放的温室气体主要有 CO_2、CH_4 和 N_2O。运输过程中自卸汽车主要往返于开采点和加工厂之间，由开采点出发时为满载，返回时为空载。

已知玄武岩厂自卸汽车满载重量为 45t，则每运输 1t 玄武岩石料自卸汽车的燃油消耗应为（90.7＋53.3）×1÷100÷45＝0.032L。同理，石灰岩厂每运输 1t 石灰岩石料自卸汽车的燃油消耗应为（90.7＋53.3）×2÷100÷45＝0.064L。

2. 破碎加工能耗

破碎加工过程中主要是破碎机对石料进行破碎、筛分，装载机用于给破碎机喂料，破碎机设备消耗电能，装载机消耗柴油。对玄武岩、石灰岩破碎机设备的能耗进行实地调查，连续 6 个工作日的能耗列于表 3-20、表 3-21、表 3-22 中。

表 3-20　破碎机基本参数表

调查项目	调查结果
破碎机型号	PCZ1615-Ⅵ
装机总功率（kW）	400
处理能力（t/h）	420～500
使用年数	4

表 3-21 破碎机日产量及能耗（玄武岩）

调查内容	第一天	第二天	第三天	第四天	第五天	第六天
气温（最低/最高）	23℃/31℃	21℃/28℃	23℃/25℃	23℃/30℃	25℃/36℃	25℃/33℃
连续工作时间（h）	12	13	4	10	13	8
产量（t）	6000	6300	1900	4800	6400	3800
耗电量（kW·h）	24000	26000	8000	20000	26000	16000

表 3-22 破碎机日产量及能耗（石灰岩）

调查内容	第一天	第二天	第三天	第四天	第五天	第六天
气温（最低/最高）	23℃/30℃	21℃/28℃	22℃/25℃	23℃/30℃	22℃/32℃	22℃/33℃
连续工作时间（h）	12	10	5	12	13	11
产量（t）	5040	4000	2200	5000	5460	5170
耗电量（kW·h）	4800	4000	2000	4800	5200	4400

依据玄武岩和石灰岩石料厂调研数据，可计算得出每生产 1t 玄武岩或石灰岩集料破碎机设备的电耗（表 3-23）。

表 3-23 破碎、加工 1t 集料的电耗

集料类别	玄武岩	石灰岩
每生产 1t 石料整个石料生产线平均电量（kW·h）	4.13	0.94

集料破碎加工厂使用装载机将块石运至喂料口，经调查，装载机型号及参数列于表 3-24 中。

表 3-24 装载机基本参数及油耗表

调查项目	装载机		
型号	龙工 LG855B	晋工 ZL50	雷沃 FL956F
斗容（m^3）	3	2.8	3
额定载重量（kg）	5000	5000	5000
额定功率（kW）	162	162	162
行驶速度（km/h）	36	35	36

查阅破碎机加工厂生产记录资料，并参考装载机功率，每台装载机的平均油耗采用 14.0L/h，按每小时可供料 400t 计算（3 台装载机），每供给 1t 石料装载机的平均油耗约为 0.105L，与供料时料斗内的石料种类无关。

根据以上调查、分析，集料生产经过块石开采和加工过程，每生产 1t 集料的能耗汇总于表 3-25 中。计算结果显示，每生产 1t 玄武岩集料，其能耗为 1.29kgce，每生产 1t 石灰岩集料，其能耗为 0.86kgce。玄武岩石质坚硬，加工难度大于石灰岩，且由于玄武岩集料用于上面层，粒径较小，因此加工过程能耗较大。

表 3-25 生产 1t 石料的能耗

集料类型	能耗类型	设备	用量	折标准煤系数	标准煤折算值（kgce）	标准煤合计（kgce）	能耗合计（MJ）
玄武岩	电力	钻机	5kW·h	0.1229kgce/(kW·h)	0.61	1.29	37.8
		破碎机	4.13kW·h	0.1229kgce/(kW·h)	0.51		
	炸药	铵梯炸药	0.20kg	0	0		
	柴油	自卸汽车	0.032L	1.2194kgce/L	0.04		
		装载机	0.105L	1.2194kgce/L	0.13		
石灰岩	电力	钻机	4.3kW·h	0.1229kgce/(kW·h)	0.53	0.86	25.2
		破碎机	0.94kW·h	0.1229kgce/（kW·h）	0.12		
	炸药	铵梯炸药	0.15kg	0	0		
	柴油	自卸汽车	0.064L	1.2194kgce/L	0.08		
		装载机	0.105L	1.2194kgce/L	0.13		

注：炸药爆破时释放热量极低，不计入统计。

3.2.2.2 细集料能耗清单

根据表 3-26、表 3-27 数据，将机械台班定额乘以对应的台班动力燃料定额，便可以计算得到 100m³ 堆方碎石生产过程中的能源消耗量，见表 3-28。

表 3-26 机制砂和石屑生产过程材料/机械台班定额（单位：台班/100m³ 堆方）

材料/机械设备	机制砂	石屑
硝铵炸药（kg）	9.00	24.28
10m 皮带运输机	8.50	—
250×400 电动颚式破碎机	9.30	—
9m³/min 内机动空压机	—	1.56
150mm×250mm 电动颚式破碎机	—	7.91
滚筒式筛分机	—	8.04

表 3-27 机械台班的动力燃料定额（单位：每台班）

设备	动力燃料	
	柴油（kg）	电（kW·h）
10m 皮带运输机	—	20.16
250×400 电动颚式破碎机（PE250×400）	—	106.27
9m³/min 内机动空压机（VY-9/7）	60.34	—
150mm×250mm 电动颚式破碎机（PE150×250）	—	53.13
滚筒式筛分机（YTSX1200×6000）	—	23.38

表 3-28 碎石生产过程动力燃料消耗量（单位：每 100m³ 堆方）

动力燃料	机制砂	石屑
硝铵炸药（kg）	9.00	24.28
柴油（kg）	—	94.06
电（kW·h）	1159.67	608.23

对于生产过程中的柴油、电力等能源类型，按照前文所述的能耗及温室气体转换方法，可以计算得到相应的能源消耗量。对于石料爆破开采中使用的硝铵炸药，爆炸时释放的能量约为4.19MJ/kg，标准煤的能量为29.271MJ/kg，因此，工业炸药与标准煤的能量转换关系约为1kg标准煤=-6.9859kg工业炸药。同时，在TRL计算软件asPECT的使用手册中提供的硝铵炸药（nitro）在爆破使用中的碳排放为0.1661kg CO_2e/t。引用以上转换数据，计算得到的100m^{3}堆方碎石生产过程中的能源消耗量见表3-29。

表3-29　碎石生产过程能源消耗（单位：每100m^{3}堆方）

能源消耗	机制砂	石屑
标准煤（kg）	143.81	215.29
能耗（MJ）	4209.52	6301.68

按照《公路工程预算定额》（JTG/T B06-02—2007）中的碎石密度定额1500kg/m^3，将单位体积数据转换为单位质量的数据，得到的每吨碎石生产过程中的能源消耗量见表3-30。

表3-30　碎石生产过程能源消耗（单位：每吨）

能耗	机制砂	石屑
能耗（MJ/t）	28.06	42.01
标准煤（kgce）	0.96	1.43

由表可以看出，根据定额数据计算所得的单位质量碎石（机制砂、石屑、碎石）生产的平均能耗为36.39MJ/t。

3.2.3　矿粉、水泥、石灰和粉煤灰能耗评估

3.2.3.1　矿粉能耗清单

公路工程使用由石灰岩石料磨制的矿粉。矿粉生产工艺主要包括原料处理、粉磨过程。生产矿粉通常使用破碎后较小粒径的石灰岩碎石，再经高效锤式破碎机破碎，利用高效筛分超细磨，将细粒径碎石送入磨机粉磨，磨好的成品存放于圆库内，用包装机包装好送成品库储存。

矿粉生产过程温室气体排放源主要是粉磨设备的能耗排放，一般为耗电排放。可选择球磨机、立磨、辊压机、环辊磨工艺设备。球磨机粉磨工艺简单，但粉磨效率低、单位产品电耗高，立磨、辊压机、环辊磨粉磨效率高、单位产品电耗低、噪声小，适用于工厂大型加工。消耗电能产生的排放转化为燃煤产生的排放（考虑火力发电）。

参考长安大学的调查结果，1t矿粉的能耗为77.84MJ（约为2.656kg标准煤），CO_2当量排放量为7.391kg。

3.2.3.2　水泥能耗清单

根据《通用硅酸盐水泥》（GB 175—2007）、《水泥单位产品能源消耗限额》（GB 16780—2021），水泥生产过程中主要消耗煤和电力资源。硅酸盐水泥的生产分为三个阶段：石灰质原料、黏土质原料与少量校正原料经破碎后，按一定比例配合、磨细，并配合

为成分合适、质量均匀的生料，称为生料制备；生料在水泥窑内煅烧至部分熔融所得的以硅酸钙为主要成分的硅酸盐水泥熟料，称为熟料煅烧；熟料加适量石膏，有时还加适量混合材料或外加剂共同磨细为水泥，称为水泥粉磨。水泥生产系统边界如图 3-6 所示。

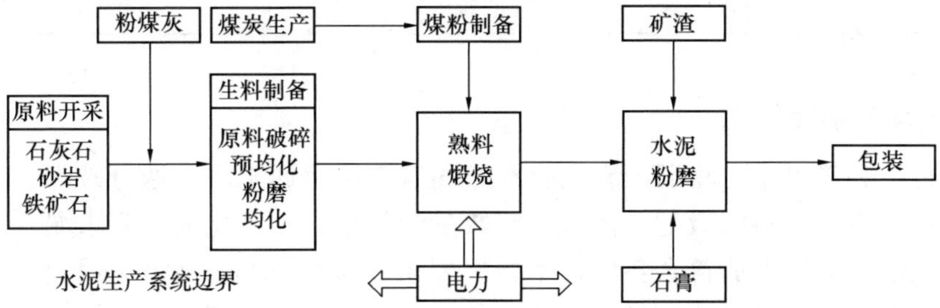

图 3-6 水泥生产系统边界

水泥是高能耗产品，水泥生产多采用新型干法水泥生产技术。该技术具有环保、高效、有害物排放量低和节约能源等优点。在水泥生产过程中，消耗大量的燃煤和电力，产生的污染气体主要是二氧化碳（CO_2）、二氧化硫（SO_2）、氮氧化合物（NO_x）、碳氢化合物（HC）以及一氧化碳（CO）等。水泥生产干法工序的资源、能源消耗数据见表 3-31。

表 3-31 2004 年我国每吨水泥生产能耗

项目		数量
能耗	电耗	97.4kW·h
	煤耗	116kg
	柴油	0.2L

生产 1t 水泥的能耗为 3417.2MJ，转换为标准煤为 116.6kgce。

3.2.3.3 石灰能耗清单

在大粒径沥青碎石中，为改进沥青混合料的水稳定性，加入消石灰粉。石灰的生产工序主要包括原料破碎及入窑煅烧。石灰的能耗，蔡博峰等在《中国石灰生产和能源消耗分析》中得出，2007 年，中国石灰生产的企业共 6154 家，涉及 9327 座石灰窑。总产能为 2.27 亿 t，共生产石灰 1.06 亿 t，企业平均产量为 4000t/d，企业生产每吨石灰平均能耗水平为 163kg 标准煤。天津市地标 DB12/046.47—2008 生石灰单位产量综合能耗计算方法及限额中，规定生石灰单位产量综合能耗不能大于 147kg 标准煤。本研究中采用生石灰的能耗为 147kgce，排放为 415kgce。

3.2.3.4 粉煤灰能耗清单

粉煤灰是火力发电厂碳粉燃烧形成的外观相似、颗粒较细的不均匀多相物质。二灰稳定土是通过粉煤灰与石灰发生火山灰反应形成具有一定黏结力的胶凝材料。路用粉煤灰加工以粉煤灰磨细为主，当粉煤灰含水量过大（一般情况＞6%）时，需加热烘干后磨细。路用粉煤灰生产流程为原料运输、磨细加工。调查国内某品牌粉煤灰加工设备，细度为 200 目的粉煤灰单位产量能耗为 16kW·h/t，根据单位综合电力的能耗与排放计算，粉煤灰加工能耗与排放见表 3-32。

表 3-32　1t 粉煤灰能耗表

项目	单位	1kW・h电能	合计（MJ）	合计（kgce）
电能	kW・h	16	15.2	8.3
热值	MJ	185.6		

3.2.4　再生集料能耗评估

厂拌冷再生和热再生是将旧沥青混合料路面铣刨后运回工厂，通过破碎、筛分，形成再生集料，根据再生集料的级配，掺入一定数量的新集料、乳化沥青和水泥（必要时）进行拌和，经摊铺、碾压形成符合各项技术指标要求的基层结构。使用再生集料优点明显：避免旧路挖除废弃物对环境的污染；避免重新开采石料对生态环境的破坏；节省造价。因此，再生集料的应用节能减排效果显著。

3.2.4.1　面层用再生集料能耗清单

1. 铣刨工艺及能耗类型

在沥青面层施工前，首先要进行工作面的铣刨。目前，国省道沥青路面养护都采用铣刨机进行机械铣刨，一般情况下沥青面层同时铣刨，铣刨机运行时一次可铣刨一条车道，如图 3-7 所示。

图 3-7　旧路面铣刨

采用 Wirtgen W2000 型铣刨机进行铣刨，其额定功率为 432.5kW，具体参数见表 3-33。

表 3-33　铣刨机基本参数表

型号	Wirtgen W2000
额定功率（kW）	432.5
燃油类型	0＃柴油
铣刨宽度（m）	2
铣刨深度（mm）	320
工作速度（m/min）	2.5

原沥青面层铣刨过程能耗主要是铣刨机的能耗，铣刨机的动力来源是柴油。

2. 能耗量化计算

在原沥青面层铣刨的过程中，通过现场调查采集铣刨机的柴油消耗，见表3-34。

表3-34　铣刨机铣刨沥青面层油耗

工作日	1	2	3	4	5
气温（最低/最高）(℃)	9/21	13/26	15/27	16/29	16/28
铣刨里程（km）	0.4	0.4	0.4	0.4	0.4
铣刨机油耗（L）	287	289	285	287	286
面层铣刨厚度（cm）	15				

根据调查所得的油耗数据计算，每铣刨1km单幅车道的油耗应为717L，标准煤折算系数为1.2194kgce/L，则将柴油折算为标准煤的值为874.3kgce，折算成1t铣刨料能耗约为17.0MJ，折算标准煤为0.58kgce。

3.2.4.2　柔性基层用再生集料能耗清单

1. 技术要求

用于国省道沥青路面改建工程上基层的再生集料（铣刨料）公称最大粒径为26.5mm，最大粒径不得超过31.5mm。经破碎筛分分成0～9.5mm和9.5～31.5mm两种规格。铣刨料中不能有土块、植物等有害物质，也不应含有水泥稳定土等杂物。再生集料（铣刨料）的质量应符合表3-35的要求。

表3-35　再生集料（铣刨料）质量技术要求

指标	单位	本课题
砂当量，不小于	%	60
含水量，不大于	%	2
最大粒径，不大于	mm	31.5

2. 加工工艺

冷再生基层材料使用沥青面层的铣刨料。铣刨后的废旧沥青混合料运回拌和场，进行破碎、筛分。铣刨料加工、存储场地设在沥青混合料拌和场内，场地已经过水泥硬化处理，同时场内还有防水、排水设施。

依据再生集料的加工流程可知，再生集料在加工过程中的主要能耗为二次筛分设备的电能消耗和装载机、运输车辆设备的燃油消耗。

3. 二次筛分

公路道路工程三个标段使用相同的二次筛分设备，具体参数见表3-36。供料设备为装载机。再生集料加工消耗的能源为筛分设备消耗的电能及装载机消耗的柴油。

表3-36　再生集料二次破碎筛分设备基本参数

型号	RM9620X3
功率（kW）	振动筛18.5kW，4条皮带共11.5kW
生产能力（t/h）	80
使用年数	11

本课题采用现场调研，确定二次筛分设备的电能消耗。调查5个工作日筛分设备的产量及能耗（表3-37）。

表3-37 二次破碎筛分设备每工作日产量及能耗

调查内容	第一天	第二天	第三天	第四天	第五天
气温（最低/最高）(℃)	9/22	6/17	7/18	8/18	9/17
连续工作时间（h）	12	12	12	12	12
产量（t）	506	485	497	503	511
耗电量（kW·h）	350	342	368	356	363

注：每日连续工作时间不包括机械中断时间。

4. 装载机与运输车辆

三个标段的装载机型号及具体参数列于表3-38。装载机油耗仍采用14.0L/h，每装载1t铣刨料装载机的平均油耗约为0.105L。

表3-38 RAP料生产装载机基本参数表

调查项目	调查结果					
型号	徐工LW500F	厦工XG-956Ⅱ	龙工ZL50C-Ⅱ	徐工LW521F	厦工XG955	成工ZL-50E
斗容（m^3）	3	4.5	3	3	3	3
额定载重量（kg）	5000	5000	5000	5000	5000	5000
额定功率（kW）	162	162	162	162	160	162
行驶速度（km/h）	10～35	11.5～38	35	36	38	36
使用年数	4	1.5	4.5	4.5	4	5

公路道路工程采用大载重量的自卸汽车配合运输，01标和02标使用载重为45t的福田瑞沃290、重汽豪沃336和江淮轻量化290，03标使用载重为35t的福田瑞沃210、福田欧曼260、江淮210和东风天锦200。自卸汽车具体参数列于表3-39中。

表3-39 铣刨料运输自卸汽车基本参数及油耗表

参数及油耗	福田瑞沃290	重汽豪沃336	江淮轻量化290	福田瑞沃210	福田欧曼260	江淮210	东风天锦200
额定功率（kW）	213	247	213	156	192	155	147
载重（t）	45	45	45	35	35	35	35
燃油类型	柴油	柴油	柴油	柴油	柴油	柴油	柴油
行驶速度（km/h）	80	80	80	85	96	85	90
满载油耗（L/100km）	85	105	82	53	66	52	49
空载油耗（L/100km）	50	62	48	35	37	35	32

自卸汽车主要消耗柴油，其排放的温室气体主要有CO_2、CH_4和N_2O。铣刨料运输过程中自卸汽车主要往返于铣刨现场和加工厂之间，由铣刨现场出发时为满载，返回时为空载。由于各标段中需要铣刨的路段距离较长，会导致铣刨路段与加工厂的距离不一致，为方便计算，选取最远距离与最近距离的平均值作为运输距离的代表值。据调查，01标运输距离为12.3km，02标运输距离为11km，03标运输距离为10.5km。依据上表可计算出各标段自卸汽车满载或空载时每百公里的平均燃油消耗（表3-40）。

表 3-40　各标段自卸汽车满载或空载时每百公里的平均燃油消耗

标段	01	02	03
满载油耗（L/100km）	90.7	90.7	55.0
空载油耗（L/100km）	53.3	53.3	34.8

已知 01 标的自卸汽车满载重量为 45t，则每运输 1t 混合料自卸汽车的燃油消耗应为 (90.7＋53.3)×12.3÷100÷45＝0.39L。同理，02 标每运输 1t 混合料自卸汽车的燃油消耗应为（90.7＋53.3)×11÷100÷45＝0.35L；03 标每运输 1t 混合料自卸汽车的燃油消耗应为（55.0＋34.8)×10.5÷100÷35＝0.27L。

根据以上计算及分析，每生产 1t 用于冷再生基层的再生集料（RAP 料），其能耗列于表 3-41 中。

表 3-41　1t 再生集料（RAP 料）的能耗

标段	能耗类型	设备	能耗	折合标准煤系数	标准煤折算值（kgce）	合计（kgce）
01	电力	二次筛分机	0.41kW·h	0.1229kgce/(kW·h)	0.05	0.66
	柴油	装载机	0.105L	1.2194kgce/L	0.13	
		自卸汽车	0.39L	1.2194kgce/L	0.48	
02	电力	二次筛分机	0.41kW·h	0.1229kgce/(kW·h)	0.05	0.61
	柴油	装载机	0.105L	1.2194kgce/L	0.13	
		自卸汽车	0.35L	1.2194kgce/L	0.43	
03	电力	二次筛分机	0.41kW·h	0.1229kgce/(kW·h)	0.05	0.51
	柴油	装载机	0.105L	1.2194kgce/L	0.13	
		自卸汽车	0.27L	1.2194kgce/L	0.33	

再生集料生产能耗在 0.51～0.66kgce，再生集料二次筛分的机械电力能耗较少，60%的能耗为将铣刨料运至拌和场时运输车辆的能耗，加工铣刨料的拌和场距离对再生料的能耗有较大的影响。

3.2.5　原材料能耗对比分析

结合调研及实测结果对各原材料能耗进行汇总分析，见图 3-8、表 3-42。

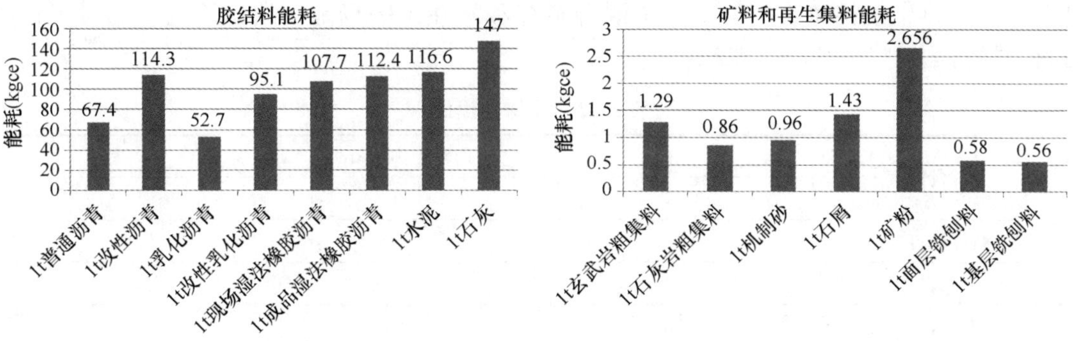

图 3-8　各类原材料能耗图

表 3-42 各类原材料能耗汇总表

材料	标准煤（kgce）	能耗（MJ）
1t 普通沥青	67.4	1975.3
1t 改性沥青	114.3	3349.8
1t 乳化沥青	52.7	1544.5
1t 改性乳化沥青	95.1	2787.1
1t 现场湿法橡胶沥青	107.7	3156.2
1t 成品湿法橡胶沥青	112.4	3292.7
1t 玄武岩粗集料	1.29	37.8
1t 石灰岩粗集料	0.86	25.2
1t 机制砂	0.96	28.1
1t 石屑	1.43	42.0
1t 矿粉	2.656	77.8
1t 水泥	116.6	3417.2
1t 石灰	147	4308.1
1t 面层铣刨料	0.58	17.0
1t 基层铣刨料	0.56	16.4

（1）原材料生产期胶结材料都是高耗能材料，尤其是石灰、水泥、改性沥青。原材料（胶结料）能耗由高到低的顺序为：石灰＞水泥＞SBS 改性沥青＞橡胶改性沥青＞改性乳化沥青＞普通沥青＞乳化沥青。

（2）矿质集料和再生料能耗由高到低的顺序为：矿粉＞石屑＞玄武岩粗集料＞机制砂＞石灰岩粗集料＞面层铣刨料＞基层铣刨料。

3.3 原材料运输能耗评估

前面能耗分析中，未考虑成品材料运输的能耗，在此补充运输产生的能耗。沥青、石料和沥青再生料均采用自卸汽车配合运输，在这个过程中消耗的主要能源为柴油。原材料运输过程中自卸汽车主要往返于集料加工厂、沥青经销地和拌和站之间，由集料加工厂、沥青经销地去拌和站时为满载，返回时为空载。三个标段不同原材料与拌和站之间的运距见表 3-43。再生集料加工厂与冷再生混合料拌和站在同一场地，故运距为零。对于再生材料，材料运输将节约较多能耗。

表 3-43 原材料运距

原材料	运输距离（km）		
	01	02	03
沥青材料	32	40	27
玄武岩	45	35	29
石灰岩	33	24	35

续表

原材料	运输距离（km）		
	01	02	03
矿粉	12	10	11
水泥	10	12	11
消石灰	10	12	11
再生集料	0	0	0

依据表 3-43，可计算出每运输 1t 原材料自卸汽车的燃油消耗，依据柴油与标准煤的折算系数将其转换为标准煤的消耗量，见表 3-44、表 3-45。

表 3-44　运输 1t 原材料自卸汽车的燃油消耗

原材料	油耗（L）		
	01	02	03
沥青材料	1.02	1.28	0.69
玄武岩	1.44	1.12	0.74
石灰岩	1.06	0.77	0.90
矿粉	0.38	0.32	0.28
水泥	0.32	0.38	0.28
消石灰	0.32	0.38	0.28
再生集料	0	0	0

表 3-45　运输 1t 原材料的标准煤消耗值

标段	原材料	能耗类型	用量	折合标准煤系数（kgce/L）	标准煤折算值（kgce）
01	沥青材料	柴油	1.02	1.2194	1.24
	玄武岩	柴油	1.44	1.2194	1.76
	石灰岩	柴油	1.06	1.2194	1.29
	矿粉	柴油	0.38	1.2194	0.46
	水泥	柴油	0.32	1.2194	0.39
	消石灰	柴油	0.32	1.2194	0.39
	再生集料	柴油	0	1.2194	0
02	沥青材料	柴油	1.28	1.2194	1.56
	玄武岩	柴油	1.12	1.2194	1.37
	石灰岩	柴油	0.77	1.2194	0.94
	矿粉	柴油	0.32	1.2194	0.39
	水泥	柴油	0.38	1.2194	0.46
	消石灰	柴油	0.38	1.2194	0.46
	再生集料	柴油	0	1.2194	0

续表

标段	原材料	能耗类型	用量	折合标准煤系数（kgce/L）	标准煤折算值（kgce）
03	沥青材料	柴油	0.69	1.2194	0.84
	玄武岩	柴油	0.74	1.2194	0.90
	石灰岩	柴油	0.90	1.2194	1.10
	矿粉	柴油	0.28	1.2194	0.34
	水泥	柴油	0.28	1.2194	0.34
	消石灰	柴油	0.28	1.2194	0.34
	再生集料	柴油	0	1.2194	0

将不同标段原材料运输的能耗汇总于表3-46。

表3-46　运输1t原材料的能耗汇总

标段	原材料	能耗类型	标准煤耗（kgce）
01	沥青材料	柴油	1.24
	玄武岩	柴油	1.76
	石灰岩	柴油	1.29
	矿粉	柴油	0.46
	水泥	柴油	0.39
	消石灰	柴油	0.39
	再生集料	柴油	0
02	沥青材料	柴油	1.56
	玄武岩	柴油	1.37
	石灰岩	柴油	0.94
	矿粉	柴油	0.39
	水泥	柴油	0.46
	消石灰	柴油	0.46
	再生集料	柴油	0
03	沥青材料	柴油	0.84
	玄武岩	柴油	0.90
	石灰岩	柴油	1.10
	矿粉	柴油	0.34
	水泥	柴油	0.34
	消石灰	柴油	0.34
	再生集料	柴油	0

上表分析数据显示，运输能耗在集料能耗中均占较大比重（41.4%～60.6%）。再生集料加工场地与再生冷再生混合料拌和场在同一场所，无车辆运输成本，能耗大为降低。再生集料能耗（0.51～0.66kgce）约仅为新集料能耗（0.86～1.29kgce）的50%。

3.4　混合料拌和能耗评估

3.4.1　沥青混合料间歇式和连续式拌和站工艺流程对比

沥青混合料的生产是将一定级配的矿料与沥青按照规定的比例在规定的温度下均匀拌和而制成混合料的过程。在沥青混合料生产过程中，沥青混合料拌和设备是第一关键设备，其性能直接影响沥青混合料的质量，并与生产过程的能耗与排放直接相关。按照生产工艺流程，沥青混合料拌和设备可以分为间歇强制式与连续滚筒式两大类，两种拌和设备及其工艺流程简图如图 3-9 所示。

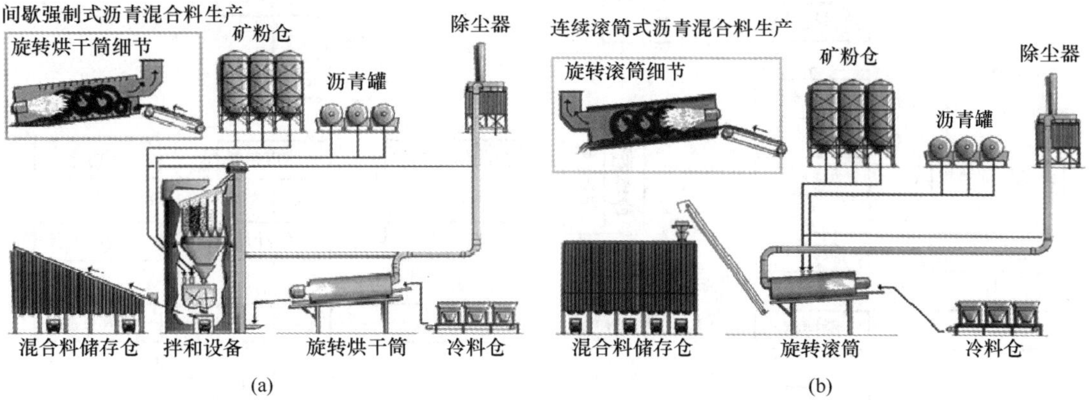

图 3-9　间歇式和连续式拌和站生产工艺
(a) 间歇强制式拌和设备；(b) 连续滚筒式拌和设备

间歇强制式拌和设备采用分批次计量、搅拌的生产模式，即将配比好的各种矿料在烘干筒烘干、加热后，经过二次筛分、储存，每种矿料分别累计计量后，与单独计量的矿粉和热沥青，按照预先设定的顺序和配比，分别投入搅拌器进行强制搅拌，分批卸出拌和好的成品料后，接着进行下一个循环，形成周而复始的循环作业过程。其基本工艺流程如图 3-10 所示。

连续滚筒式拌和设备采用动态计量、持续搅拌的生产模式，即将动态计量级配的矿料和矿粉在滚筒内烘干加热，并与动态计量连续喷洒的热沥青在同一滚筒内连续拌和，形成持续的作业过程，其基本工艺流程如图 3-10 所示。由于生产工艺流程的差别，上述两种拌和设备均有一定的优缺点，其适用范围也不尽相同，具体的分析比较见表 3-47。

表 3-47　间歇强制式与连续滚筒式拌和设备比较

设备类型	间歇强制式	连续滚筒式
计量方式	分批计量	连续计量
材料要求	可用于料源复杂、不规范情况	要求料源与矿料质量稳定
生产灵活性	配合比可灵活调整	配合比严格限制，难以随时调整
混合料质量	配合比控制准确，混合料质量好	热利用率较低，混合料含水量较大
再生料生产	需要对设备进行改造	可直接用于再生混合料生产

续表

设备类型	间歇强制式	连续滚筒式
工艺与设备	工艺流程长，设备复杂	工艺及设备简单
能耗与排放	能耗较大，排放多	能耗低，对空气污染小

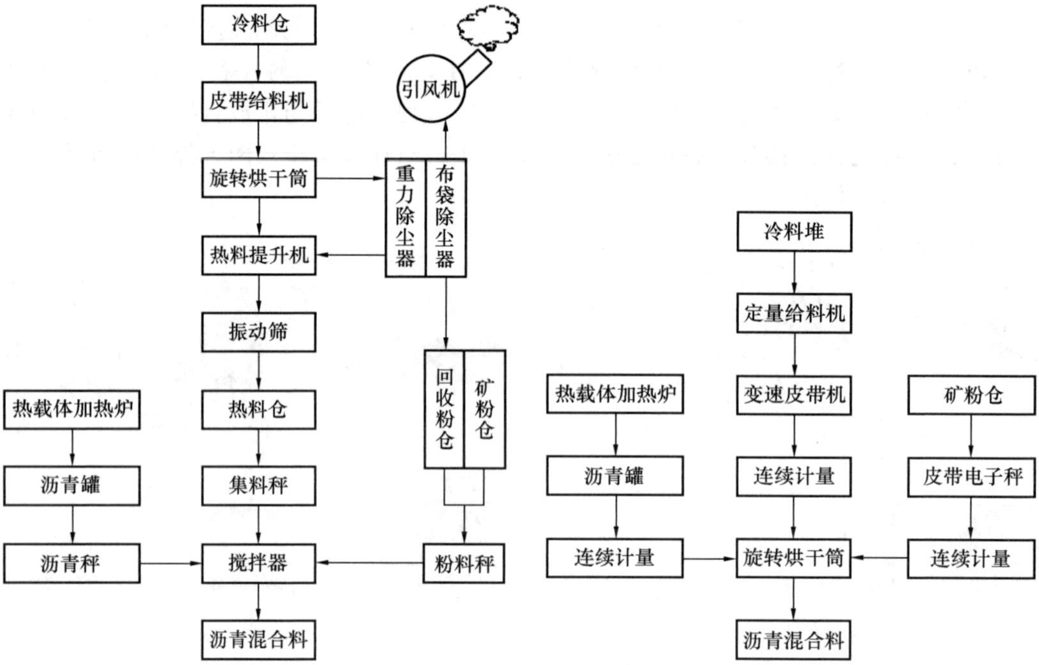

图 3-10　间歇式和连续式沥青混合料拌和设备工艺流程

由于不同国家道路建设规模、材料质量以及装备技术等方面的差异，上述两种设备的使用状况略有差别。再生沥青混合料的使用在欧美等发达国家已经相当普遍，适用于再生沥青混合料生产的连续滚筒式拌和设备也随之逐渐增多。以美国为例，截至 1996 年，美国大约有 3600 个沥青混合料拌和厂，其中有 2300 个采用间歇强制式拌和设备，1300 个采用连续滚筒式拌和设备，两种拌和设备的沥青混合料产量则基本相当。2000 年前后，美国 90%的新建或已建沥青混合料拌和厂采用了连续滚筒式拌和设备，间歇强制式拌和设备的市场占有率仅有 10%。

目前，我国沥青路面建设使用的砂石料供应渠道较多且不规范，间歇强制式拌和设备因为有二次筛分装置，并且各种材料在与热沥青拌和之前分别称量，矿料的适应性更强，沥青混合料生产质量有保证。因此，我国现行《公路沥青路面施工技术规范》（JTG F40—2004）明确规定："高速公路和一级公路宜采用间歇式拌和机拌和，当料源或质量不稳定时，不得采用连续式拌和机。"在这种情况下，目前我国沥青混合料生产仍然以间歇式拌和设备为主。

不过，随着国内再生沥青混合料使用量的逐渐增大、连续滚筒式拌和设备的改进更新，以及近年来新型连续滚筒式拌和设备在使用中的良好表现，广东省已经率先解除了连续滚筒式拌和设备用于高速公路沥青混合料生产的禁令，并在广佛高速大修以及其他新建高速公路建设工程中推广应用连续滚筒式拌和设备，国内兰亭高科等一些大型设备生产商也已经开始研发、生产连续滚筒式拌和设备。因此可以预见，随着我国再生混合料使用逐渐普遍，连续滚筒式拌和设备的优势将日益凸显，其应用规模也势必扩大。

综上所述，目前对于沥青混合料的生产，欧美等发达国家多以连续滚筒式拌和设备为主，我国则呈现出“间歇强制式拌和设备为主、连续滚筒式拌和设备逐渐发展”的局面。本课题主要结合道路工程对间歇强制式拌和站能耗进行实测、调研分析。

3.4.2 沥青混合料间歇强制式拌和站能耗文献调研

根据本课题对沥青混合料生产设备及工艺流程的调查，沥青混合料拌和过程中的能耗主要源于加热烘干系统的燃料消耗以及电气设备的电力消耗，其中加热烘干系统的燃料消耗约占沥青混合料拌和站所有燃料消耗量的60%，而电力消耗约占其总能耗的12%，沥青混合料拌和设备加热烘干系统所使用的燃料类型主要为柴油、重油、渣油、混合燃料油、煤粉以及可燃性气体等。由于不同国家和地区的能源消费构成差异，沥青混合料拌和设备燃料使用情况也有所不同。据相关调查统计，美国大多数沥青混合料拌和设备均可以同时使用燃料油或天然气作为燃料，其中采用天然气为燃料的拌和设备生产的沥青混合料占美国全年沥青混合料总产量的70%～90%。目前我国沥青混合料拌和设备依然以柴油或重油作为主要的燃料，近年来也有一些拌和设备采用煤粉或煤转气作为燃料，但是其使用范围相对较小。

调查发现，影响沥青混合料拌和设备燃料消耗率的因素主要有：燃料、设备状况、设备类型、原材料含水量以及出料温度，其具体的影响作用见表3-48。虽然影响因素较多，但是根据本课题调查结果，如按照我国交通行业标准《强制间歇式沥青混合料搅拌设备》(JT/T 270—2002) 对燃料消耗率的相关规定，目前国内沥青混合料拌和设备的燃料消耗率（以柴油消耗表示）普遍集中在5.5～8.0kg/t范围内，按照上述标准规定的柴油发热值46055kJ/kg计算，则沥青混合料单位产量的能耗（源于液体燃料）为253.3～3684MJ/t。

表3-48 沥青混合料拌和设备能耗影响因素

影响因素	影响作用
燃料	燃料质量好、热值高，有利于降低燃料消耗率
设备状况	(1) 排烟温度每降低4℃，燃油消耗可降低4% (2) 低压雾化燃烧器比压力雾化方式可节约燃油1kg/t (3) 烘干筒、沥青罐等采取保温措施能明显减少燃料消耗
设备类型	连续滚筒式拌和设备比间歇强制式拌和设备能耗小
原材料含水量	矿料含水量增加1%，燃油消耗率增加超过10%
温度控制	(1) 拌和温度超过规定温度15～20℃，多消耗4%～5%的燃料 (2) 出料温度升高10℃，燃油消耗率增加6%
拌和时间	拌和时间的延长增加电能消耗
溢料占比	浪费的混合料与能耗成正比

电气设备是沥青混合料生产过程中的主要设备之一，电力消耗也是沥青混合料生产过程的主要能耗。沥青混合料拌和设备中所有电气设备的额定功率总和为装机功率，通过搜集不同拌和设备的装机功率，可以初步了解沥青混合料拌和设备的电力消耗情况。

本课题通过搜集得到了国内目前常用的国产和进口沥青混合料拌和设备的装机功率等技术参数，根据其装机功率与额定生产率，可以计算出沥青混合料拌和设备生产单位质量的沥青混合料所消耗的电力（表 3-49）。

表 3-49 沥青混合料拌和设备装机功率参数

设备型号	功率（kW）	生产率（t/h）	能耗率（kW·h/t）	设备型号	功率（kW）	生产率（t/h）	能耗率（kW·h/t）
日工 NBD160ABZ	500	160	3.13	中交西筑 J2000	420	120～160	2.63～3.50
日工 NBD240ABZ	600	240	2.5	中交西筑 J3000	700	200～240	2.92～3.50
日工 NBD320ABZ	750	320	2.34	中交西筑 J4000	845	280－320	2.64～3.02
德基 DG5000	940	380	2.47	中交西筑 J5000	1003	360～400	2.51～2.79
三一重工 LB2000	465	160	2.91	南方路机 LB2000	510	160	3.19
三一重工 LB3000	650	240	2.71	南方路机 LB3000	685	240	2.85
三一重工 LB4000	750	320	2.34	南方路机 LB4000	865	320	2.70

表 3-49 的计算结果表明，沥青混合料拌和设备的电力消耗受装机功率和额定生存率的双重影响，不能简单地认为装机功率高，则单位产量的电力消耗量大。根据调查分析结果，由于设备型号的差异，沥青混合料拌和设备的电力消耗量为 2～3.5kW·h/t，电力的能耗按照 1kW·h 等效热值为 3.6MJ 计算，则沥青混合料单位产量的能耗（源于电力消耗）为 7.2～12.6MJ/t。

3.4.3 沥青混合料间歇强制式拌和站能耗现场实测

1. 工艺及能耗类型

目前我国沥青混合料拌和主要使用间歇强制式拌和楼。沥青混合料拌和时，包含工艺过程如下：装载机供料，集料进入冷料仓初配，集料进入烘干滚筒烘干、加热，热料二次筛分（储存在热料仓）、集料、矿粉和沥青称重拌和、自卸汽车装料运走（进入成料仓储存），实测拌和楼生产流程如图 3-11 所示，拌和过程中能耗类型见表 3-50。

表 3-50 拌和过程中能耗类型

沥青混合料拌和	能耗源	项目能耗类型
拌和楼拌和过程	（1）冷矿料储存及配料装置；（2）冷矿料输送机；（3）冷矿料烘干加热系统；（4）热矿料提升机；（5）热矿料筛分及储存装置；（6）热矿料计量装置；（7）矿粉供给及计量装置；（8）沥青供给系统；（9）搅拌器；（10）成品料储存仓；（11）除尘装置	电能、精煤
辅助生产	拌和楼控制室、沥青储存加热装置、装载机供料	（重）柴油 、电能

依托项目三个标段的拌和楼型号分别是廊坊 DG-5000、加隆 4000 和南方路机 3000，设备参数列于表 3-51 中。

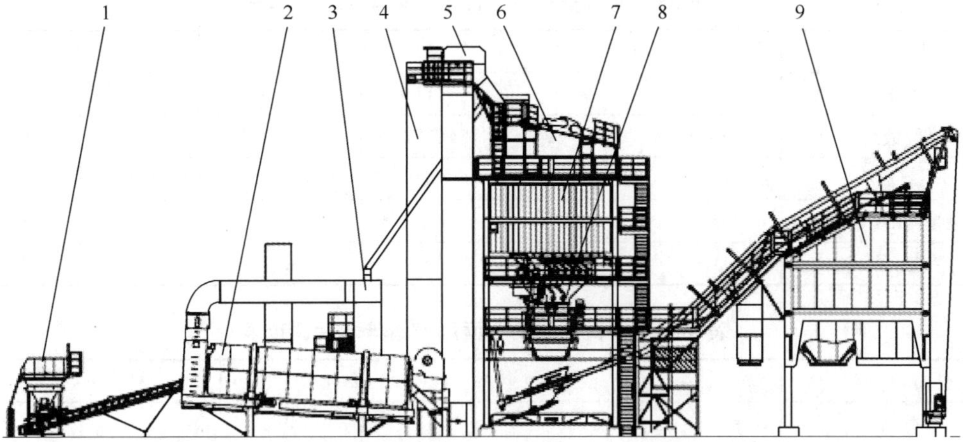

图 3-11　实测间歇强制式拌和楼生产工艺简图

1—冷料系统；2—干燥滚筒；3—除尘系统；4—粉料系统；5—热骨料提升机；
6—振动筛；7—热骨料仓；8—计量搅拌系统；9—成品料仓

表 3-51　沥青拌和站设备基本参数表

标段	01	02	03
型号	廊坊 DG-5000	加隆 4000	南方路机 3000
生产能力（t/h）	320	320	180～240
料仓容积（m^3）	50	45	25
装机总功率（kW）	870	865	655
使用年数	2	6	6
沥青混合料类型	SMA-13、AC-20C、AC-25C、LSPM-30		
能耗类型	精煤＋电		

在沥青混合料拌和环节，沥青拌和楼主要消耗是精煤与电，沥青储存加热采用重柴油，装载机、运输车辆主要消耗柴油。

2. 能耗调查与计算

采用现场调查的方式分别对三个标段上、中、下面层拌和站拌和过程中的煤耗、电耗以及装载机、运输车辆的柴油消耗等进行收集。沥青面层施工包括沥青混合料拌和、摊铺、碾压及运输四个环节。沥青面层分为上、中、下三个层次，依次是 SMA-13（4cm）、AC-20C（6cm）、AC-25C（8cm）。沥青拌和站能耗调查数据详见表 3-52 至表 3-54。

表 3-52　沥青拌和站上面层产量与能耗调查表

标段	01		02		03	
工作日	1	2	1	2	1	2
气温（最低/最高）（℃）	23/34	22/28	22/30	24/31	20/27	18/28
产量（t）	1624.5	1652	2540	2490	1722	1314
耗电量（kW・h）	7270	7255	6230	5480	5500	3636
精煤（t）	17.9	17.8	35.4	35.2	22	17.4

表 3-53　沥青拌和站中面层产量与能耗调查表

标段	01		02		03	
工作日	1	2	1	2	1	2
气温（最低/最高）（℃）	16/25	21/32	18/28	20/30	17/26	17/27
产量（t）	1230	1096.2	2780	2530	1523	1350
耗电量（kW·h）	3690	3330	6010	5500	4500	3780
精煤（t）	11.9	10.9	38	38.3	18.85	17.2

表 3-54　沥青拌和站下面层产量与能耗调查表

标段	01		02		03	
工作日	1	2	1	2	1	2
气温（最低/最高）（℃）	24/31	18/27	19/30	15/28	16/27	14/18
产量（t）	1120	1341	2750	2540	1550	1520
耗电量（kW·h）	3500	4006	6000	5538.5	4380	4470
精煤（t）	10.2	11.9	37.8	34.9	18.5	19.2

经计算可求得各标段上、中、下面层每拌和 1t 沥青混合料的电能和精煤的消耗量（表 3-55）。沥青混合料的主要组成为集料，而拌和站中的集料主要由装载机供给，且在拌和过程中有少量集料损耗，由此为简化计算，可认为每拌和 1t 混合料需装载机供给 1t 集料，每吨供料消耗柴油 0.105L（1.128 kgce）。依据电力、精煤和柴油与标准煤的转换关系可得出各标段每拌和 1t 沥青混合料整个过程的标准煤消耗量（表 3-55）。

表 3-55　沥青拌和站拌和 1t 沥青混合料能耗汇总表

层位	能源	标段		
		01	02	03
上面层	电力（kW·h）	4.4	2.2	3.0
	精煤（kg）	10.9	14.0	13.0
	折算标准煤用量（kgce）	10.5	13.0	12.2
中面层	电力（kW·h）	3.0	2.2	2.9
	精煤（kg）	9.8	14.4	12.6
	折算标准煤用量（kgce）	9.3	13.4	11.8
下面层	电力（kW·h）	3.1	2.2	2.9
	精煤（kg）	9.0	13.7	12.3
	折算标准煤用量（kgce）	8.6	12.7	11.6

不同的沥青拌和站能耗差异明显，每拌和 1t 沥青混合料，沥青拌和站的能耗在 8.6～14.2kgce，沥青上面层（SMA-13）因添加纤维、使用改性沥青，且粒径较小，能耗比中面层高 3.5%，比下面层高 8.6%。拌和时间、拌和温度都会影响能耗。

在沥青混合料生产过程中还涉及沥青加热环节，依托工程沥青罐采用重柴油加热。经调查，1t 沥青混合料沥青加热需要的能耗为重柴油 0.53kg，折合标准煤为 0.76kgce。

3.5 混合料运输能耗评估

沥青混合料运输设备能源消耗主要源于将拌和好的沥青混合料从拌和站运送至施工现场的运输过程，该过程的能源消耗量主要与运输车辆的载重量、运送沥青混合料的总量、运输距离和交通状况有关。一般而言，运输车辆载重量越小，运送沥青混合料总量越多，运输距离越长，则沥青混合料运输过程中的燃料消耗量越大。

在实际生产过程中，沥青混合料的产量与工程量密切相关，难以人为减少，因此，在沥青混合料产量即沥青混合料运送量一定的情况下，目前普遍采用载重量较大的自卸汽车进行沥青混合料运输。此外，为保证沥青混合料摊铺和压实温度，沥青混合料的运输距离也不宜过长，一般不宜超过 30km。国内有研究在考虑上述能耗影响因素的基础上，计算得出 1km 双向六车道半幅路面沥青混合料采用 15t 自卸汽车，在平均运距 10km 的条件下，其运输过程的柴油消耗量 13.8t，约占沥青路面施工阶段总柴油消耗量的 57.2%。

本课题考虑沥青混合料运输过程包括“等待装料→运输→卸载→空回”四个主要环节，为了与摊铺机配合，主要采用自卸汽车运输。以依托工程项目代表车型为基础，分析沥青混合料运输过程的能耗。

1. 能耗类型

依托工程采用大载重量的自卸汽车配合运输，主要有 01 标和 02 标使用的载重为 45t 的福田瑞沃 290、重汽豪沃 336 和江淮轻量化 290 以及 03 标使用的载重为 35t 的福田瑞沃 210、福田欧曼 260、江淮 210 和东风天锦 200。运输车辆参数见表 3-56。

表 3-56 运输自卸汽车基本参数及油耗表

调查项目	调查结果						
型号	福田瑞沃 290	重汽豪沃 336	江淮轻量化 290	福田瑞沃 210	福田欧曼 260	江淮 210	东风天锦 200
额定功率（kW）	213	247	213	156	192	155	147
载重（t）	45	45	45	35	35	35	35
燃油类型	柴油	柴油	柴油	柴油	柴油	柴油	柴油
行驶速度（km/h）	80	80	80	85	96	85	90
满载油耗（L/100km）	85	105	82	53	66	52	49
空载油耗（L/100km）	50	62	48	35	37	35	32

2. 能耗调查与计算

沥青混合料的运输过程中自卸汽车主要往返于沥青拌和站和摊铺现场之间，由拌和站出发时为满载，返回时为空载。由于各标段中需要摊铺的路段距离较长，会导致摊铺路段与拌和站的距离不一致，为方便计算，选取最远距离与最近距离的平均值作为运输距离的代表值。据调研，01 标的运输距离为 12.3km，02 标的运输距离为 11km，03 标的运输距离为 10.5km。

依据表 3-56 可计算出各标段自卸汽车满载或空载时每百公里的平均燃油消耗及运输 1t 混合料能耗（表 3-57）。

表 3-57 自卸汽车运输 1t 混合料能耗

标段	01	02	03
满载油耗（L/100km）	90.7	90.7	55.0
空载油耗（L/100km）	53.3	53.3	34.8
运输 1t 混合料油耗（L）	0.39	0.35	0.27
运输 1t 混合料标准煤折算值（kgce）	0.48	0.43	0.33

注：01 标的运输距离为 12.3km，02 标的运输距离为 11km，03 标的运输距离为 10.5km。

3.6 混合料摊铺能耗评估

沥青混合料铺筑过程包括"清扫整理下承层→机械摊铺沥青混合料→碾压"三个主要环节，其中涉及的机械设备包括沥青混合料摊铺机和压路机两大类。

沥青混合料摊铺机主要用于将拌和好的沥青混合料按照一定的技术要求（厚度和横截面形状）均匀地摊铺在已整好的基层上，并给以初步捣实和整平。沥青混合料摊铺机的类型较多，按照行走装置可以分为轮胎式和履带式两类，其中履带式摊铺机具有接地面积大、对地面的单位压力小、牵引力大、能充分发挥其动力特性、对路基的平整度不敏感等优点，目前在沥青路面摊铺工程中，90%以上采用履带式沥青混合料摊铺机。

在国省道沥青路面铺筑过程中，沥青混合料摊铺机的选择主要与其生产能力、摊铺速度和摊铺宽度有关，并且需要与沥青混合料拌和设备的生产能力相匹配，见表 3-58。

表 3-58 沥青混合料摊铺机分类代表型号

摊铺设备摊铺宽度（m）	摊铺设备代表型号	拌和设备生产能力（t/h）
4.5m 以内（不带自动找平）	LT-6A	30 以内
4.5m 以内（带自动找平）	2LTZ45	60 以内
6.0m 以内	S1500、S1502	120 以内
9.0（8.5）m 以内	S1700	160 以内
12.5m 以内	S2000	240 以内
12.5m 以内		320 以内
20.0m 以内	中大 DT2000	320 以上

一般情况下，沥青混合料摊铺机的生产能力宜大于拌和设备生产能力的 20%～30%，摊铺速度一般为 2～6m/min，多采用两台以上摊铺机进行联合摊铺，摊铺宽度一般为 6～8m。为了保证沥青路面摊铺质量，国内目前多使用国际知名品牌的摊铺机，如沃尔沃（ABG）、福格勒（VOGELE）、戴纳派克（Dynapac）和中大机械等。

对于新建工程，一般采用两台摊铺机梯队作业。依托工程上面层一个工作面采用两台摊铺机，中下面层及基层一个工作面均采用一台摊铺机。其中，上面层的摊铺宽度为 11.2m，中下面层的摊铺宽度为 8.2m，基层的摊铺宽度为 7.9m。摊铺过程中，一般有 2～3 辆运料车等待。整个面层的摊铺速度定为 3.0m/min，松铺系数为 1.2。如图 3-12 所示。

图 3-12　沥青中面层摊铺、碾压施工

摊铺过程的能耗主要来源于摊铺机。摊铺机消耗的能源为柴油，摊铺机型号及参数详见表 3-59。

表 3-59　沥青混合料摊铺机分类代表型号

类型	沥青摊铺机
型号	福格勒 super 2100-C
总功率（kW）	180
摊铺宽度（m）	2.5～13
摊铺厚度（mm）	300
摊铺速度（m/min）	0～25
料斗容量（m^3）	6

现场调查依托工程沥青混合料摊铺机的柴油消耗量，上、中、下面层摊铺过程中的摊铺机的柴油消耗列于表 3-60。

表 3-60　沥青面层摊铺机燃油消耗调查表

面层类型	上面层 SMA-13		中面层 AC-20		下面层 AC-25		基层
摊铺长度（km）	2.8	2.55	2.55	2.55	1.8	1.65	1.6
摊铺宽度（m）	11.2	11.2	8.2	8.2	8.2	8.2	9.5
摊铺厚度（cm）	4	4	6	6	8	8	18
柴油消耗（L）	1136	1046	720	708	484	448	564

依据柴油与标准煤的转换关系可得出各标段每摊铺 1km 单幅路面（面层宽为 4.1m）的标准煤消耗量（表 3-61）。

表 3-61 单位长度面层（1km）施工摊铺机能耗

层位	能源	用量（L）	标准煤折算系数	标准煤折算值（kgce）
上面层	柴油	149	1.2194kgce/L	182
中面层	柴油	140	1.2194kgce/L	171
下面层	柴油	135	1.2194kgce/L	165
基层	柴油	152	1.2194kgce/L	185

3.7 混合料碾压能耗评估

压实设备主要用于沥青混合料压实。由于沥青混合料达到所需的压实度，需要一定的压实功，压实功的大小与压实设备的重量及其压实遍数直接相关，并决定了压实设备的类型及其油耗，因此，沥青混合料的压实度要求和压实工艺是影响压实设备选择及其能耗的主要因素。

国内有研究在考虑上述因素的基础上，根据施工机械设备生产能力相匹配的基本原则，按照沥青混合料标准压实工艺，计算得出 1km 双向六车道半幅沥青路面施工过程中摊铺设备和压实设备的柴油消耗量为 5.69t，约占沥青路面施工阶段总柴油消耗量的 23.6%。

沥青混合料的压实过程一般包括“初压→复压→终压”三个环节，压实机械主要用于通过外力作用将松散的沥青混合料压实，以达到设计要求的密实度、强度和水稳定性。因此，为了产生有效的压实，压实机械施加的压实力必须超过沥青混合料中抵抗压实的力。目前沥青路面施工使用的压实机械主要有：6～8t 双钢轮压路机，12～20t 或 20～25t 轮胎式压路机，2～6t 或 6～14t 振动压路机等。我国现行《公路工程机械台班费用定额》(JTG/T B06-03—2007) 根据压路机的碾压轮类型和机械自身质量，将其分为六类，并给出了各个类别的代表型号（表 3-62）。

表 3-62 沥青混合料压实机械分类代表型号

分类	双钢轮振动压路机			轮胎式压路机		
	10 以内	12 以内	15 以内	9～16	16～20	20～25
代表型号	YZC-10	YZC-12	YZC-15	YL16	YL20	YL27

在沥青路面施工过程中，沥青混合料的压实作业通常分为初压、复压和终压三个阶段，每个阶段的压实目的不同，相应的压实机械选择及碾压速度也有不同。本课题调查国内目前沥青路面施工压实工艺及机械配置，总结得到沥青混合料三个压实阶段的主要压实设备及碾压速度（表 3-63），用于沥青路面建设过程能耗量化分析。

表 3-63 沥青混合料各压实阶段机械设备型号及压实速度

压实阶段	初压	复压	终压
压实设备	10 以内钢轮（振动）压路机	20～25 轮胎式压路机	10 以内钢轮压路机
型号	YZC～10	YL27	YZC～10
压实速度	2～3km/h	3～5km/h	3～6km/h

1. 碾压工艺及能耗

沥青面层碾压通常采用钢轮压路机与胶轮压路机组合，碾压方式有静压和振压两种，不同类型的压路机的碾压速度应满足表 3-64 中的要求。

表 3-64　压路机碾压速度　　(m/min)

压路机类型	初压		复压		终压	
	适宜	最大	适宜	最大	适宜	最大
钢筒式压路机	2～3	4	3～5	6	3～6	6
轮胎压路机	2～3	4	3～5	6	4～6	8
振动压路机	2～3（静压或振动）	3（静压或振动）	3～4.5（振动）	5（振动）	3～6（静压）	6（静压）

依托工程三个标段沥青面层的碾压方式略有不同，见表 3-65 至表 3-67。

表 3-65　01 标沥青面层碾压工艺

	流程	初压	复压	终压
SMA-13	机型	2 台双钢轮	2 台双钢轮	1 台双钢轮
	遍数	前进静压后退振 1 遍	振 2 遍	全断面收光 1 遍
	行驶速度（m/min）	2～3	3.5～4.5	3～6
AC-20C	机型	2 台双钢轮	2 台胶轮	1 台双钢轮
	遍数	前进静压后退振 1 遍	静压 6 遍	静压 2 遍
	行驶速度（m/min）	2～3	3～4.5	3～6
AC-25C	机型	2 台胶轮	2 台双钢轮	1 台双钢轮
	遍数	静压 2 遍	振 3 遍	静压 2 遍
	行驶速度（m/min）	2～3	3.5～4.5	3～6

表 3-66　02 标沥青面层碾压工艺

	流程	初压	复压		终压
SMA-13	机型	2 台双钢轮	2 台双钢轮		1 台双钢轮
	遍数	静压 1 遍	振 3 遍		全断面收光 1 遍
	行驶速度（m/min）	2～3	3.5～4.5		3～6
AC-20C	机型	2 台双钢轮	2 台双钢轮	2 台胶轮	1 台双钢轮
	遍数	静压后退振 1 遍	静压 2 遍	静压 5 遍	静压 2 遍
	行驶速度（m/min）	2～3	3～4.5	3～4.5	3～6
AC-25C	机型	2 台胶轮	2 台双钢轮	2 台胶轮	1 台双钢轮
	遍数	静压 2 遍	振 1 遍	静压 3 遍	静压 2 遍
	行驶速度（m/min）	2～3	3.5～4.5	3.5～4.5	3～6

依托工程使用的压路机主要有 SKM 222C、XSM220、徐工 XP302、徐工 XP301 和 HAMM HD130，压路机设备参数列于表 3-68 中。

沥青混合料碾压过程能耗主要是压路机的能耗，压路机的动力来源是柴油。

表 3-67　03 标沥青面层碾压工艺

	流程	初压		复压	终压
SMA-13	机型	2 台双钢轮		2 台双钢轮	1 台双钢轮
	遍数	静压 1 遍		振 3 遍	全断面收光 1 遍
	行驶速度（m/min）	2～3		3.5～4.5	3～6
AC-20C	机型	2 台双钢轮		2 台胶轮	1 台双钢轮
	遍数	静压 1 遍		静压 6 遍	静压 2 遍
	行驶速度（m/min）	2～3		3～4.5	3～6
AC-25C	机型	2 台双钢轮	2 台胶轮	2 台胶轮	1 台双钢轮
	遍数	前进静压后退振 1 遍	静压 2 遍	静压 4 遍	静压 2 遍
	行驶速度（m/min）	2～3	2～3	3～4.5	3～6

表 3-68　压路机基本参数

调查项目	调查结果				
类型	振动压路机	轮胎压路机	轮胎压路机	双钢轮压路机	振动压路机
型号	SKM 222C	徐工 XP302	徐工 XP301	HAMM HD130	XSM220
功率（kW）	132	132	132	98～133	128
质量（t）	22	17.6～30	17.6～30	13.8～15.4	20
工作速度（m/min）	2～12	2～16	2～16	2～12	2.63，5.3，8.6
数量及组合形式	2	2	1	4	1
平均使用年数	4	3	4	10	12

2. 能耗量化计算

在沥青混合料碾压的过程中，现场采集压路机柴油消耗量数据，三个标段碾压过程中的压路机的柴油消耗，列于表 3-69 至表 3-71 中。

表 3-69　01 标沥青面层压路机燃油消耗调查表

面层分类	SMA-13		AC-20C		AC-25C	
连续工作时间（h）	13	12	12	12	13	12
碾压施工长度（km）	2.85	2.6	2.7	2.7	1.9	1.75
碾压宽度（m）	11.2	11.2	8.2	8.2	8.2	8.2
厚度（cm）	4	4	6	6	8	8
总燃油消耗（L）	534	482	480	470	600	574

表 3-70　02 标沥青面层压路机燃油消耗调查表

面层分类	SMA-13		AC-20C		AC-25C	
连续工作时间（h）	12	11	12	12	12	12
碾压施工长度（km）	2.75	2.4	2.6	2.6	1.8	1.75
碾压宽度（m）	11.2	11.2	8.2	8.2	8.2	8.2
厚度（cm）	4	4	6	6	8	8
总燃油消耗（L）	500	430	640	660	540	518

表 3-71 03 标沥青面层压路机燃油消耗调查表

面层分类	SMA-13		AC-20C		AC-25C	
连续工作时间（h）	12	12	12	12	13	12
碾压施工长度（km）	2.7	2.65	2.7	2.65	1.85	1.8
碾压宽度（m）	11.2	11.2	8.2	8.2	8.2	8.2
厚度（cm）	4	4	6	6	8	8
总燃油消耗（L）	500	490	480	470	520	490

依据柴油与标准煤的转换关系可得出各标段每碾压 1km 单幅路面标准煤消耗量，详见表 3-72。

表 3-72 各标段每碾压 1km 单幅沥青路面能耗

沥青混合料类型	标段	能源	用量（L）	标准煤折算系数	标准煤折算值（kgce）
SMA-13	01	柴油	68.2	1.2194kgce/L	83.2
	02	柴油	66.2	1.2194kgce/L	80.7
	03	柴油	67.8	1.2194kgce/L	82.7
AC-20C	01	柴油	88	1.2194kgce/L	107.3
	02	柴油	125	1.2194kgce/L	152.4
	03	柴油	88.8	1.2194kgce/L	108.3
AC-25C	01	柴油	161	1.2194kgce/L	196.3
	02	柴油	149	1.2194kgce/L	181.7
	03	柴油	138.4	1.2194kgce/L	168.8

3.8 沥青路面施工期典型路面结构层能耗模型建立及评估

3.8.1 沥青混合料结构层施工期能耗分析

依托工程沥青层混合料施工完成，各环节能耗和总能耗见表 3-73。

表 3-73 普通沥青混合料各环节能耗和总能耗汇总

施工过程		普通热拌沥青混合料			
		改性沥青 AC-13	改性沥青 AC-20	普通沥青 AC-25	改性沥青 SMA-13
沥青	能耗(MJ/t)	187.52	167.89	79.6	226.35
集料	能耗(MJ/t)	30.25	30.36	30.48	30.02
温拌剂/添加剂	能耗(MJ/t)	—	—	—	—
原材料运输(150km)	能耗(MJ/t)	120.6	120.6	120.6	120.6
混合料拌和	能耗(MJ/t)	334.99	334.99	307.80	336.67
混合料运输(80km)	能耗(MJ/t)	64.32	64.32	64.32	64.32
摊铺	能耗(MJ/t)	13.22	8.81	7.34	15.86

续表

施工过程		普通热拌沥青混合料			
		改性沥青 AC-13	改性沥青 AC-20	普通沥青 AC-25	改性沥青 SMA-13
碾压	能耗(MJ/t)	13.23	12.48	10.39	18.60
铣刨/再生	能耗(MJ/t)	—	—	—	
铣刨料运输(80km)	能耗(MJ/t)	—	—	—	—
能耗合计(MJ/t)		764.13	739.45	620.53	812.42
能耗合计(kgce)		26.07	25.23	21.17	27.82

上面层 SMA 的能耗为 27.82kgce、改性沥青 AC-13 能耗为 26.07kgce、改性沥青 AC-20 能耗为 25.23kgce、普通沥青 AC-25 能耗为 21.17kgce。沥青混合料的拌和时间、拌和温度都会导致能耗的不同。不同的拌合站能耗差异明显，说明拌合站设备、燃料品质及管理水平差异较大，如图 3-13、表 3-74 所示。

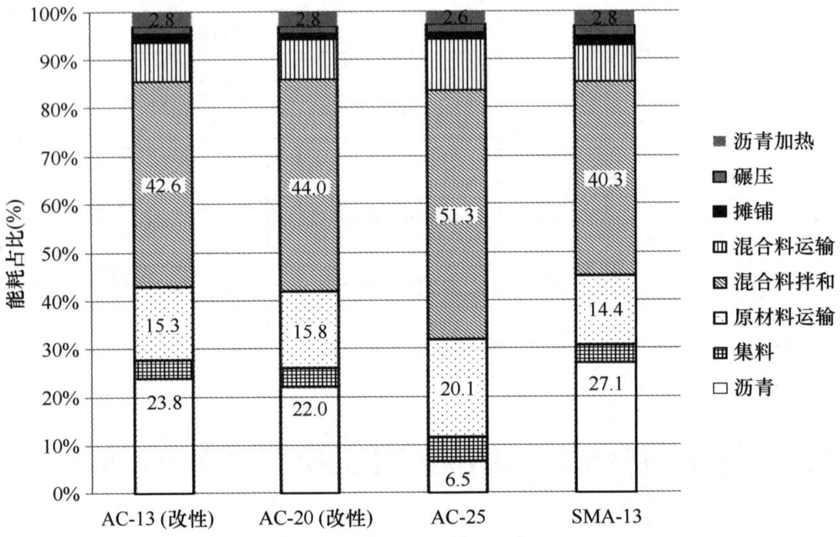

图 3-13　各环节能耗占比

表 3-74　1t 混合料施工完成各环节能耗比重

施工环节	改性沥青	集料	原材料运输	沥青加热	混合料拌和	混合料运输	摊铺	碾压
能耗比例（%）	24.3	3.8	15.2	2.8	42.3	8.11	1.6	1.8
施工环节	基质沥青	集料	原材料运输	沥青加热	混合料拌和	混合料运输	摊铺	碾压
能耗比例（%）	12.4	4.8	18.8	2.6	48.0	10.0	1.1	1.6

在沥青面层施工期的各个环节，沥青混合料拌和能耗比重最大，占总能耗的 45%，因此沥青混合料拌和是降低能耗的关键环节。根据本研究的调查与分析，集料加热消耗的能量占拌和过程的 90%～98%。因此，拌和站的集料加热环节是拌和站节能减排的关键。选择热值高、排放低的能源是节能减排的有效措施。三个标段中拌和过程能耗大的施工单

位，选用的煤品质较差，燃烧不完全，热效率低。

3.8.2 大粒径沥青碎石基层施工期能耗分析

3.8.2.1 拌和

粒径沥青碎石混合料也属于热拌沥青混合料，其拌和工艺与沥青混合料相同，采用相同的沥青拌和站进行拌和。其能耗的计算方法也和沥青混合料相同。现场调查大粒径沥青碎石混合料拌和过程中的煤耗、电耗（表 3-75），计算得出拌和 1t 大粒径沥青混合料的能耗（表 3-76、表 3-77）。

表 3-75 沥青拌和站大粒径沥青碎石产量与能耗

标段	01		02		03	
产量(t)	1624.5	1652	2540	2490	1722	1314
耗电量(kW·h)	7300	7255	6270	5980	5400	3636
精煤(t)	17.5	17.7	35.0	35.2	23	17.6

表 3-76 拌和 1t 大粒径沥青碎石混合料的能耗

标段	能源	用量	标准煤折算系数	标准煤折算值(kgce)	能耗合计(kgce)
01	电力	4.44kW·h	0.1229kgce/(kW·h)	0.55	10.35
	精煤	10.74kg	0.9000kgce/kg	9.67	
	柴油	0.105L	1.2194kgce/L	0.13	
02	电力	2.44kW·h	0.1229kgce/(kW·h)	0.30	12.99
	精煤	13.96kg	0.9000kgce/kg	12.56	
	柴油	0.105L	1.2194kgce/L	0.13	
03	电力	2.96kW·h	0.1229kgce/(kW·h)	0.36	12.53
	精煤	13.38kg	0.9000kgce/kg	12.04	
	柴油	0.105L	1.2194kgce/L	0.13	

表 3-77 单幅路面 1km 大粒径沥青碎石拌和的能耗

混合料类型	能耗	标段		
		01	02	03
LSPM-30	标准煤耗(kgce)	6968.0	7882.3	8378.8

3.8.2.2 摊铺

对于新建工程，一般采用 2 台摊铺机梯队作业。在依托工程中，大粒径沥青碎石主要用于裂缝等病害严重的行车道基层铣刨修复。单车道施工采用 1 台摊铺机摊铺，双车道施工则采用 2 台摊铺机梯队作业。摊铺过程中，一般有 2～3 辆运料车等待。大粒径的摊铺速度为 1.5m/min，能保持匀速、连续不间断摊铺，松铺系数为 1.2。

现场调查大粒径沥青碎石摊铺时设备的能耗（表 3-78），据此计算大粒径沥青碎石摊铺的能耗（表 3-79）。

表 3-78　大粒径沥青碎石上基层摊铺机燃油消耗调查表

标段	01		02		03	
连续工作时间（h）	12	12	12	12	12	12
摊铺长度（km）	1.2	1.2	1.2	1.2	1.2	1.2
摊铺宽度（m）	7.9	7.9	7.9	7.9	7.9	7.9
摊铺厚度（cm）	15	15	15	15	15	15
柴油消耗（L）	267	297	322	289	302.2	279.0

表 3-79　摊铺 1km 单幅大粒径沥青碎石基层的能耗

混合料类型	能源	用量（L）	标准煤折算值（kgce）
LSPM-30	柴油	122.0	148.8

3.8.2.3　碾压

大粒径沥青碎石上基层由于厚度较大（15cm），比沥青面层需要更大的压实功。碾压仍旧采用钢轮压路机与胶轮压路机相结合的方式。依托工程三个标段大粒径沥青碎石上基层的碾压工艺列于表 3-80 中。压路机型号与沥青面层相同。

表 3-80　大粒径沥青碎石上基层碾压工艺

标段	工艺	初压	复压	终压
01	机型	2 台双钢轮	2 台胶轮	1 台双钢轮
	遍数	进静压后退振 1 遍	静压 2 遍	静压 1 遍
	行驶速度（m/min）	2～3	3.5～4.5	3～6
02	机型	1 台双钢轮	2 台双钢轮	1 台双钢轮
	遍数	前进静压后退振 1 遍	振压 2 遍	静压 1 遍
	行驶速度（m/min）	2～3	3～4.5	3～6
03	机型	1 台双钢轮	2 台双钢轮	1 台双钢轮
	遍数	前进静压后退振 1 遍	振压 2 遍	静压 2 遍
	行驶速度（m/min）	2～3	3.5～4.5	3～6

现场调查了大粒径沥青碎石混合料碾压过程中压路机的柴油消耗量（表 3-81）。

表 3-81　大粒径沥青碎石上基层压路机燃油消耗量

标段	01		02		03	
连续工作时间（h）	12	12	12	12	12	12
碾压施工长度（km）	1.2	1.2	1.2	1.2	1.2	1.2
碾压宽度（m）	7.9	7.9	7.9	7.9	7.9	7.9
厚度（cm）	15	15	15	15	15	15
总燃油消耗（L）	170	163	199	207	211	224

根据调查数据计算压实 1km 单幅大粒径沥青碎石上基层能耗（表 3-82）。

表 3-82　压实 1km 单幅 LSPM-30 上基层的能耗量

混合料类型	标段	能源	用量（L）	标准煤折算系数	标准煤折算值（kgce）
LSPM-30	01	柴油	69.4	1.2194kgce/L	84.6
	02	柴油	84.6	1.2194kgce/L	103.2
	03	柴油	90.6	1.2194kgce/L	110.5

3.8.2.4　运输

根据运距及自卸汽车的油耗计算大粒径沥青碎石混合料运输的能耗，运输车辆及油耗等数据与沥青混合料相同（表 3-83）。

表 3-83　单幅路面 1km 大粒径沥青碎石材料运输的能耗

沥青混合料类型	能耗	标段		
		01	02	03
LSPM-30	标准煤耗（kgce）	323.2	260.9	220.7

3.8.2.5　大粒径沥青碎石上基层施工期能耗

根据以上分析、计算，大粒径沥青碎石施工期（单幅路面 1km）的能耗汇总于表 3-84 中。大粒径沥青碎石结构层施工期拌和、摊铺、碾压的能耗为 8255.5kgce。

表 3-84　大粒径沥青碎石施工期（单幅路面 1km）的能耗

标段	结构层	施工流程	能耗（kgce）	合计（kgce）
01	LSPM-30上基层	拌和	6968.0	8566.1
		摊铺	148.8	
		碾压	84.6	
		运输	323.2	
	原路面铣刨		1041.5	
02	LSPM-30上基层	拌和	7882.3	9436.7
		摊铺	148.8	
		碾压	103.2	
		运输	260.9	
	原路面铣刨		1041.5	
03	LSPM-30上基层	拌和	8378.8	9900.3
		摊铺	148.8	
		碾压	110.5	
		运输	220.7	
	原路面铣刨		1041.5	

3.8.3　无机结合料稳定材料基层施工期能耗分析

3.8.3.1　材料物化阶段能耗结果

本节所研究的几种基层材料均采用厂拌方式。结合《公路工程预算定额》和工程量清单，计算生产单位质量1t各种基层材料和面层材料的能耗值列于表3-85。

表3-85　1t基层材料消耗清单

材料类型	单位	石灰土	水泥稳定碎石	二灰土	二灰稳定碎石	级配碎石
水泥	t	—	0.045	—	—	—
碎石	m^3	—	0.591	—	0.542	1
生石灰	t	0.094	—	0.124	0.052	—
粉煤灰	t	—	—	0.361	0.156	—
水	t	—	0.056	—	0.091	—
土	m^3	0.762	—	0.445	—	—
能耗合计（MJ）		403.304	131.704	599.264	278.328	47.502
能耗合计（kgce）		13.761	4.494	20.448	9.497	1.621

3.8.3.2　无机结合料稳定材料基层施工期能耗结果

与热拌沥青混合料拌和楼不同，水泥稳定碎石拌和楼不需要燃烧燃料油加热集料，只需要使用电力能源。以镇江振华LLB-300型拌和楼为例，其生产效率为300t/h，设备整机功率为225kW，折算成标准能耗为2.70MJ/t，二氧化碳排放当量为0.20kg/t（表3-86）。

表3-86　1t基层材料消耗清单

各阶段能耗	石灰土	水泥稳定碎石	二灰土	二灰稳定碎石	级配碎石
物化阶段能耗合计（kgce）	13.761	4.494	20.448	9.497	1.621
原材料运输阶段（kgce）	4.65	4.65	4.65	4.65	4.65
混合料拌和阶段（kgce）	0.31	0.31	0.31	0.31	0.31
混合料运输阶段（kgce）	2.19	2.19	2.19	2.19	2.19
混合料摊铺阶段（kgce）	0.28	0.28	0.28	0.28	0.28
混合料碾压阶段（kgce）	0.35	0.35	0.35	0.35	0.35
能耗合计（kgce）	21.54	12.27	28.23	17.28	9.40

注：水稳碎石厚度为18cm，级配碎石厚度为15cm。

3.9　沥青路面典型技术能耗评估

本部分将以此为基础，运用生命周期分析方法，采用能耗、温室气体排放、资源利用三项指标，从原材料生产、材料运输、混合料生产、摊铺碾压等环节，分别针对沥青路面铣刨重铺、再生、温拌以及橡胶沥青等技术开展综合评估，以客观地评价各项技术的节能减排和循环利用效益。

3.9.1　再生技术能耗评估

各种路面再生技术通过对旧料的循环利用，达到节能减排和节约资源的目的，为了对整个过程的能耗及资源利用进行深入分析，对各种再生技术进行测算。为了便于比较分析，热再生混合料的压实密度统一按 2.5t/m^{3}计算，冷再生混合料压实密度统一按 2.15t/m^{3}计算。

3.9.1.1 厂拌热再生

与新建沥青路面相比，厂拌热再生在施工工艺方面增加了铣刨旧路面的过程，在沥青混合料生产环节包括再生料的拌和，在运输方面增加了旧料的运输过程，其他环节相同。对各个不同环节的具体分析情况如下：

1. 铣刨过程

如采用典型的铣刨宽度为 2m 的铣刨机对老路面进行铣刨，根据调查，其发动机满负荷油耗为 124L/h（柴油密度为 0.84kg/L），假设铣刨机功率为 80%，在铣刨深度为 12cm 时铣刨速度约 4m/min。

2. 运输过程

旧路面的铣刨料需要从施工现场运输至混合料拌和场，即 RAP 料运输过程，运输距离与新料运输距离相同，为 80km，因此能耗情况与新料运输也相同。

3. 再生混合料生产过程

加装附楼式沥青混合料再生设备是目前高 RAP 掺量厂拌热再生的主要工艺。本课题以该工艺为背景，分析其能耗情况。根据现场调查，RAP 料干燥滚筒的平均燃料油用量约为 6.0kg/t（RAP 料含水量为 3%～5%，加热至 90～110℃），附楼式再生设备的电力用量约为 1.75kW·h/t。厂拌热再生中，需要通过提高新集料的加热温度，传递给 RAP 料，以达到拌和温度，因此，原拌和楼的能耗通常比普通拌和楼的能耗高 1kg/t 左右。

根据以上结果可对厂拌热再生的能耗进行分析，将厂拌热再生混合料应用于 8cm 下面层，混合料类型为 Sup-25。如前文所述，采用普通石油沥青，油石比为 4.4%。计算所得不同 RAP 料掺量下的厂拌热再生能耗结果列于表 3-87 中，同时，采用蒙特卡罗分析方法评价了结果的不确定度。

表 3-87 厂拌热再生能耗

施工过程		能耗（MJ/t）		
		RAP 掺量 10%	RAP 掺量 30%	RAP 掺量 50%
沥青		71.0	46.62	22.24
集料		27.4	21.31	15.22
原材料运输（150km）		108.54	84.42	60.3
混合料拌和		340.01	322.67	305.34
新旧料运输（80km）		128.64	128.64	128.64
摊铺		7.34	7.34	7.34
碾压		10.39	10.39	10.39
铣刨		24.68	24.68	24.68
合计	mean	718	646.07	574.15
	std	27.33	24.12	21.27
	RSD（%）	3.61	3.52	3.47

3.9.1.2 厂拌冷再生

与厂拌热再生路面相比，厂拌冷再生在沥青混合料生产环节有所区别之外，其他环节均相同，如旧路面铣刨、RAP料的运输、摊铺碾压等。为了分析冷再生混合料生产过程中的能耗，对冷再生拌和场进行了调查，按照其生产工艺，混合料生产能耗包括装载机能耗、RAP料筛料机能耗、拌和楼能耗等。每部分能耗的具体分析情况如下：

1. 装载机能耗

与热拌沥青混合料的生产过程相同，标准能耗为4.78MJ/t，二氧化碳当量排放为0.355kg/t。

2. RAP料筛料机能耗

RAP料筛料机的生产效率为180t/h，设备功率为80kW，折算成标准能耗为1.60MJ/t，二氧化碳当量排放为0.12kg/t。

3. 拌和楼能耗

与热拌沥青混合料拌和楼不同，冷再生拌和楼不需要燃烧燃料油加热集料，只需要使用电力能源。以镇江振华LLB-300型冷再生拌和楼为例，其生产效率为300t/h，设备整机功率为225kW，折算成标准能耗为2.70MJ/t，二氧化碳当量排放为0.20kg/t。

根据以上数据可对厂拌冷再生的能耗进行分析，将厂拌冷再生混合料用于8cm下面层中，采用乳化沥青，其用量为4.0%，新添加集料掺量为20%，水泥用量为2.0%。计算得到的乳化沥青厂拌冷再生能耗结果见表3-88，表中同时对其经济性以及数据不确定度进行了分析。

表3-88 乳化沥青厂拌冷再生能耗

施工过程		能耗（MJ/t）	能耗（kgce/t）
原材料生产	乳化沥青	90.7	3.09
	集料	6.36	0.22
	水泥	68.67	2.34
原材料运输150km		31.35	1.04
再生料运输80km		64.32	2.19
冷再生混合料拌和		9.08	0.31
摊铺		7.34	0.25
碾压		10.39	0.35
铣刨		24.68	0.84
铣刨料运输80km		64.32	2.19
税费及其他		—	/
合计	mean	356.21	12.15
	std	24.98	0.85
	RSD（%）	6.02	0.21

3.9.1.3 就地热再生

与新建沥青路面相比，就地热再生施工工艺增加了加热、铣刨、复拌等过程。为了分析就地热再生工艺的能耗情况，本课题对多项就地复拌热再生实际工程的能耗数据进行了调查分析，所采用的就地热再生设备为国内典型设备，具体情况见表 3-89。

表 3-89 就地热再生能耗调研案例

工程案例	设备类型	加热机数量	路面类型	工程量（m^2）	加热再生、摊铺碾压耗能
案例一	设备一	3 台	AK-13	81900	柴油 67.2t
案例二	设备一	3 台	SMA-13	16478	柴油 27t
案例三	设备二	4 台	SMA-13	3542	约柴油 0.4t+液化气 5t
案例四	设备三	2 台	AC—13	29848	37.52t 液化气+柴油 8.84t

就地热再生的能耗水平受机械设备类型、加热机数量、天气情况、工程量大小等多方面因素的影响。根据课题现阶段的调研情况，各就地热再生工程案例的综合能耗（包括加热、铣刨、复拌、摊铺碾压过程）差异较大，如按柴油进行当量折算，范围在 0.8～1.6kg/m^2。据就地热再生施工单位的统计分析，若在 5—9 月期间施工，采用 3 台加热机，单车道 3.85m 宽每千米消耗柴油 3～3.5t，折每平方米 0.8～0.9kg；若在 4—5 月及 10—11 月期间施工，采用 4 台加热机进行加热（增加 1 台加热机），柴油消耗量为 4～4.5t，折每平方米 1.0～1.2kg。基于以上分析，综合考虑施工设备的代表性、工艺水平的先进性、统计数据的可靠性，本课题建议采用的就地热再生综合能耗典型值为柴油 1.1kg/m^2，其中，摊铺碾压与新建沥青路面的施工工艺相同。需要说明的是，在后续研究过程中，可以补充调研更多的工程案例，使数据样本更为丰富，所得结果也将更能够反映真实工艺水平。

根据以上结果可对就地热再生的能耗进行分析，对厚度为 4cm 的沥青路面上面层进行就地热再生，沥青混合料类型分为改性沥青 AC-13 和改性沥青 SMA-13 两种，按照前文所述，其油石比分别为 5.2%和 6.0%。新料添加量按 15%计算，摊铺碾压与新建沥青路面的施工工艺相同，计算所得的能耗结果见表 3-90，表中同时对其经济性及数据不确定度进行分析。

表 3-90 就地热再生能耗

施工过程		能耗（MJ/t）	
		改性沥青 AC-13	改性沥青 SMA-13
沥青		30.86	35.95
集料		4.53	4.50
再生剂		—	—
原材料运输（150km）		18.09	18.09
混合料拌和		50.23	50.82
新料运输（80km）		9.65	9.65
摊铺		13.22	15.86
碾压		13.23	18.60
加热、铣刨、复拌		469.16	469.16
税费及其他		—	—
合计	mean	608.96	622.62
	std	29.09	28.91
	RSD（%）	4.70	4.46

3.9.1.4 就地冷再生

与新建沥青路面相比，就地冷再生在施工工艺方面增加了就地冷再生机组的冷铣刨、拌和、摊铺等过程，以及平地机的整平过程，碾压工艺与新建路面相同。

如采用典型的维特根 WR2500S 型冷再生设备进行就地冷再生，根据调查，其发动机满负荷油耗为 142L/h，假设再生机组工作效率为 90%，在再生宽度为 2.5m、再生厚度为 18cm 时行驶速度约 4m/min。采用典型的 PY160 型整平机进行整平，其额定功率为 140kW，满负荷油耗为 30.5L/h，假设其工作效率为 90%，行驶速度为 10m/min，宽度为 2m。为了与冷再生路面宽度一致，需整平两次。

根据以上数据可对就地冷再生的能耗进行分析，对 18cm 水稳基层进行就地冷再生，再生混合料用于基层结构中，其中水泥用量为 4.0%。计算得到的基层就地冷再生能耗结果见表 3-91，表中同时对其经济性及数据不确定度进行分析。

表 3-91 水稳基层就地冷再生能耗

施工过程		能耗（MJ/t）
原材料生产	水泥	137.34
原材料运输 150km		4.82
铣刨、再生、摊铺		19.72
整平		4.24
碾压		6.93
其他		—
合计	mean	173.05
	std	21.42
	RSD（%）	12.38

3.9.2 再生方案对比评价

前文分析了各种再生技术的能源消耗情况，基于前文数据，以铣刨重铺作为对比方案，可以对各种再生技术的节能减排和资源节约情况进行分析。针对典型的国省道沥青路面结构 4cm SMA-13＋6cm AC-20＋8cm AC-25＋水泥稳定碎石基层，采用不同的方案，根据层位不同进行分类，包括上面层再生、面层再生和基层再生，具体比较方案见表 3-92。

表 3-92 不同方案的比较分析

再生层位	再生方案		铣刨重铺方案
	A	B	C
上面层	4cm AC-13 就地热再生	4cm SMA-13 就地热再生	上面层铣刨重铺
沥青面层	4cm SMA-13＋6cm AC-20＋8cm 厂拌热再生 AC-25	4cm SMA-13＋6cm AC-20＋8cm 厂拌冷再生 AC-25	面层铣刨后重铺 4cm SMA-13＋6cm AC-20＋8cm AC-25
基层	4cm SMA-13＋6cm AC-20＋8cm AC-25＋18cm 基层就地冷再生	—	铣刨后重铺 4cm SMA-13＋6cm AC－20＋8cm AC-25＋18cm 水稳碎石

3.9.2.1 上面层再生

对路面上面层可采取的方案包括就地热再生以及铣刨面层后重新铺筑。铣刨重铺时，黏层油采用乳化沥青，用量为 0.5kg/m^2。铣刨机运行速度为 6m/min，铣刨深度为 4cm。拌和、摊铺、碾压与热拌沥青混合料相同。为了直观地进行比较，以单位面积路面作为分析单位，计算得到上面层养护的能源消耗及资源节约量结果见表 3-93 和表 3-94。表中同时对其经济性及不确定度进行分析。

表 3-93 就地热再生能耗

施工过程		能耗（MJ/m^2）	
		改性沥青 AC-13	改性沥青 SMA-13
沥青		4.09	4.60
集料		0.45	0.45
再生剂/纤维		—	—
运输		2.77	2.77
混合料拌和		5.02	5.08
摊铺		1.32	1.59
碾压		1.32	1.86
加热、铣刨、复拌		46.92	46.92
税费及其他		—	—
合计	mean	61.89	63.27
	std	7.38	7.45
	RSD（%）	11.92	11.78
资源节约量		改性沥青（kg/t）	改性沥青（kg/t）
		42.02	48.11

表 3-94 铣刨重铺能耗

施工过程		能耗（MJ/m^2）	
		改性沥青 AC-13	改性沥青 SMA-13
沥青		28.36	32.24
集料		3.03	3.00
纤维		—	—
运输		24.92	24.92
混合料拌和		33.50	33.67
摊铺		1.32	1.59
碾压		1.32	1.86
铣刨		4.94	4.94
税费及其他		—	—
合计	mean	97.39	102.22
	std	7.99	8.41
	RSD（%）	8.20	8.23

就地热再生与铣刨重铺方案的能耗比较情况如下：

（1）在就地热再生工艺中，用于原路面加热铣刨和再生混合料复拌的能耗占整个施工过程的主要部分，达到70%以上。现有数据表明，与传统铣刨重铺方案相比，就地热再生具有显著的节能减排效益，可节约30%以上能耗。

（2）就地热再生工艺能够100%循环利用旧路面材料，节约了大量优质的沥青和石料资源，在循环利用方面的效益显著。与铣刨重铺工艺相比，对SMA-13路面就地热再生可节约改性沥青48.11kg/t、玄武岩集料801.98kg/t。

3.9.2.2 沥青面层再生

沥青面层再生是对沥青整个面层均进行处治的再生。为了直观地比较分析不同再生方案的能耗，以单位面积能耗作为分析单位进行计算。黏层油采用三层，用量及用法与前述相同。铣刨机运行速度为3m/min，铣刨深度为18cm。重铺的沥青混合料生产、拌和、运输、摊铺及碾压过程与热拌沥青混合料一致。则各方案的能源消耗及资源节约结果见表3-95、表3-96。表中同时对数据的不确定度进行了分析。

表 3-95　不同方案能耗

施工过程		能耗（MJ/m²）					
		10%RAP 掺量		30%RAP 掺量		50%RAP 掺量	
沥青		90.27		85.39		80.52	
集料		13.04		11.82		10.6	
水泥		—		—		—	
运输		109.74		104.91		100.09	
混合料拌和		152.13		148.66		145.2	
摊铺		4.38		4.38		4.38	
碾压		5.81		5.81		5.81	
铣刨		9.87		9.87		9.87	
合计	mean	385.24		370.84		356.47	
	std	20.04		19.39		18.71	
	RSD（%）	5.2		5.23		5.05	
资源节约量		普通沥青（kg/t）	集料（kg/t）	普通沥青（kg/t）	集料（kg/t）	普通沥青（kg/t）	集料（kg/t）
		4.21	95.79	12.64	287.36	21.07	478.93

表 3-96　不同方案能耗

施工过程	能耗（MJ/m²）	
	厂拌冷再生	铣刨重铺
沥青	94.01	92.19
集料	8.83	13.65
水泥	13.73	—
运输	94.3	112.15

续表

施工过程		能耗（MJ/m²）	
		厂拌冷再生	铣刨重铺
混合料拌和		85.94	145.69
摊铺		4.38	4.38
碾压		5.81	5.81
铣刨		9.87	9.87
合计	mean	316.87	383.74
	std	18.44	20.18
	RSD（%）	5.82	5.66
资源节约量		普通沥青（kg/t）	集料（kg/t）
		31.19	708.81

由结果可以看出：

（1）各种面层方案相比，厂拌冷再生的节能减排效益最显著。厂拌冷再生施工中混合料是在常温下拌和，不需要加热，因此明显降低了生产能耗。

（2）对于厂拌热再生而言，随着 RAP 料掺量的增加，其能耗降低。根据现有数据，当 RAP 料掺量为 10%时，其能耗略高于铣刨重铺方案，RAP 掺量为 30%和 50%时，节能减排效益明显。

（3）各种再生技术中，特别是厂拌冷再生，能够 100%循环利用旧路面材料，节约了大量沥青和石料资源，具有显著的节约资源效益。

3.9.2.3 基层再生

该方案是对沥青面层及基层均进行处治。铣刨时先对面层 18cm 进行一次性铣刨收集，对原道路水稳基层采用水泥进行就地冷再生，处治深度为 18cm，基层冷再生过程中添加 4%的水泥。重铺的沥青面层生产、拌和、运输、摊铺及碾压过程与热拌沥青混合料一致。水泥稳定碎石基层的施工能耗计算可分解为原材料生产、材料运输、拌和站拌和、摊铺碾压，其中原材料生产可根据水泥和集料的生产能耗进行计算，材料运输过程与沥青路面施工一致。拌和站拌和和摊铺碾压过程的能耗分析如下：

1. 拌和站拌和

拌和站能耗包括装载机能耗和拌和楼能耗，其中装载机能耗与沥青混合料施工相同，标准能耗为 4.78MJ/t，二氧化碳当量排放为 0.355kg/t。拌和站只需要使用电力能源，以山东贝特 WCZ-400 型冷再生拌和楼为例，其生产效率为 400t/h，设备整机功率为 95kW，折算成标准能耗为 0.85MJ/t，二氧化碳当量排放为 0.23kg/t。

2. 摊铺碾压

以单幅两车道 11m 宽水稳基层施工为例，厚度为 18cm，需采用两台摊铺机形成梯队施工，摊铺速度为 1m/min。典型的机械设备组合模式见表 3-97。

依据以上施工工艺，可以计算出水稳基层的摊铺能耗为 9.24MJ/t，碳排放为 0.68kg/t，碾压能耗为 14.53MJ/t，碳排放为 1.08kg/t。根据以上数据及就地冷再生的数据，可以计算得到方案的能源消耗及资源节约情况，结果见表 3-98。表中同时对其经济性及数据不确定度进行分析。计算结果以单位面积路面的总能耗体现。

表 3-97　摊铺碾压设备组合模式

施工机械	型号	额定功率（kW）	平均油耗（kg/h）	数量
摊铺机	徐工 RP951A	137	27.67	2 台
单钢轮压路机	徐工 XS182	132	30.62	4 台
胶轮压路机	徐工 XP262	115	25.76	2 台

表 3-98　不同基层方案能耗

施工过程		能耗（MJ/m²）	
		基层冷再生	铣刨重铺
沥青		92.19	92.19
纤维		—	—
集料		13.65	25.47
水泥		53.15	53.15
运输		112.55	208.6
混合料拌和		145.69	147.87
摊铺		4.38	7.95
整平		1.64	—
碾压		8.49	11.43
铣刨再生		17.5	19.75
税费及其他		—	—
合计	mean	449.24	566.41
	std	21.92	22.51
	RSD（%）	4.88	3.97
资源节约量		水泥（kg/t）	集料（kg/t）
		0	960

由以上结果可以看出：

（1）与铣刨重铺方案相比，基层冷再生方案具有显著的节能减排效益，主要体现在节约了原材料的生产以及运输能耗方面。

（2）基层冷再生通过将原水稳基层铣刨再生后作为基层使用，原路面基层材料得到全部循环利用，节约了重新铺筑基层的材料，具有显著的节约资源效益。

3.9.3　温拌技术能耗评估

采用温拌技术可以显著降低沥青混合料拌和过程中的能耗及碳排放，但温拌过程中所采用的温拌剂作为混合料的一种原材料，其生产过程中也需要消耗一定的能量，如果从全生命周期的角度分析，温拌技术是否真正节能减排还存在一定争议，对温拌技术进行生命周期评估因此也成为国内外研究的热点。本课题对国内外相关研究情况进行了调研，发现目前对温拌剂进行 LCA 分析的研究极少，因此温拌剂生产环节成为沥青路面温拌技术

LCA 分析的难点。为了解决该问题，一些研究中采用近似的方法进行 LCA 分析，包括以下三种：

（1）将温拌剂作为与沥青类似的材料，采用与沥青相同的数据进行分析，如 Riga Technical University 的 Zaumanis（2010）的研究。

（2）在热拌沥青混合料能耗的基础上，直接按照一定比例进行折算。

（3）将温拌剂作为化工材料，按照化工材料生产的平均水平进行测算，如 Ohio University 的 Kucukvar（2011）和 Tatari 等（2012）的研究。

以上方法均为近似方法，无法对温拌技术做出客观的评估。为了获得准确的测算结果，应该采用温拌剂材料的 LCA 数据。本课题通过大量的文献调研，获得了化学类温拌剂 Cecabase RT（Leon and Jensen，2012）和沸石类温拌剂 Zeolite（Vidal et al.，2013）两种材料的 LCA 数据，同时采用 LCA 专业软件 GaBi 对有机蜡类温拌添加剂的生产过程进行测算，获取了单位质量的有机蜡添加剂生产能耗。各温拌添加剂单位产量的能耗见表 3-99。

表 3-99　各温拌添加剂单位产量能耗

温拌剂	能耗（MJ/kg）
Cecabase RT（法国）	79.10
Zeolite（德国）	26.45
有机蜡（GaBi 6）	54.63

Cecabase RT 是法国 Arkema 公司的产品，以表面活性剂为主要成分，按沥青质量的 0.2%～0.5%添加，可降低沥青混合料生产温度约 30℃。该产品在欧洲得到了广泛的应用，是基于表面活性剂的化学类温拌剂的代表产品。Zeolite 是一种人工合成的沸石粉末，其中含有 21%的结晶水，当加入热沥青中，结晶水释放、发泡，导致沥青体积增大，起到发泡沥青的效果，降低沥青黏度，可使混合料拌和温度降低 30℃左右，其用量为混合料质量的 0.3%。该产品在欧洲应用较多，是基于沸石的发泡类温拌剂的代表产品。

为了比较各种温拌技术的节能减排效益，本课题还对有机添加剂类和机械发泡类温拌技术进行了分析。其中，有机添加剂类以国内外最常用的 Sasobit 温拌剂为典型代表。Sasobit 是德国 Sasol Wax 公司开发的产品，是一种合成石蜡，熔点约为 100℃，在超过 115℃时，能完全溶解于沥青，降低沥青黏度，使得混合料的拌和温度降低 20～30℃，其用量在德国为沥青质量的 2.5%～3.0%，在美国为沥青质量的 1.0%～1.5%。但正如最新的研究文献所述（Jamshidi，2013），目前还没有关于 Sasobit 产品的有效的 LCA 数据。机械发泡类温拌技术的作用机理是利用沥青泵、发泡水泵和空气压缩机分别将高温液态沥青、水及压缩空气输送到发泡室混合，产生并喷洒泡沫沥青生产温拌沥青混合料，可降低混合料拌和温度 30℃左右。可以看出，机械发泡温拌技术仅通过水即可实现温拌效果，不需要其他任何需要生产能耗的外掺剂。根据以上分析，可以在热拌沥青混合料生产能耗的基础上，分析各种温拌沥青技术在原材料方面的能耗。

由于温拌技术降低了沥青混合料的拌和温度，因此在混合料拌和环节具有明显的节能减排效果。国外的 Kristjansdottir（2007）和 Frank（2011），国内黄颂昌（2011）和贾渝（2012）等均对各种温拌技术在沥青混合料生产环节的节能减排效益进行了分析（表 3-100）。

表 3-100　温拌沥青技术节能减排效益评价

温拌类型	工艺类	沸石添加剂	有机添加剂	化学添加剂	机械发泡
温拌技术	WAMFoam	Zeolite	Sasobit	Evotherm	Astec Double Barrel
降温效果	43～63℃	30℃	18～54℃	40～50℃	30℃
节能效果	30%～40%	30%	20%	30%～40%	15%
材料成本	—	—	30000 元/t	150000 元/t	0

综合以上分析结果可以看出，各种温拌技术的降温效果为 20～40℃，节约能耗为 15%～30%。为了便于测算分析，本课题将温拌技术的降温效果统一取值为在热拌沥青混合料的基础上降温 30℃，在混合料拌和环节节约的能耗为 20%。

根据以上对温拌剂生产能耗及温拌沥青混合料拌和能耗的分析，可以在热拌沥青混合料的基础上，测算温拌沥青混合料生产的能耗，评估各种温拌沥青技术的节能减排效益，采用蒙特卡罗分析方法计算了相关数据的不确定度，测算结果如表 3-101 和图 3-14 所示。

表 3-101　1t 温拌沥青混合料拌和站能耗测算结果（含温拌剂能耗）

温拌类型	化学添加剂	沸石添加剂	有机添加剂	机械发泡	热拌沥青
添加剂	Cecabase RT（法国）	Zeolite（德国）	Sasobit（德国）	发泡设备	—
掺量	沥青质量的 0.3%	混合料质量的 0.3%	沥青质量的 1.5%	水为沥青质量的 1.5%	—
降低温度	30℃	30℃	30℃	30℃	
节约拌和能耗	20%	20%	20%	20%	
温拌剂能耗（MJ）	11.73	79.35	40.51	0	0
拌和能耗（MJ）	267.99	267.99	267.99	267.99	334.99
沥青罐加热能耗（MJ）	22.3	22.3	22.3	22.3	22.3
混合料拌和站能耗合计（MJ）	279.72	347.34	308.5	267.99	334.99
混合料拌和站能耗合计（kgce）	10.3	12.6	11.3	9.9	12.2

注：① 热拌沥青混合料的能耗采用典型上面层改性沥青混合料的数据；

② 未考虑温拌剂从国外运输至国内过程中的能耗；

③ 温拌沥青路面摊铺碾压工艺与热拌沥青混合料一致。

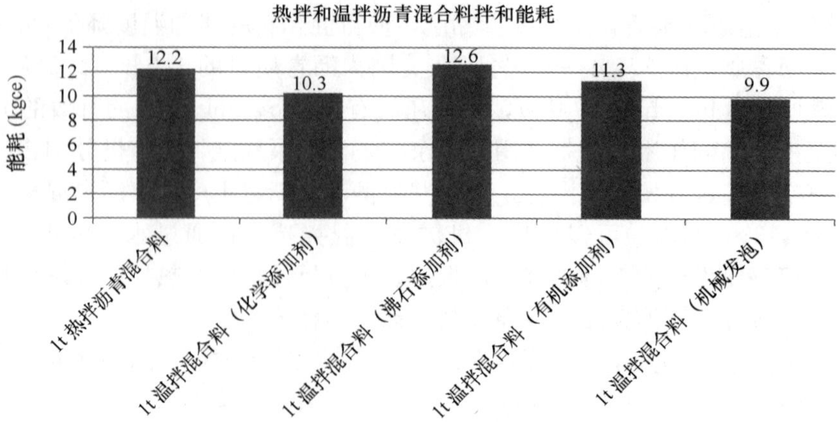

图 3-14　热拌和温拌沥青混合料拌和能耗

由以上分析结果可以看出：

（1）从生命周期分析的角度考虑，采用不同的温拌技术类型，沥青混合料的生产能耗有所不同，在现有数据的基础上，沸石添加剂类型的温拌技术能耗较高，机械发泡类型的温拌技术能耗较低。

（2）从生命周期分析的角度考虑，与热拌沥青混合料相比，并非所有温拌技术均具有节能减排效益。机械发泡温拌技术的节能减排效益最显著，而采用添加剂的温拌技术由于温拌剂的生产也需要能耗，导致混合料拌和环节的节能减排效益有所削弱，特别是沸石添加剂类温拌沥青混合料，其生命周期能耗甚至略高于热拌沥青混合料。

3.9.4 橡胶沥青技术能耗评估

橡胶沥青混合料与 SBS 改性沥青混合料的主要差异在于采用的改性沥青类型不同，橡胶沥青的生产能耗包括橡胶粉改性剂生产和橡胶沥青制备的能耗。橡胶粉的生产工艺主要有低温破碎、机械破碎和爆破破碎等方式。轮胎颗粒的加工粒径越小，其加工附加值就越高，能耗成本也就越高。国内对生产橡胶粉的能耗进行了分析（刘玉强，2001），其中采用低温破碎与机械加工相结合的方法加工精细胶粉的能耗见表 3-102。美国加州大学对橡胶沥青混合料进行了生命周期评估（Wang et al.，2012），提供了橡胶粉和交联剂等橡胶沥青原材料的能耗数据。

表 3-102　橡胶粉单位生产量的能耗

原材料		能耗（MJ/kg）
中国	橡胶粉	3.59
美国	橡胶粉	4.27
	交联剂	54.1

由数据可以看出，国内与国外的数据基本相当。为了使结果更符合国内实际情况，本课题采用国内的数据进行橡胶沥青的能耗测算。在成品湿法橡胶沥青生产过程中需要添加交联剂，掺量为橡胶粉的 0.2%～0.3%。根据表中的数据，该部分能耗可以忽略不计。同时，由于橡胶粉采用废旧橡胶轮胎制备得到，废旧轮胎作为废弃物利用，其本身的生产能耗不计入橡胶粉生产之内。

橡胶沥青是在基质沥青的基础上添加橡胶粉改性剂制备得到的，按照加工工艺分为现场湿法和成品湿法橡胶沥青。现场湿法橡胶沥青的能耗为胶粉生产能耗、基质沥青生产能耗与沥青加热能耗之和。其中，沥青加热能耗假设与改性沥青混合料拌和阶段沥青加热的能耗相同。对于成品湿法橡胶沥青，包括胶粉生产能耗与基质沥青生产能耗，以及生产设备的能耗。本课题结合其“胶体磨＋反应釜”的连续循环生产工艺，进行了现场调查。经统计，生产每吨成品沥青需消耗电力 3.5～5kW·h，消耗燃料油 6～8kg，取其平均值作为结果。

综合以上分析，可计算得到橡胶沥青单位产量的能耗情况（表 3-103）。

由结果可以看出，就能耗而言，橡胶沥青的生产能耗明显低于 SBS 改性沥青，这是因为橡胶沥青中橡胶粉是废弃物，其本身的生产能耗不计入在内，而 SBS 改性沥青中 SBS 改性剂的生产需要消耗较高能量，该部分能量是计入总能耗当中的。以上为橡胶沥青混合料原材料生产环节的能耗计算情况。在沥青混合料拌和环节，由于其拌和温度要高于 SBS 改性沥青混合料，其中，现场湿法橡胶沥青混合料高 15～20℃，成品湿法橡胶沥青混合料高 5～10℃，根据相关研究结论（黄颂昌，2012），拌和能耗分别增加约 10％和 5％。基于以上数据，可以计算橡胶沥青混合料的生产能耗，包括现场湿法橡胶沥青混合料 AR-AC13S、成品湿法橡胶沥青混合料 AR-SMA13，并与常规 SBS 改性沥青 SMA13 进行比较，同时，采用蒙特卡罗分析方法评估了数据的不确定度，计算结果见表 3-104。计算中同时考虑了废旧轮胎的循环利用情况，废旧轮胎按照 70％的出粉率计算。

表 3-103　橡胶沥青单位生产量的能耗

沥青类型	胶粉掺量（wt％）	能耗（MJ/t）
基质沥青	—	2830.76
SBS 改性沥青	—	5412.22
现场湿法橡胶沥青	18	3156.17
成品湿法橡胶沥青	20	3292.70

表 3-104　橡胶沥青混合料单位生产量的能耗（每吨）

<table>
<tr><td colspan="3">沥青混合料类型</td><td>AR-SMA13</td><td>AR-SMA13</td><td>SMA13</td></tr>
<tr><td colspan="3">沥青类型</td><td>现场湿法
橡胶沥青</td><td>成品湿法
橡胶沥青</td><td>改性沥青</td></tr>
<tr><td colspan="3">沥青用量（％）</td><td>7.41</td><td>5.75</td><td>5.75</td></tr>
<tr><td rowspan="3">原材料</td><td rowspan="2">沥青</td><td>能耗（MJ）</td><td>233.87</td><td>189.33</td><td>311.2</td></tr>
<tr><td>废弃物利用（kg）</td><td>19.05</td><td>16.43</td><td>—</td></tr>
<tr><td>集料</td><td>能耗（MJ）</td><td>29.46</td><td>29.99</td><td>29.99</td></tr>
<tr><td colspan="2">混合料拌和</td><td>能耗（MJ）</td><td>370.34</td><td>353.5</td><td>336.67</td></tr>
<tr><td rowspan="4">合计</td><td rowspan="3">能耗</td><td>mean（MJ）</td><td>633.67</td><td>572.82</td><td>677.86</td></tr>
<tr><td>std（MJ）</td><td>48.72</td><td>40.75</td><td>55.37</td></tr>
<tr><td>RSD（％）</td><td>7.86</td><td>7.11</td><td>8.17</td></tr>
<tr><td colspan="2">废弃物利用（kg）</td><td>19.05</td><td>16.43</td><td>—</td></tr>
</table>

由结果可以看出：

虽然橡胶沥青混合料的拌和能耗高于 SBS 改性沥青混合料，但由于橡胶沥青通过废弃物的循环利用，节约了改性沥青中改性剂的生产能耗，使其能耗明显低于 SBS 改性沥青，因此从生命周期的角度分析，橡胶沥青混合料具有明显的节能效益。由于现场湿法橡胶沥青混合料中的沥青用量较多，同时拌和温度也更高，因此其总能耗高于成品湿法橡胶沥青混合料。

3.10　各类型路面结构能耗汇总

如表 3-105、表 3-106 所示。

表 3-105　沥青路面技术能耗基础数据

施工过程		典型路面类型											
		普通热拌沥青混合料				温拌沥青混合料（以改性沥青 AC-13 为例）				橡胶沥青		EME-14	
		改性沥青 AC-13	改性沥青 AC-20	普通沥青 AC-25	改性沥青 SMA-13	化学添加剂	沸石添加剂	有机添加剂	机械发泡	现场湿法 AR-SMA13	成品湿法 AR-SMA13	掺加复合增效剂	不掺复合增效剂
沥青	标准煤（kgce）	6.40	5.73	2.72	7.72	6.40	6.40	6.40	6.40	6.32	6.46	3.84	3.84
集料		1.03	1.04	1.04	1.02	1.03	1.03	1.03	1.03	1.01	1.02	1.03	1.03
温拌剂/添加剂		—	—	—	—	0.40	2.71	1.38	0.00	—	—	2.71	—
原材料运输（150km）		4.12	4.12	4.12	4.12	4.12	4.12	4.12	4.12	4.12	4.12	4.12	4.12
混合料拌和		11.43	11.43	10.50	11.49	9.14	9.14	9.14	9.14	12.64	12.06	9.31	10.96
混合料运输（80km）		2.19	2.19	2.19	2.19	2.19	2.19	2.19	2.19	2.19	2.19	2.19	2.19
摊铺		0.45	0.30	0.25	0.54	0.45	0.45	0.45	0.45	0.45	0.54	0.45	0.45
碾压		0.45	0.43	0.35	0.63	0.45	0.45	0.45	0.45	0.45	0.63	0.45	0.45
铣刨/再生		—	—	—	—	—	—	—	—	—	—	—	—
铣刨料运输（80km）		—	—	—	—	—	—	—	—	—	—	—	—
总能耗		26.07	25.24	21.17	27.72	24.18	26.49	25.16	23.78	27.18	27.02	24.10	23.04

表 3-106　沥青路面技术能耗基础数据

施工过程		再生类								基层	
		厂拌热再生			厂拌冷再生	就地热再生		就地冷再生		水泥稳定碎石	LSPM-25
		10%	30%	50%		AC-13	SMA-13	水泥	乳化沥青		
沥青	标准煤（kgce）	2.42	1.59	0.76	3.09	1.05	1.23	—	3.09	—	3.84
集料		0.93	0.73	0.52	0.22	0.15	0.15	—	0.16	0.88	1.04
水泥		—	—	—	2.34	—	—	4.69	2.34	4.9	—
原材料运输（150km）		3.70	2.88	2.06	1.07	0.62	0.62	0.16	0.86	4.65	4.12
混合料拌和		11.60	11.01	10.42	0.55	1.71	1.73	—	—	0.31	11.9
混合料运输（80km）		2.19	2.19	2.19	2.19	0.33	0.33	—	—	2.19	2.19
摊铺		0.25	0.25	0.25	0.25	0.45	0.54	0.14	0.17	0.28	0.25
碾压		0.35	0.35	0.35	0.35	0.45	0.63	0.24	0.35	0.35	0.35
铣刨/再生		0.84	0.84	0.84	0.84	16.01	16.01	0.67	0.81	—	—
铣刨料运输（80km）		2.19	2.19	2.19	2.19	—	—	—	—	—	—
总能耗		24.47	22.03	19.58	13.09	20.77	21.24	5.90	7.78	13.56	23.69

3.11 本章小结

本章通过调研、统计、现场实测提出了沥青路面施工期全过程能耗清单，明确了能耗和排放关键环节，构建了沥青路面能耗计算评估模型和能耗评估体系，依托济青高速项目对典型的节能减排技术进行了评估，包括沥青路面再生技术、温拌沥青技术、橡胶沥青技术等，得到如下一些结论：

(1) 本章分析了能耗获取的方法，确定了采用“定额法＋理论法＋实测法”的基本原则能耗量化计算方法。

(2) 通过调研、统计、现场监控建立了公路施工期能耗计算模型，提出了施工期全过程的能耗清单。沥青混合料拌和能耗比重最大，约占总能耗的45%，沥青混合料拌和是能耗的关键环节。

原材料（胶结料）能耗由高到低的顺序为：石灰＞水泥＞SBS改性沥青＞橡胶改性沥青＞改性乳化沥青＞普通沥青＞乳化沥青。

矿质集料和再生料能耗由高到低的顺序为：矿粉＞石屑＞玄武岩粗集料＞机制砂＞石灰岩粗集料＞面层铣刨料＞基层铣刨料。再生集料能耗（0.51～0.66kgce）约仅为新集料能耗（0.86～1.29kgce）的50%。

(3) 沥青路面建设过程是机械设备使用最为集中的过程，其能源消耗主要表现为机械设备的燃料消耗。沥青路面建设过程中使用的机械设备包括拌和设备、运输设备、摊铺设备和压实设备，这些机械设备大多以柴油作为燃料，因此，沥青路面施工和运输过程的能源消耗实质为各种施工机械的柴油和电能消耗。

(4) 从施工期全过程分析的角度考虑，在各种再生技术中，冷再生的节能减排效益最显著，厂拌热再生的节能减排效益与RAP料的掺量有关，就地热再生具有明显的节能减排优势。各种再生技术通过对路面旧料的使用，节约了大量沥青和石料资源，在循环利用方面的效益显著。

(5) 从生命周期分析的角度考虑，与热拌沥青混合料相比，并非所有温拌技术均具有节能减排效益。机械发泡温拌技术的节能减排效益最显著，而添加剂温拌技术的节能减排效益较低，特别是沸石添加剂类温拌沥青混合料，其生命周期能耗甚至略高于热拌沥青混合料。

(6) 由于橡胶沥青通过对废弃物的循环利用，节约了改性沥青中改性剂的生产能耗，使其能耗低于SBS改性沥青，因此从生命周期的角度分析，橡胶沥青混合料具有节能效益。同时，通过对废旧橡胶轮胎的充分利用，其循环利用效益显著。

4　沥青路面施工期全过程排放监测及评估技术

4.1　沥青路面施工期关键节点排放监测技术方法设计

4.1.1　关键监测节点分析

根据基于流程的生命周期分析方法，沥青路面工程一般可划分为沥青混合料生产、运输以及沥青混合料施工三个生产环节。如图 4-1 所示。本部分主要对沥青路面施工期的碳排放以及空气污染物排放进行研究，针对碳排放的研究主要采用节点分析和计算的方法。这里重点分析沥青路面施工期空气污染物的排放监测。

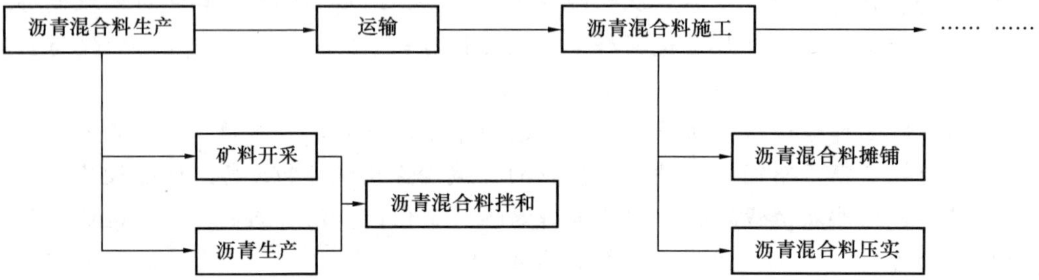

图 4-1　路面工程各施工环节流程图

由图 4-1 可知，在沥青混合料生产环节，矿料开采、沥青生产等过程中均会产生和排放水、大气、固废等污染物以及有毒有害气体，考虑到沥青混合料拌和阶段施工的矿料及沥青均属于采购获得，结合沥青路面施工特点，本课题不再对矿料开采和沥青生产阶段的排放物进行监测。在沥青混合料生产环节，主要对沥青混合料拌和过程进行排放的监测，由于沥青混合料拌和过程中，水、固废等污染物排放量相对较少，且基本都采取沉淀收集等措施集中处置，因此仅对拌和过程中产生的空气污染物以及有毒有害气体的排放情况进行监测。

在沥青混合料运输过程中，混合料由于保温等技术要求基本上属于密闭运输，混合料向空气中散发的排放物的量相对较小，因此运输过程中的污染物排放主要是运输车辆燃料不充分燃烧释放出的汽车尾气等，而汽车尾气排放量可以通过车辆燃料的类型和车辆的特征以及运输距离等技术指标估算出来，且车辆一直处于不固定状态，排放气体亦无法进行采样，因此在混合料运输过程中产生的排放污染物将不作为重点考虑，不对其进行监测。

沥青混合料施工过程中，主要是由于混合料完全暴露在空气中，且保持一定的摊铺温度，混合料中的气体污染物会释放到空气中，因此在混合料施工过程中将重点对气体污染物排放进行监测。

4.1.2 监测指标分析及选取

根据项目研究的主要内容，确定排放污染物监测的对象主要是沥青混合料拌和生产加热和路面摊铺过程中产生的沥青烟。通过对国内外学者研究调查可知，沥青烟是一类污染物的总称，其中包含颗粒物（TSP、PM_{10}、$PM_{2.5}$）、氮氧化物（NO_x）、二氧化硫（SO_2）、一氧化碳（CO）、挥发性有机物（VOCs）、苯并［a］芘等成分。

结合项目研究方法，对沥青烟的监测分析主要分为实验室模拟监测、沥青混合料拌和过程监测以及沥青混合料路面施工过程监测三个阶段。由于各阶段沥青烟的产生以及排放方式不同，各阶段重点监测的内容也不尽相同，监测指标的选取也略有不同。

1. 实验室模拟监测

项目主要采取在实验室内模拟沥青混合料加热拌和过程，采取对拌和装置进行密闭，并利用空气采样器进行沥青烟采样分析，根据实验装置模拟特点，主要对沥青烟总量、挥发性有机物（VOCs）进行定量监测，同时对 VOCs 的主要成分进行定性和定量分析。

2. 沥青混合料拌和过程监测

项目依托工程实验路段所在标段的沥青拌和站采用的是未封闭管理的模式，在拌和过程中产生的沥青烟主要以自然扩散的方式排放至空气中，对其监测指标主要参照《环境空气质量标准》（GB 3095—2012）进行选取。根据项目研究需要，主要选择 PM_{10}、$PM_{2.5}$、二氧化氮（NO_2）、二氧化硫（SO_2）、一氧化碳（CO）以及苯并［a］芘 6 个监测指标，同时对环境空气中的挥发性有机物（VOCs）进行总量监测。

3. 沥青混合料路面施工过程监测

沥青混合料路面施工过程主要集中在混合料摊铺和压实两个阶段，主要监测沥青混合料在温度相对较高的自然扩散条件下产生的沥青烟。根据对现场的调研，主要选择在摊铺和压实现场进行沥青烟挥发性有机物（VOCs）定性和定量监测，同时在施工现场下风向进行 PM_{10}、$PM_{2.5}$、二氧化氮（NO_2）、二氧化硫（SO_2）、一氧化碳（CO）等指标的监测。

4.1.3 监测方法和方式

根据实验室模拟监测、沥青混合料拌和过程监测以及沥青混合料路面施工过程监测各阶段沥青烟产生及扩散方式不同，为便于对其进行有效监测和利于监测数据的统计分析，对各阶段采取不同的监测方法和方式。

1. 实验室模拟监测

实验室模拟监测主要是模拟沥青拌和站拌和过程，采取密闭拌和的方式，外接排放管道，基本上模拟了固定源排放形式，沥青烟总量、挥发性有机物（VOCs）监测采样主要参照固定源污染物采样。

2. 沥青混合料拌和过程监测

沥青拌和站采用的是未封闭管理模式，在拌和过程中产生的沥青烟无组织排放，主要参照环境空气采样的方式进行。考虑到拌和形式均为间歇式，且拌和站使用周期相对较长，为了更好地对沥青混合料拌和过程中的排放污染物进行有效的跟踪监测和数据比对，对拌和站拌和过程中 PM_{10}、$PM_{2.5}$、二氧化氮（NO_2）、二氧化硫（SO_2）、一氧化碳

(CO)、挥发性有机物（VOCs）等指标采取在线连续监测的方法和方式，苯并［a］芘采取现场采样监测的方法。

3. 沥青混合料路面施工过程监测

沥青混合料路面施工过程中挥发性有机物（VOCs）参照环境空气无组织挥发性有机物采样和监测方法进行，PM_{10}、$PM_{2.5}$、二氧化氮（NO_2）、二氧化硫（SO_2）、一氧化碳（CO）等指标采取在线连续监测的方法和方式。

项目研究过程中采取的排放污染物监测指标及方法见表 4-1。

表 4-1　项目排放监测指标及方法一览表

阶段	监测指标	参照的监测分析方法	采样位置	采样时间
实验室模拟监测	沥青烟总量	固定污染源排气中沥青烟的测定 重量法（HJ/T 45—1999）	采样口	1h
	挥发性有机物（VOCs）	固定污染源废气 挥发性有机物的测定 固相吸附-热脱附/气相色谱-质谱法（HJ 734—2014）	采样口	—
沥青混合料拌和过程监测	PM_{10}、$PM_{2.5}$	β射线法（在线监测）	拌和楼安全距离最近处上风向参照点处	按照小时监测值统计
	二氧化氮（NO_2）	化学发光法（在线监测）		
	二氧化硫（SO_2）	紫外荧光法（在线监测）		
	一氧化碳（CO）	非分散红外吸收法（在线监测）		
	挥发性有机物（VOCs）	PID（光离子化气体检测器、在线监测）		
	苯并［a］芘	环境空气 苯并［a］芘的测定 高效液相色谱法（HJ 956—2018）		24h
沥青混合料路面施工过程监测	挥发性有机物（VOCs）	环境空气 挥发性有机物的测定 吸附管采样-热脱附/气相色谱-质谱法（HJ 644—2013）	摊铺机、压路机上	按照采样管规定值采样
	PM_{10}、$PM_{2.5}$、二氧化氮（NO_2）、二氧化硫（SO_2）、一氧化碳（CO）	与沥青拌和过程方法相同	施工场地下风向最近处	按分钟值统计

4.2　沥青路面施工期关键节点排放监测信息平台建立

4.2.1　大气环境监测平台

在沥青混合料拌和过程监测中，PM_{10}、$PM_{2.5}$、二氧化氮（NO_2）、二氧化硫（SO_2）、一氧化碳（CO）、挥发性有机物（VOCs）6 个监测指标选取在线连续监测的方式。为了便于监测数据的获取和管理，项目组联合设备租赁公司修改和开发了专用的大气环境监测信息平台。

4.2.1.1　平台功能及架构

系统平台主要包括实时数据、历史数据、数据分析、报表查看和数据报警等，主要负责监测数据的收集、统计和管理，以及设备信息的远程设置等。

系统平台可对不同的监测因子和监测设备进行分类管理，对数据平台上的项目信息进行分类管理，包括项目类别、测点位置等。可对设备信息进行管理，确保设备与监测点位配置吻合，包括编码、项目名称、设备经纬度、时间调节等，同时可对设备进行图片上传，在 GIS 首页进行数据可视化显示。所有监测终端的数据传输均采用电信 4G 传输，确保数据传输的稳定连续。

经系统授权管理的用户可在平台网址中，输入用户名和密码登录网站，获取用户下的相关设备信息和功能界面；可查询设备的状态、实时地监测数据和统计数据。平台对角色进行管理，可以对角色设置不同的数据平台权限，用户根据被赋予的权限可以进行相应的系统访问，以防止越权操作。每个用户只有所属角色所拥有的访问权限，同时平台可对每个用户设置可看到的项目权限，实现保密的功能。如图 4-2、图 4-3 所示。

图 4-2　大气环境监测平台登录界面

图 4-3　监测平台用户管理界面

4.2.1.2 实时数据

实时数据可根据网格化标准对设备进行分点位查看，监测点状态实时监控，监控数据按照监测点编号、监控类型、监控项、监控值、监控时间等信息内容整编存入实时数据库，可直观展示设备在地图上的位置，地图可缩放控制，实现实时数据查询。

系统采用GIS技术将点位根据地理信息显示在地图上，进行直接点击可调阅实时数据，数据可设置时间间隔进行自动刷新和保存。点位上的数字为当前选中因子的小时数据，点位颜色为当前因子AQI的等级颜色；可实现通过切换因子、数据类型显示不同的数据；可选择点聚集或者点分散，点聚集可对一个范围内数据进行叠加显示。如图4-4、图4-5所示。

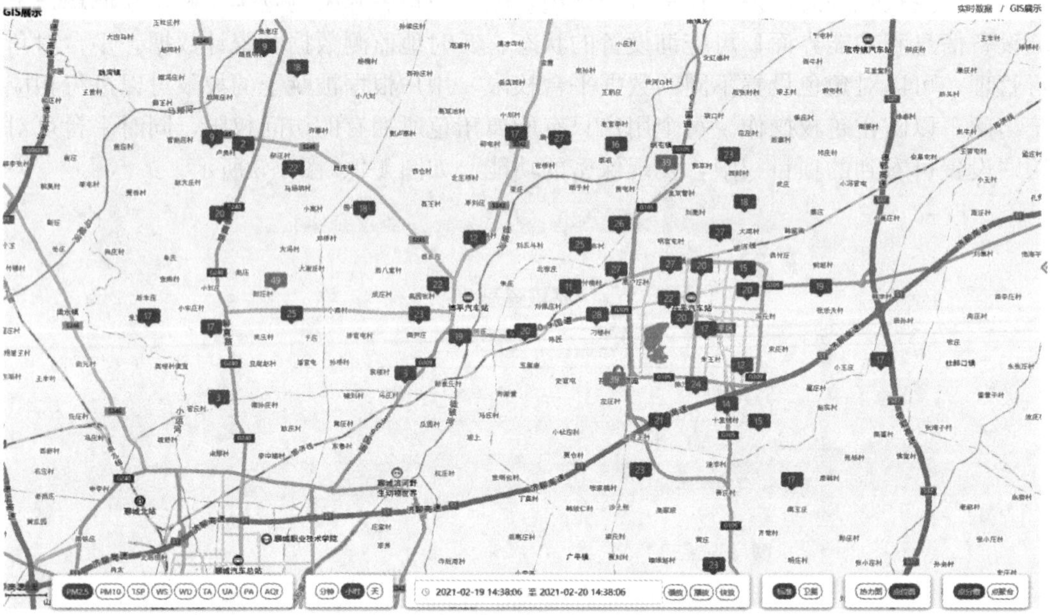

图4-4 监测平台监测点位GIS管理显示

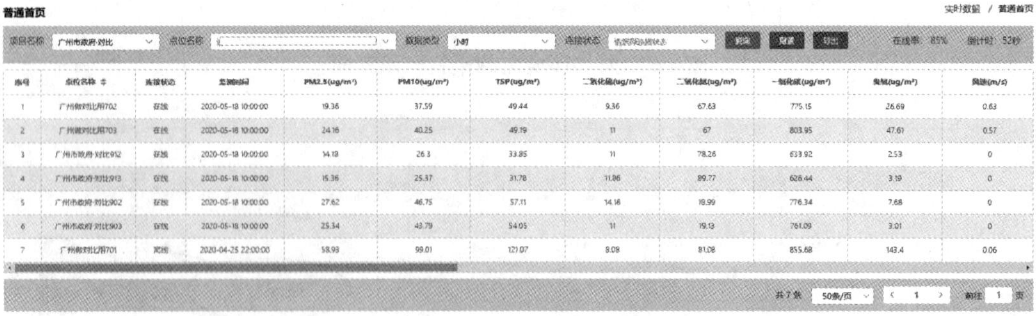

普通首页　　实时数据 / 普通首页

项目名称 广州市政府-对比　点位名称　数据类型 小时　连接状态　在线率：85%　倒计时：52秒

序号	点位名称	连接状态	监测时间	PM2.5(ug/m³)	PM10(ug/m³)	TSP(ug/m³)	二氧化硫(ug/m³)	二氧化氮(ug/m³)	一氧化碳(ug/m³)	臭氧(ug/m³)	风速(m/s)
1	广州微对比用702	在线	2020-05-18 10:00:00	19.36	37.59	49.44	9.36	67.63	775.15	26.69	0.63
2	广州微对比用703	在线	2020-05-18 10:00:00	24.16	40.25	49.19	11	67	803.95	47.61	0.57
3	广州市政府-对比912	在线	2020-05-18 10:00:00	14.18	26.3	33.85	11	78.26	633.92	2.53	0
4	广州市政府-对比913	在线	2020-05-18 10:00:00	15.36	25.37	31.78	11.86	89.77	626.44	3.19	0
5	广州市政府-对比902	在线	2020-05-18 10:00:00	27.62	46.75	57.11	14.18	18.99	776.34	7.68	0
6	广州市政府-对比903	在线	2020-05-18 10:00:00	25.34	43.79	54.05	11	19.13	761.09	3.01	0
7	广州微对比用701	离线	2020-04-25 22:00:00	58.93	99.01	121.07	8.09	81.08	855.68	143.4	0.06

共7条　50条/页　1　前往 1 页

图4-5 监测平台实时数据界面显示

4.2.1.3 数据分析

平台开发了数据分析模块，并支持针对不同监测点位在用户指定时间内的不同污染物的趋势分析，支持分钟数据、小时数据、天数据的趋势分析、历史数据查询和导出，支持风速、风向、温度、湿度、气压、雨水的趋势分析，实现单站点多污染物分析、多站点单污染物参数的对比分析等；实现对颗粒物、气象、二氧化氮（NO_2）、二氧化硫（SO_2）、一氧化碳（CO）、挥发性有机物（VOCs）等历史数据查询。

数据查询是对设备的历史数据进行查询，可通过点位名称、设备名称、分类、时间范围等条件进行查询；条件选择完成后点击查询会显示符合条件的数据。由于数据量较大，采取分页方式进行展示，可根据分页器并根据需要选择每页显示数量。也可将符合条件的数据导入表格。

单因子分析页面可以对单个因子多个设备进行数据查询，查询出来的数据以折线图展示，可明显看出不同设备数据之间的差异。

单设备分析页面可以对单个设备多个因子进行数据查询，查询出来的数据以折线图展示，可同时看到一个设备多个因子的变化趋势。如图 4-6、图 4-7 所示。

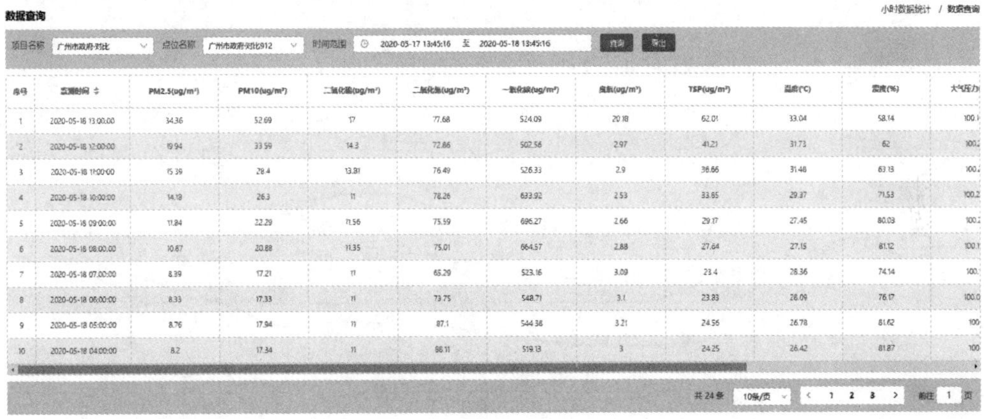
数据查询　　小时数据统计 / 数据查询

项目名称 广州市政府-对比　点位名称 广州市政府-对比912　时间范围 2020-05-17 13:45:16 至 2020-05-18 13:45:16　查询　导出

序号	监测时间	PM2.5(ug/m³)	PM10(ug/m³)	二氧化硫(ug/m³)	二氧化氮(ug/m³)	一氧化碳(ug/m³)	臭氧(ug/m³)	TSP(ug/m³)	温度(°C)	湿度(%)	大气压力
1	2020-05-18 13:00:00	34.36	52.69	17	77.68	524.09	20.18	62.01	33.04	58.14	100.1
2	2020-05-18 12:00:00	19.94	33.59	14.3	72.86	502.56	2.97	41.21	31.73	62	100.2
3	2020-05-18 11:00:00	15.39	28.4	13.81	76.49	526.33	2.9	36.66	31.48	63.13	100.2
4	2020-05-18 10:00:00	14.18	26.3	11	78.26	633.92	2.53	33.65	29.37	71.53	100.2
5	2020-05-18 09:00:00	11.84	22.29	11.56	75.59	696.27	2.66	29.17	27.45	80.03	100.2
6	2020-05-18 08:00:00	10.87	20.88	11.35	75.01	664.57	2.88	27.64	27.15	81.12	100.1
7	2020-05-18 07:00:00	8.39	17.21	11	65.29	523.16	3.09	23.4	28.36	74.14	100.1
8	2020-05-18 06:00:00	8.33	17.33	11	73.75	548.71	3.1	23.83	28.09	76.17	100.0
9	2020-05-18 05:00:00	8.76	17.94	11	87.1	544.38	3.21	24.56	26.78	81.62	100
10	2020-05-18 04:00:00	8.2	17.34	11	88.11	519.13	3	24.25	26.42	81.87	100

共 24 条　10条/页　< 1 2 3 >　前往 1 页

图 4-6　监测平台数据查询界面显示

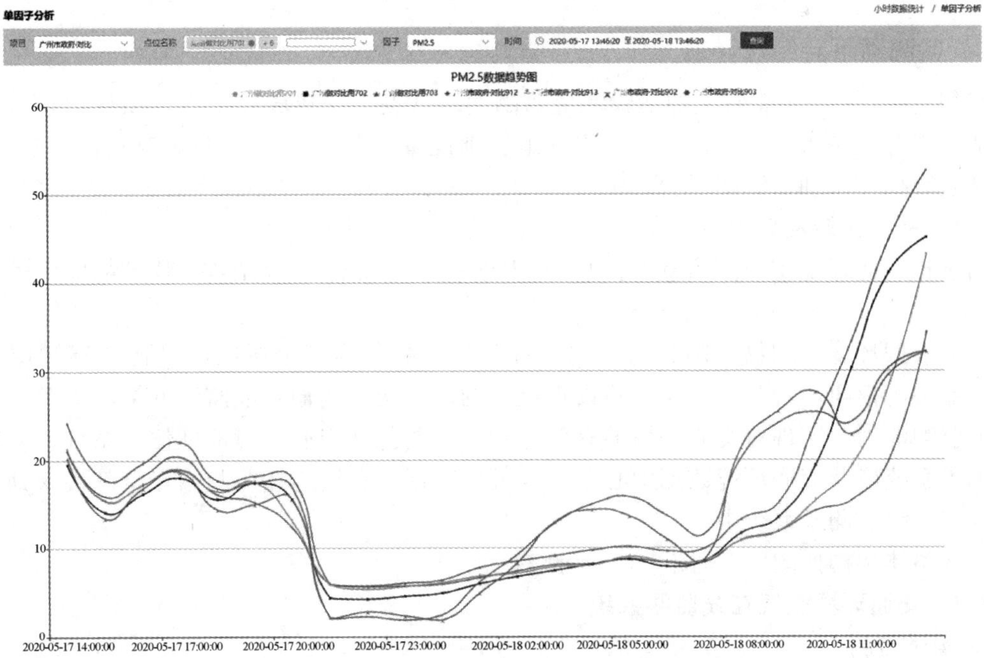

图 4-7　平台数据不同监测点位单因子监测数据趋势比较分析

4.2.1.4 其他功能

另外，系统平台开发了相应的数据预警、视频查看等功能，这里不再详细介绍。如图4-8所示。

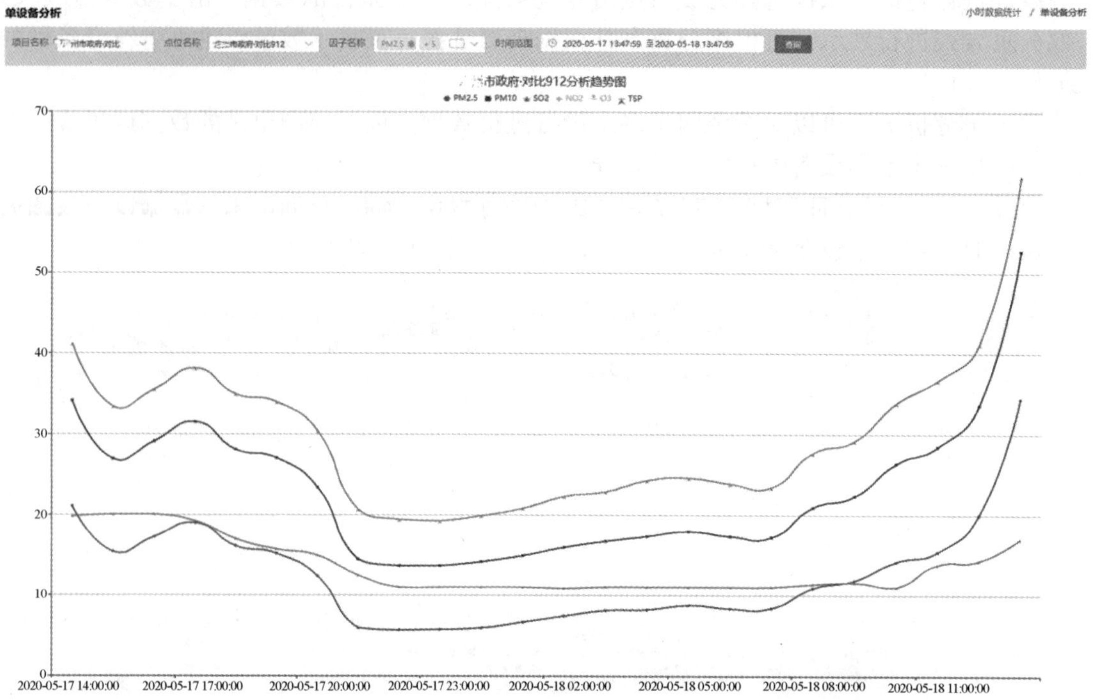

图 4-8 平台数据单设备终端不同监测因子数据趋势比较分析

4.2.2 监测网平台综合管理

2016年12月，山东省交通运输环境监测网络试点工程建成并运行，项目组在联合设备租赁公司开发平台的基础上，为了更好地管理设备和数据，将项目研究设置的在线连续监测站点数据接入到监测网平台之中。

4.2.2.1 平台功能及架构

山东省交通环境监测网信息平台基于J2EE技术框架、SOA架构、B/S的应用模式来建设。

平台根据环境监测物联网分层架构设计建设，共分为三个层次，以智能感知层为基础，传输层为枢纽，智能应用层为建设重点，构建省交通运输环境监测网络，提升交通运输环境监测能力，实现对交通环境的有效感知。主要包括交通环境地理信息系统、交通环境监测子系统以及交通环境数据中心系统等模块。项目在线连续监测站点全部接入到交通环境空气在线监测子系统中。

系统整体架构如图4-9、图4-10所示。

4.2.2.2 交通环境空气在线监测系统

1. 实时监测

实时监测分为对全站的运行状况的监控和对单站点实时数据和运行状况的监控，并通

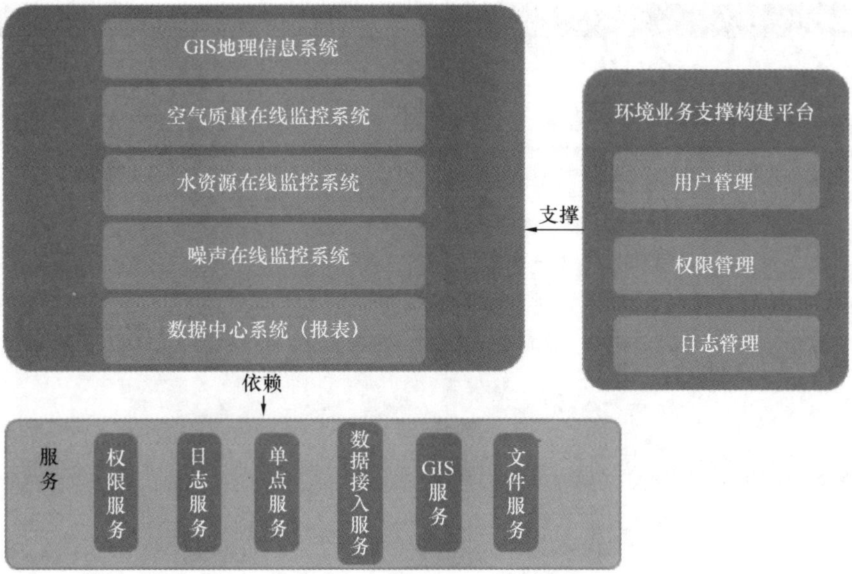

图 4-9　监测网平台架构模式

图 4-10　监测网平台登录后界面

过实时数据列表、图表等进行直观动态展示，如图 4-11 所示。

2. 数据管理

实现单站点多因子历史数据查询、单因子多站点历史数据查询功能。可查询的数据类型为空气质量监测数据、设备运行参数数据及设备校准记录数据，如图 4-12 所示。

3. 报警管理

实现单站点多因子历史数据查询、单因子多站点历史数据查询功能。可查询的数据类型为空气质量监测数据、设备运行参数数据及设备校准记录数据。

4. 报表中心

可生成空气自动监测单站点多因子报表、单因子多站点报表、多站点多因子报表。报

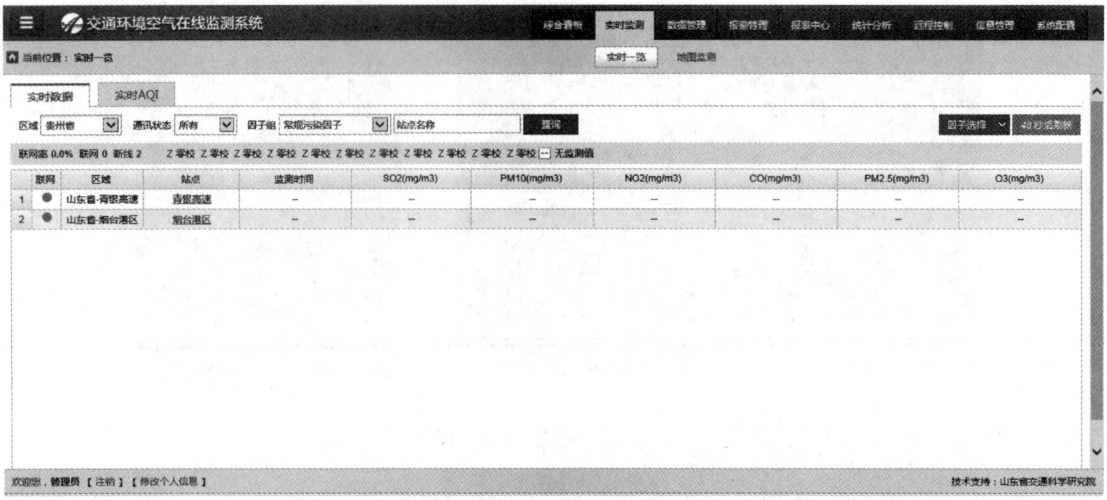

图 4-11　监测网平台实时监测界面

图 4-12　监测网平台数据管理界面

表类型包括日报、月报、季报、年报。报表可按时间自动生成，可通过权限控制报表的查看和下载。报表显示结果中的监测站点及监测因子可配置。

如图 4-13、图 4-14 所示。

5. 统计分析

统计分析功能实现空气质量状况统计、空气质量变化趋势分析、数据有效率统计、空气质量状况对比（同比、环比）、空气质量与车流量的关联分析等功能。要求有针对性的原型界面设计。

6. 远程控制

具有设备和系统控制、系统参数设置、参数信息读取、校准日志查询、反控日志查询等功能。

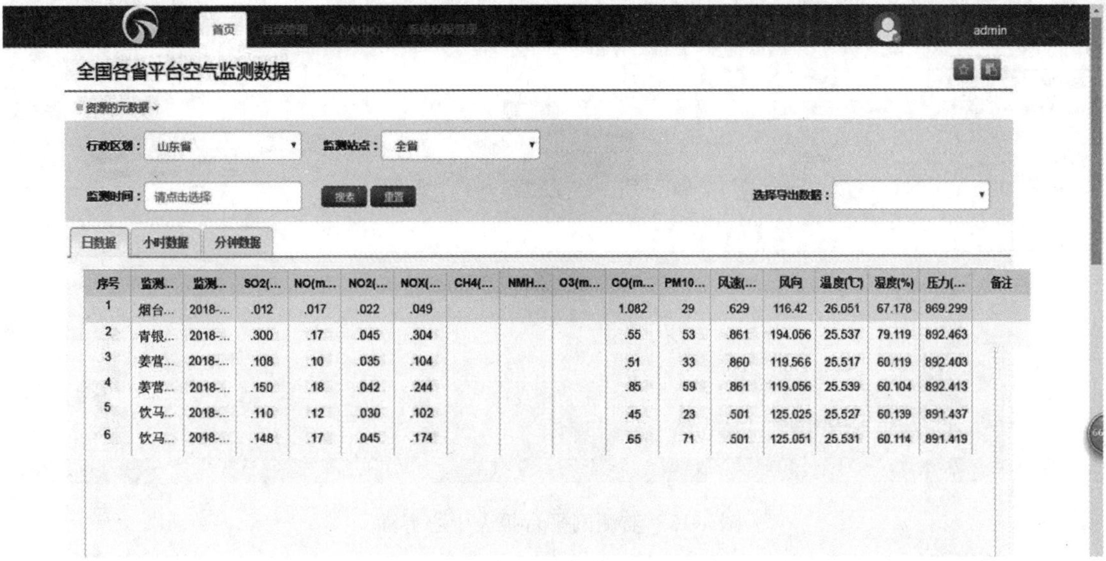

图 4-13　监测网平台数据查询子界面

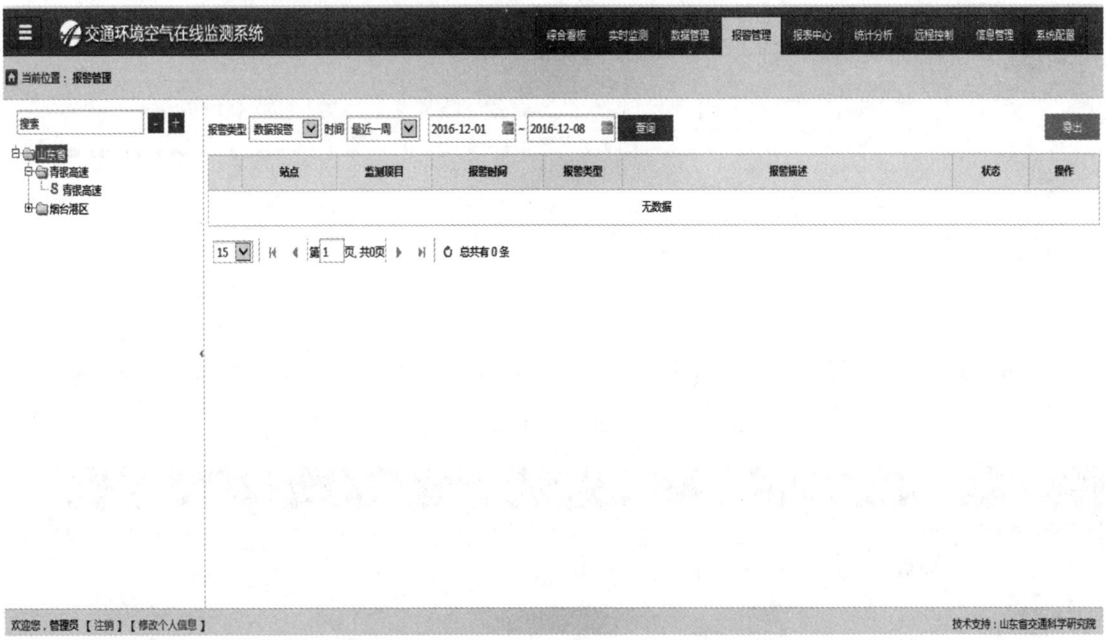

图 4-14　监测网平台报警管理界面

如图 4-15、图 4-16、图 4-17 所示。

4.2.2.3　其他功能

监测网平台系统数据可实现与交通运输部中心站监测平台联网，查阅全国监测终端数据等功能，同时也具备管理权限等划分功能等。

图 4-15　监测网平台报表中心界面

图 4-16　监测网平台数据统计子界面

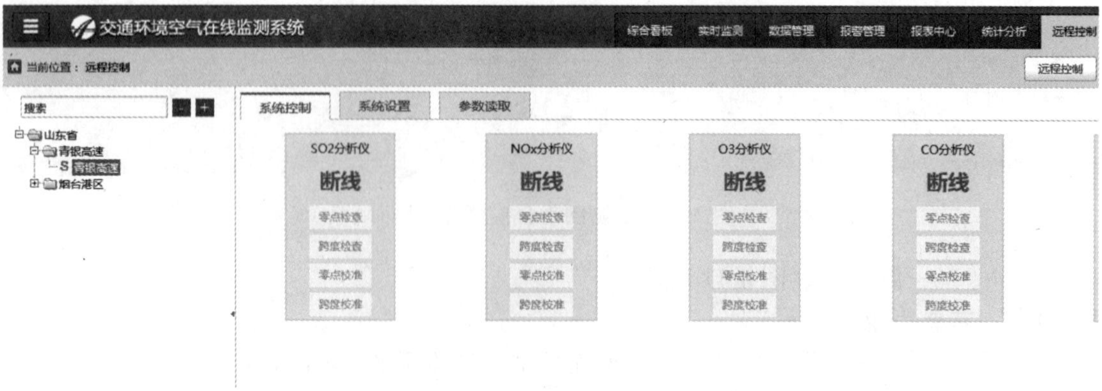

图 4-17　监测网平台数据远程控制界面

4.2.3 手机 App 监测平台开发

项目在研究过程中，通过单一的监测系统平台和利用省环境监测中心平台可以对在线监测终端和数据进行高效的管理和实时查看。但考虑到沥青混合料拌和主要结合路面施工需求采取间歇式拌和，且施工时间不固定，后续研究过程中为项目管理者提供更加高效和便捷的空气排放污染物实时监控管理，项目组联合在线设备租赁公司进一步开发了手机 App 信息平台。

在手机 App 上主要实现了用户登录、实时数据查看、地图查阅、历史数据调阅、App 分享和授权等。用户登录后可查看自己权限内相关信息。

1. 用户登录

在登录界面中，输入用户名和密码即可登录。如果提示没有权限，请管理员配置即可，如图 4-18 所示。

2. 实时数据查看

实时数据显示各点位最新一条数据，包括时间、连接状态和各因子数据等，数据每分钟自动刷新。可选择显示最新分钟、小时和天数据；有多个项目的用户，可选择项目进行显示；可通过设备名称或编码进行搜索。如图 4-19 所示。

3. 地图查阅

打开地图后，地图中心直接显示设备位置。地图可直观展示设备在地图上的位置及选中因子数据，点击点位后显

图 4-18　登录界面

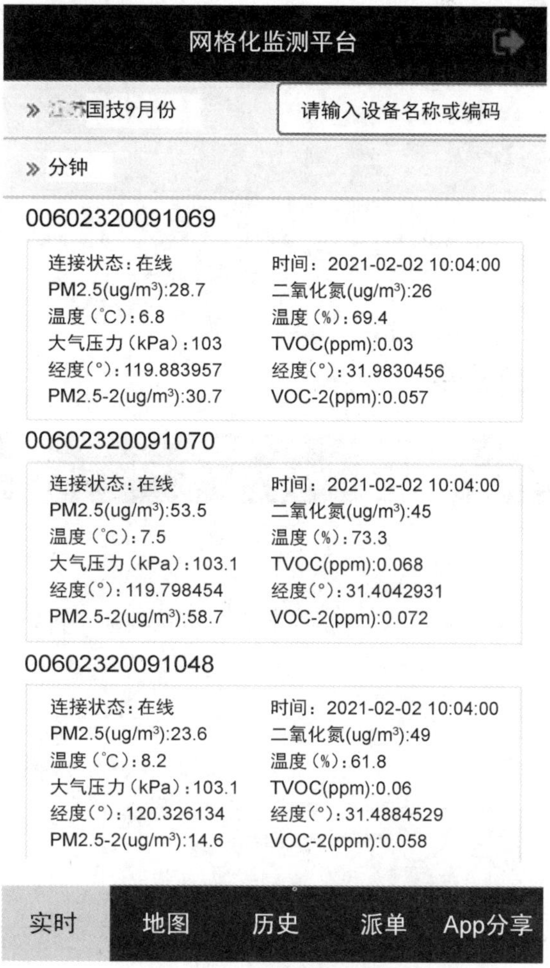

图 4-19　实时数据查看

示最新一条数据详细信息，采取不同颜色图标渲染。可对数据类型进行切换；可对设备因子进行切换；数据每分钟自动刷新。如图 4-20 所示。

4. 历史数据调阅

在历史模块中，可选择点位、数据类型和时间范围进行表格数据显示。可翻页查看；有些点位监测因子数量较多，横向滑动可看到所有的数据信息。如图 4-21 所示。

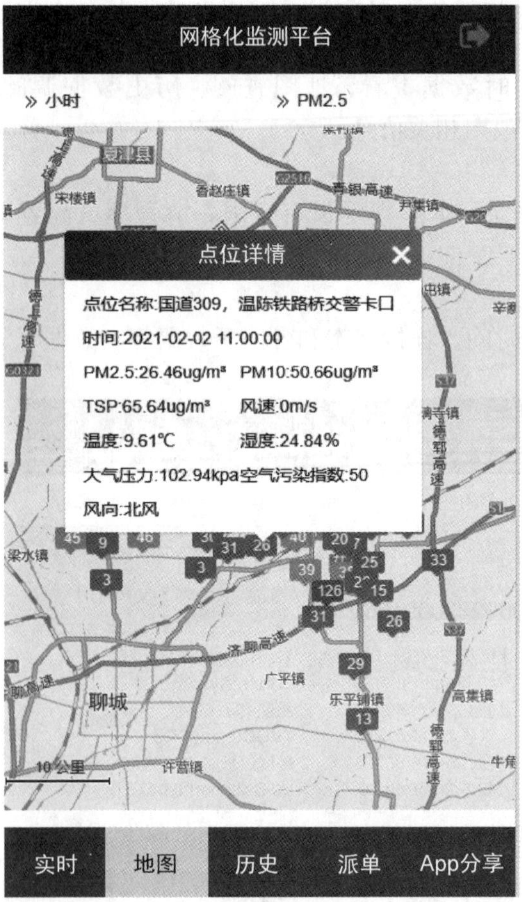

图 4-20　地图查看

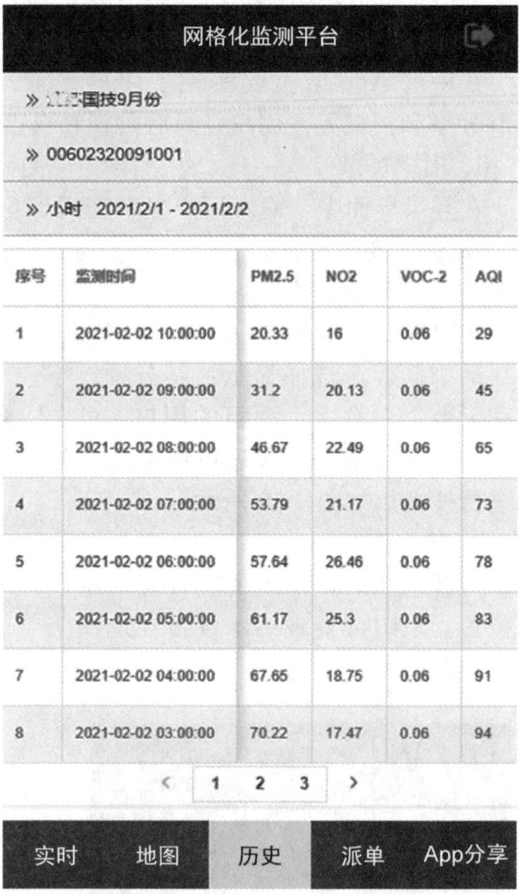

图 4-21　历史数据调阅

在调阅总体数据的基础上，可选择因子进行折线图和柱状图数据的查看。如图 4-22 所示。

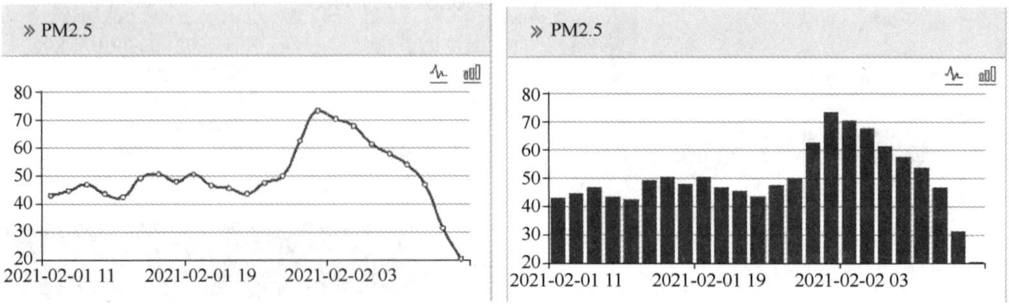

图 4-22　历史数据调阅分析

5. App 分享和授权

可以对此 App 进行连接分享，点击复制或安卓扫一扫即可。获得授权后即可进行 App 下载和安装，支持安卓和苹果（iOS）。如图 4-23 所示。

图 4-23　App 下载安装

4.3　沥青路面施工期典型工艺各环节排放清单

4.3.1　各环节碳排放清单

碳排放是关于温室气体排放的一个总称或简称，温室气体中最主要的气体是二氧化碳，本课题研究的沥青路面施工期所涉及的碳排放最终将归结为二氧化碳的排放，其他如沥青烟等污染物不在碳排放研究范围之内。为了便于量化研究，本课题仅对沥青混合料生产、施工过程中使用的燃煤、重油、天然气、机械燃油产生的碳排放进行研究，其他方式如用电折算的燃煤碳排放不在此研究之列，所采用的燃煤、燃油、燃气等指标及燃烧效率根据实际调查与理论分析得出，单位量能源的碳排放定额参照国家相关部门统计发布的数据。

目前，我国常用的沥青混合料拌和施工仍然以热拌沥青为主，传统沥青混合料间歇式拌和设备的厂拌工艺主要包括沥青混合料的生产（集料供给系统/料堆取料、集料冷料配料系统、沥青供给系统、集料的干燥和加热、过筛和热集料贮藏、沥青和集料的拌和、拌和室的循环运转、在卡车或者筒仓内的混合物装载）、排放装置、沥青混合料的运输、沥青混合料的摊铺、沥青混合料的碾压等。根据施工工序特点，主要从沥青混合料的生产、沥青混合料的运输、沥青混合料的摊铺、沥青混合料的压实四个施工工序不同阶段产生的碳排放进行分步研究。

4.3.1.1 沥青混合料的生产

1. 沥青供给系统

沥青被运送至拌和站时，储存于沥青贮藏罐备用。贮藏罐必须加热以保持沥青适当的温度，使其黏度足够低，才能被喷射出去和已加热的干燥集料拌和。导热油通过一系列贮藏罐内的导热管流通，油中热量通过管道转移到沥青上。导热油系统通过一套热电偶和电磁阀或通过燃料加热导热油来维持沥青的恰当温度，一般在 150～170℃，这取决于所使用沥青的等级和类型。

2. 集料供给系统/料堆取料

在料堆取料过程中，正确地操纵装载机给运料车和冷料仓上料有助于避免发生集料离析和级配变化等问题。在料堆取料过程中，装载机和运输车等机械产生大量的燃油消耗，产生碳排放。机械的燃油消耗量主要与机械的型号、吨位及数量组成，机械的使用状况，单位时间的工作量以及单位时间机械的燃油消耗量有关。

3. 集料的干燥和加热

间歇式拌和设备干燥滚筒是按照逆流式原理设计的，集料从干燥滚筒上部装入同时依靠旋转作用通过干燥滚筒。干燥滚筒是一个旋转的滚筒，其作用是去除集料的湿气以及把集料加热到所期望的卸载温度。集料在离开干燥滚筒后的含水量应该小于 0.5%，最好小于 0.2%。集料需要保持较高的拌和温度，长期的高温加热，必定需要大量的能源消耗以及产生大量的碳排放。

综上所述，贮藏罐中的沥青应该保持一个恒定温度，根据其等级和黏性一般贮藏在 145～170℃。长期的高温贮藏，必定需要大量的能源消耗以及产生大量的碳排放。集料的加热需要大量的能源消耗以及产生大量的碳排放，同时也与拌和设备的使用年数/机械状况，沥青的加热方式及加热温度，消耗能源的热值、燃烧能的有效利用率等有关。另外，沥青混合料的油石比，集料级配中矿粉的含量，集料混合料的含水量，集料的加热温度，干燥滚筒的性能参数，能源的热值、燃烧能的有效利用率等均对沥青混合料生产过程中的碳排放有影响。

因此，沥青混合料生产过程中的碳排放主要来源于沥青加热、集料供给、集料加热三个环节。

4.3.1.2 沥青混合料的运输

沥青混合料的运输是指将沥青混合料从沥青拌和场运至摊铺机摊铺现场。在运输过程中，必须保证畅通不延误，且尽可能保证混合料的性能不发生改变和不发生离析。无论是直接从拌和场装料还是从拌和楼的贮料仓中装料，重点是防止混合料离析。混合料从拌和现场到施工现场的运输过程中，运输车辆需要大量的燃油消耗，从而产生大量的碳排放。

在调查核算运输车辆的燃油消耗时，需要考虑混合料运输过程中，沥青混合料运输车的机械状况/使用年数、耗油量，沥青混合料运输车的平均运距，施工现场的运输路况（纵坡坡度、路面平整度等）。

4.3.1.3 沥青混合料的摊铺

摊铺机的主要作用是按要求的宽度、纵坡、横坡和厚度摊铺热拌沥青混合料并形成均匀的面层结构。根据《公路沥青路面施工技术规范》（JTG F40—2004）的规定，在热拌沥青混合料面层施工中，摊铺机必须缓慢、均匀、连续不间断地摊铺，不得随意变换速度或中途停顿，以提高平整度，减少混合料的离析，摊铺速度宜控制在 2～6m/min 的范围内，对改性沥青混合料及 SMA 混合料宜放慢至 1～3m/min。当发现混合料出现明显的离析、波浪、裂缝、拖痕时，应分析原因，予以消除。摊铺机在正常运行过程中，产生大量的燃油消耗和碳排放。

4.3.1.4 沥青混合料的碾压

压实是影响 HMA 路面性能的最重要因素。混合料充分压实能延长路面的疲劳寿命，减少路面永久变形（车辙），降低氧化作用和老化，减少水损害，增加强度和稳定性，同时还能减少低温开裂。如果混合料的所有设计指标都满足要求，但压实度达不到要求，在交通荷载作用下路面性能仍然很差。事实上，材料性能稍差但压实充分的混合料，通常比材料性能良好但没有充分压实的混合料的使用性能要好。为达到良好的压实效果，使用大吨位的双钢轮振动压路机和大吨位的胶轮压路机。一般情况下，单幅摊铺（不超过 6m）需要配置 1 台初压双钢轮振动压路机（11～13t）、1 台复压胶轮压路机（25～35t）、1 台终压双钢轮振动压路机（10～15t）。如果采取双机梯队或者一次性摊铺宽度超过 6m 摊铺作业，至少需要配置 2 台初压双钢轮振动压路机（11～18t）、2 台复压胶轮压路机（25～35t）、1 台终压双钢轮振动压路机（10～15t）。在不产生严重推移和裂缝的前提下，初压、复压、终压都应紧跟摊铺机，并在尽可能高的温度下进行。同时不得在过低温度状况下反复碾压，以免使石料棱角磨损、压碎，破坏集料嵌挤。根据混合料的级配类型、天气情况，选择合理的碾压工艺。

黄平路采用的碾压工艺为：①初压 2 遍，选择 11t 双钢轮振动压路机稳压，压实速度为 2～3km/h。第 1 遍进碾压时发生推移，采用了静压，其他采用振压。②复压 2～4 遍，采用 25t 胶轮压路机，压实速度为 2～4km/h。③终压 2 遍，选择 13t 双钢轮振动压路机，采用振、静结合方式，收光采用静压，压实速度为 3～5km/h。为保证压实过程中不出现粘轮现象，振动压路机水箱中加入了少量的表面活性剂，并尽可能减少洒水量，确保了终压温度始终控制在 70℃以上。

在混合料的碾压过程中，主要考虑压路机械燃油产生的碳排放与压路机的型号、功率、使用年限以及压路工艺相关。

4.3.1.5 各环节碳排放清单

热拌沥青混合料在生产、运输、施工阶段使用的机械设备的能源主要为柴油、重油、原煤、电力、天然气，能源使用会产生碳排放。同时，高温环境下，沥青混合料高温挥发会产生温室气体。热拌沥青混合料的碳源可分为能耗碳排放和混合料高温挥发碳排放，如图 4-24 所示。

由图 4-24 可知，热拌沥青混合料碳源可分为能耗碳排放和混合料高温挥发碳排放，

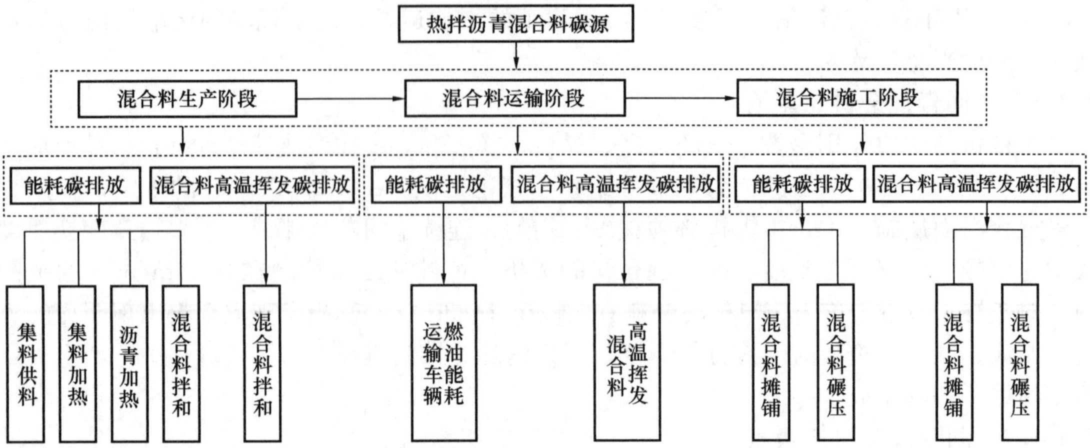

图 4-24 热拌沥青混合料施工各环节排放碳源图

考虑到在混合料运输过程和摊铺碾压阶段不再对混合料进行加热，图中仅对混合料高温挥发碳排放进行例图说明，后续的碳源总量计算将不再进行累计。

4.3.2 各环节沥青烟污染物排放清单

沥青路面施工各环节沥青烟等排放污染物的产生过程与碳排放有近似的地方，也不尽相同。沥青混合料在运输过程中为保持混合料温度，基本上属于密闭运输，在此阶段沥青烟气体污染物极少量会扩散至空气中，将不在此阶段进行重点研究。因此按照工艺和施工工序划分，分为沥青混合料的生产、沥青混合料的摊铺、沥青混合料的碾压三个施工工序进行分类研究。

4.3.2.1 沥青混合料的生产

混合料生产过程中产生的污染物主要是伴随着沥青的加热、拌和过程产生的，主要以沥青烟的形式表现出来。具体的大气污染类型可以分为燃料燃烧产物，包括 NO_x、SO_2 和水蒸气等完全燃烧产物，CO、VOCs、苯类有机物、粉尘颗粒等不完全燃烧产物。非燃烧产物是混合料在上料、加热过程中产生的微小粒状物质及有机化合物，包括 VOCs、多环基芳香烃 PAH 等，同时由于沥青原料的来源不同，也会产生一些类似苯并［a］芘等有毒有害气体。堆料、上料和装载机转运是颗粒物排放的主要来源，风速、含水量、温度都对 SO_2 的排量产生影响。以传统的间歇式拌和设备为研究对象，其各生产环节及产生的污染物如图 4-25 所示。

4.3.2.2 沥青混合料的摊铺

正常状况摊铺时，热拌混合料现场温度均超过 120℃，运输车辆内的沥青混合料温度更高一些，主要以沥青烟的形式表现出来，因沥青基质、组分、温度不同而略有差别。摊铺阶段沥青烟成分以颗粒物、VOCs、多环基芳香烃 PAH 以及苯并［a］芘等有毒有害气体为主。热拌沥青摊铺现场沥青烟如图 4-26 所示。

4.3.2.3 沥青混合料的碾压

沥青混合料的碾压过程中沥青烟污染物基本上是摊铺过程中的混合料在持续相对高温

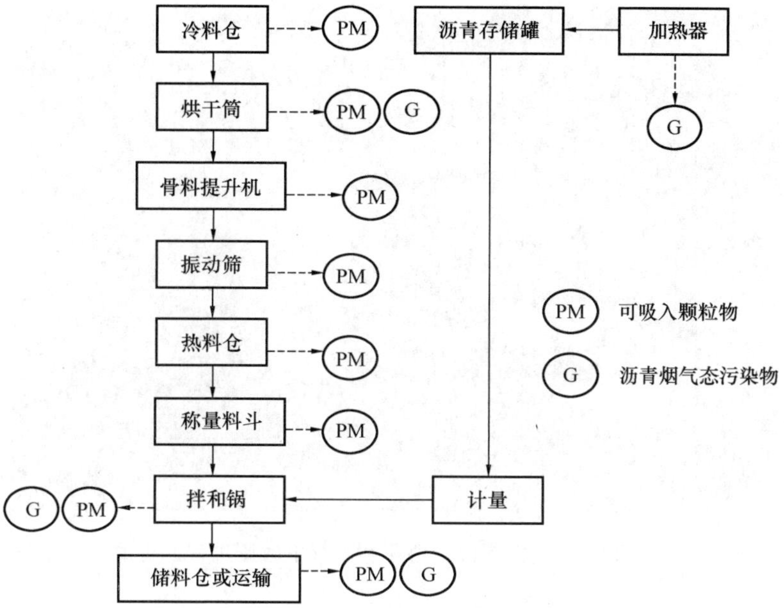

图 4-25 间歇式拌和过程各环节污染物排放图

图 4-26 热拌沥青混合料摊铺现场沥青烟

状态下的自然挥发，成分仍以颗粒物、VOCs、多环基芳香烃 PAH 以及苯并［a］芘等有毒有害气体为主。随着碾压设备不停的运转，有害气体弥漫在空气中，富集度较高，环境污染严重，尤其是通风状况不良的条件下，对施工人员身体的危害较为严重。热拌沥青摊铺碾压现场沥青烟如图 4-27 所示。

4.3.2.4 各环节沥青烟排放清单

综合以上分析，热拌沥青混合料在施工各环节沥青烟等污染物排放如图 4-28 所示。考虑到沥青混合料在运输过程中仅有微量污染物挥发，在各环节主要对混合料生产拌和、摊铺和压实环节进行沥青烟排放研究，其中重点对沥青混合料拌和阶段进行研究。

图 4-27　热拌沥青混合料不利天气下碾压过程沥青烟

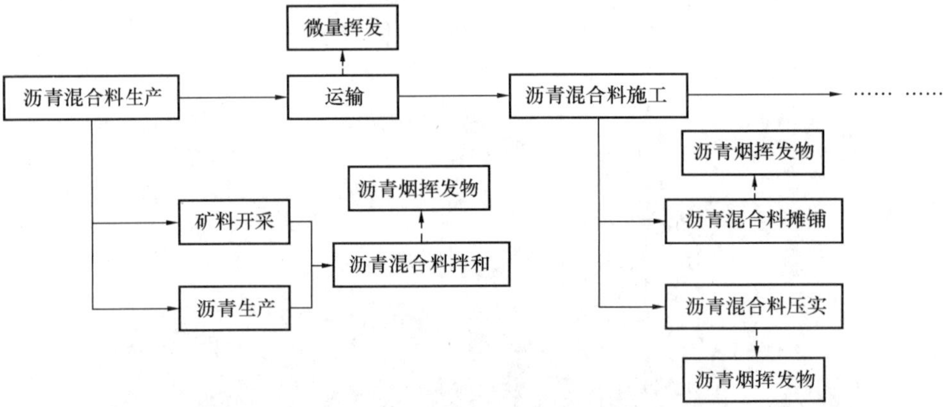

图 4-28　热拌沥青混合料施工各环节沥青烟排放图

4.4　沥青路面施工期典型工艺排放计算模型研究

4.4.1　各环节碳排放计算模型研究

4.4.1.1　研究方法

主要依据沥青混合料碳排放清单采取调查和查阅资料进行理论计算的方式建立碳排放计算模型。主要的研究对象是依托工程 01 标、02 标热拌沥青混合料施工工艺。

为了准确定量分析沥青路面建设过程中的碳排放，设计采取统一碳排放的计量指标 CMI（carbon emissions measuring index）。由调查工序的主要参数指标可知，量化评价碳排放量的指标有很多种，选取最准确、最适用的指标是完善碳排放计算模型研究的重点。本项目以沥青混合料碳源研究为依据，确定各施工工序的 CMI。

1. 沥青混合料的生产

分析调查数据可知，沥青生产过程中的碳排放量有多种量化评价指标。如生产 1t 沥青混合料所产生的碳排放量、1h 沥青混合料的生产过程所产生的碳排放量等。

2. 沥青混合料的运输

分析调查数据可知，混合料运输过程中的碳排放量有多种量化评价指标。如运输 1t 混合料 1km 产生的碳排放量、运输 1t 沥青混合料的碳排放量等。

3. 沥青混合料的摊铺

分析调查数据可知，混合料摊铺过程中的碳排放量有多种量化评价指标。如摊铺 1t 混合料产生的碳排放量、摊铺 $1m^2$ 沥青混合料的碳排放量等。

4. 沥青混合料的碾压

分析调查数据可知，混合料碾压过程中的碳排放量有多种量化评价指标。如碾压 1t 混合料产生的碳排放量、碾压 $1m^2$ 沥青混合料的碳排放量等。

为了便于计算，统一计量指标，最终确定以 1t 沥青混合料对应的 CO_2 排放量作为各施工工序的 CMI。以施工 1t 沥青混合料所产生的 CO_2 总量作为沥青混合料总的 CMI。

4.4.1.2 建模过程

1. 参照方法

建模参照方法以式（4-1）方法为主，采取对各环节分别进行研究计算后累计碳排放总量的方法。

$$C = \sum_{i=1}^{n} (c_i \times p_i) \tag{4-1}$$

式中 C——单位碳排放总量（kg）；

n——碳排放各环节数（个）；

c_i——各环节计算的碳排放量（kg）；

p_i——系数的修正值。

2. 单位量能源的碳排放量

单位量能源的碳排放量以查阅国家有关部门及有关单位统计的数据为准，详见表 4-2。

表 4-2 各类能源的单位碳排放量取值

序号	能源类型	单位排放量	数据资料来源
1	块煤	1781kg CO_2/L	《能源基础数据汇编》（国家计委能源所）
2	柴油	2.78kg CO_2/L	
3	重油	2.95kg CO_2/L	
4	天然气	1.33 kg CO_2/L	

3. 碳排放计算过程

以济青高速公路 01 标姜营拌和站（油改气前）为研究对象，以工程现场实际参量进行平均计算，计算过程如下：

（1）沥青混合料的生产。沥青加热柴油消耗量 P_0＝160L/h，装载机转运集料 P_1＝2×12＝24L/h，干燥滚筒加热集料 $m_{重油}$＝1400kg/h；沥青拌和设备生产能力 M_0＝200t/h。经计算，沥青混合料生产过程中，生产 1t 沥青混合料的二氧化碳排放量为：

$$C_1 = (P_0 \times 2.78 + P_1 \times 2.78 + m_{重油}/\rho_{重油} \times 2.95)/M_0 = 25.47\text{kg}$$

（2）沥青混合料的运输。沥青混合料的运输过程中柴油平均消耗量为 $P_2 = 0.012$L/(km·t)，平均运距 $L=15.20$km，则运输 1t 沥青混合料的二氧化碳排放量为：

$$C_2 = P_2 \times L \times 2.78 = 0.012 \times 15.20 \times 2.78 = 0.51\text{kg}$$

（3）沥青混合料的摊铺。沥青混合料的摊铺过程中柴油平均消耗量为 $P_3=27$L/h，摊铺机现场的工作量 $W=M_0=200$t/h，则摊铺 1t 沥青混合料的二氧化碳排放量为：

$$C_3 = P_3/W \times 2.78 = 27/200 \times 2.78 = 0.38\text{kg}$$

（4）沥青混合料的碾压。沥青混合料的碾压过程中柴油平均消耗量为 $P_4=15+22+15=52$L/h，压路机现场的工作量 $W-M_0-200$t/h，则压路机碾压 1t 沥青混合料的二氧化碳排放量为：

$$C_4 = P_4/W \times 2.78 = 52/200 \times 2.78 = 0.72\text{kg}$$

（5）总的碳排放量。根据以上计算结果，济青高速公路 01 标姜营拌和站（油改气前）沥青混合料施工过程中，沥青混合料从生产、运输、摊铺到碾压整个工序中，施工 1t 沥青混合料的二氧化碳排放总量：

$$C = C_1 + C_2 + C_3 + C_4 = 25.47 + 0.51 + 0.38 + 0.72 = 27.08\text{kg}$$

同样，对济青高速 02 标饮马拌和站碳排放计算可得施工 1t 沥青混合料的二氧化碳排放总量约为 25.18kg。

热拌沥青混合料各工序碳排放比例如图 4-29 所示。

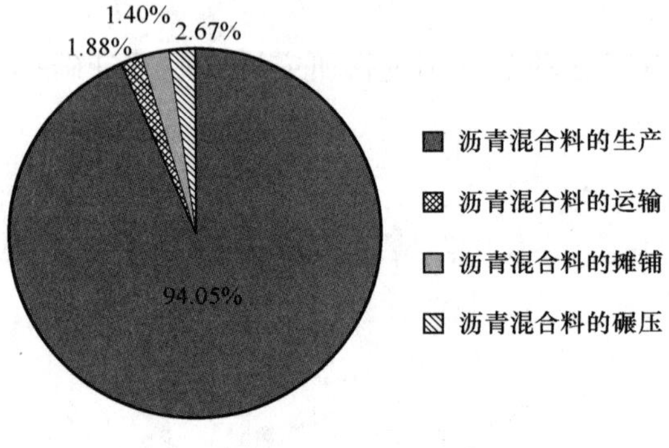

图 4-29　热拌沥青混合料各工序碳排放比例图

由图 4-29 可知，热拌沥青混合料碳排放主要集中在混合料的生产环节，可达整个施工环节碳排放总量的 94.05%。

4.4.1.3　估算模型公式

综上，通过对沥青混合料施工工艺现状的调查分析以及公路沥青混合料施工过程中碳排放量的详细调查研究，依据得到的各工序 CMI 以及各工序碳排放计算过程，最终确定施工 1t 热拌沥青混合料碳排放的计算模型公式，如式（4-2）所示：

$$\begin{aligned} C &= C_1 + C_2 + C_3 + C_4 \\ &= (P_0/V_0 \times X_1 + P_1 \times X_2 + P_2/V_0 \times X_3)/M_0 + P_3 \times L \\ &\quad \times X_2 + P_4/W \times X_2 + P_5/W \times X_2 \end{aligned} \tag{4-2}$$

式中　C——施工 1t 沥青混合料排放的二氧化碳总量（kg）；

C_i——施工 1t 沥青混合料对应的第 i 工序的二氧化碳排放量（kg），$i=1$，2，3…；

M_0——沥青拌和设备每小时生产的沥青混合料（t/h）；

P_0——沥青加热过程中每小时能源的消耗量（煤，t/h；柴油，L/h；重油，kg/h）；

P_1——集料供给过程中机械的单位小时油耗（L/h）；

P_2——集料加热过程中每小时能源的消耗量（煤，t/h；柴油，L/h；重油，kg/h）；

P_3——沥青混合料运输过程中机械运输 1t 沥青混合料 1km 的油耗[L/(t·km)]；

P_4——沥青混合料摊铺过程中摊铺机工作中 1h 的油耗（L/h）；

P_5——沥青混合料碾压过程中压路机工作中平均 1h 的油耗（L/h）；
L——沥青混合料运输车的平均运距（km）；
W——摊铺机和压路机实际中每小时的工作量（t/h），$W=M_0$；
X_1——沥青加热时单位能源的 CO_2 排放当量（kg/L）；
X_2——单位量柴油完全燃烧的 CO_2 排放当量（kg/L）；
X_3——集料加热时单位能源的 CO_2 排放当量（煤，kg/t；柴油，kg/L；重油，kg/L）；
V_0——能源密度的修正值。

4.4.2 沥青拌和生产过程沥青烟污染物排放计算模型研究

由沥青路面施工各环节沥青烟污染物排放清单，同时参照各环节碳排放研究可知，沥青烟污染物排放亦重点集中在沥青混合料拌和生产阶段，且沥青混合料拌和生产阶段污染物排放相对容易收集和研究，而摊铺和碾压过程中沥青烟扩散较快，因此本部分主要对沥青拌和生产过程中沥青烟污染物排放进行研究，并建立初步的计算模型。

沥青烟就是沥青加热和含沥青物质的燃烧产生的气溶胶和蒸汽。沥青烟组分极为复杂，随沥青来源不同而异，沥青烟中既有沥青挥发组分凝结成的固体和液体微粒，又有蒸汽状态的有机物。沥青是由不同分子量的烃类及其非金属衍生物组成的复杂混合物，沥青在生产、使用过程中产生的颗粒物和气态物质会对环境造成污染，尤其是在高温拌和或摊铺的过程中，沥青中的轻质组分和多环芳香烃在高温条件下受热迁移到空气中，产生大量的挥发性有机物（volatile organic compounds，VOCs）。

沥青 VOCs 的主要成分是饱和烃和少量的苯系物，以气体和气溶胶、颗粒物的形式在空气中凝结，污染周围的空气，危害施工人员的身体健康。有研究指出沥青中多环芳香烃类物质有不同程度的“三致”作用。Kriech 等指出在较高温度时产生的 4～6 环的多环芳香烃类物质有致癌作用，因此稠环多环芳香烃类物质的数量是评价沥青污染的一个关键指标。有进一步的研究认为致癌不仅仅是多环芳香族碳氢化合物的作用，含 O、N、S 的杂环烃类衍生物质也发挥着作用。沥青 VOCs 会刺激人体肺部组织，致使气管收缩，引起肺部功能下降，严重的话有致癌风险。也有研究指出石油沥青 VOCs 中所含的 3,4-苯并芘可引发皮肤癌。另外，VOCs 的挥发会使沥青本身的性能发生改变，劣化沥青路面的使用性能，使道路使用寿命缩短。

在查阅国内外的研究资料中发现，国内对沥青烟成分定量的研究成果几乎处于空白的状态，仅有少量定性的研究结论。史宝成等于 2001 年研制了沥青烟富集器，用涂有色谱固定液的玻璃纤维滤筒捕集沥青烟和多环芳香烃类，用烟尘测试仪进行等速采样，同时采集沥青烟尘和捕集气态烃类物质，对沥青烟样品进行了气相色谱-质谱联机分析，共检出了 196 种有机污染物，主要化学组分是多环芳香烃类。冯斐斐等在分析煤焦沥青加热烟气提取物的成分时，用粉尘采样器采集煤焦沥青加热 300℃和 400℃的挥发烟气，包括大颗粒和大小颗粒混合物，并应用气相色谱-质谱（GC/MS）联用技术对四组采样样品主要成分进行分析。结果表明四组成分主要包括多环芳香烃类（PAHS）、杂环类、单环芳烃类和脂环族类化合物，最终结论为 GC/MS 法分析的煤焦沥青加热烟气提取物的主要成分为多环芳香烃类物质。本课题将结合课题的其他研究内容对沥青烟的成分进行定性和定量化研究，主要侧重于 VOCs 的定量化研究。

4.4.2.1 沥青烟含量及组分研究方法

1. 试验装置

很多研究者基于实验室发生装置分析了沥青在不同实验室条件下 VOCs 的变化特点。Kriech 等将沥青倒入烧瓶中，使用电热套加热，借助搅拌器搅拌使之产生沥青烟气，干燥的空气载气将烟气带出，经过收集颗粒物质的玻璃纤维滤筒组，最后树脂收集到的即为 VOCs，进而可以对 VOCs 进行分析。Gasthauer 等开发了一种相对复杂但准确性较高的试验装置，研究结果表明温度是影响沥青 VOCs 释放量和组成的主要因素。李立平通过使用玻璃管道和增加采用了磁力搅拌加热改进了实验室发生装置，其研究表明沥青在 210℃加热条件下释放的 VOCs 的主要成分是饱和烃和苯系物。蔡恩德等开发了一种改性沥青烟气发生及捕集装置，该装置可以充分模拟改性沥青生产过程中的搅拌作用和受热作用，对改性沥青烟气样品温度进行实时监测，确保样品具有代表性。

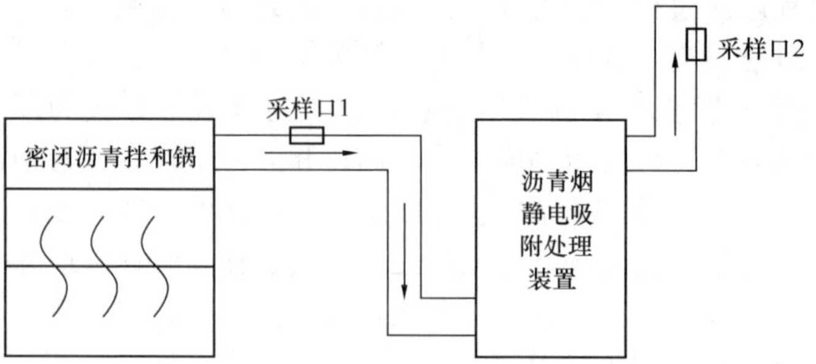

图 4-30 沥青烟实验室研究装置示意图

本项目研究将针对沥青拌和特点，选择实验室内小型拌和设备作为试验装置，将设备进行密闭处理，模拟沥青拌和站沥青拌和过程，对混合料拌和过程进行采样后定量分析。试验装置如图 4-30、图 4-31 所示。

2. 分析及采样设备

（1）分析设备。分析设备采用 Trace GCULTRA DSQⅡ型气相色谱-质谱仪；热脱附装置：配置 MARKES 全自动热脱附装置，带二级冷阱能对吸附采样管进行二级热脱附，并将脱附气用载气带入气相色谱，脱附温度、脱附时间及流速可调，冷阱能实现快速升温，冷阱采用电子制冷；气体采

图 4-31 沥青烟实验室研究装置实物图

样泵 ZR-3713；6mm×150mm Tenax 采样管，Tenax 管在使用前要经过老化；吸附管老化装置：配备 Superlab 吸附管老化仪 SC-10，最高温度可达到 400℃以上，总流量可调整范围为 0～1000mL/min，最大升温速率为 60℃/min。

（2）分析条件。

① 热脱附条件。吸附管初始温度：室温；聚焦冷阱初始温度：室温；干吹流量：40mL/min；干吹时间：2min；吸附管脱附温度：300℃；吸附采样管脱附时间：3min；脱附流量：40mL/min；聚焦冷阱温度：－10℃；聚焦冷阱脱附温度：300℃；冷阱脱附时间：5min；传输线温度：150℃。

② 气相色谱仪条件。进样口温度：200℃。进样方式：分流进样。分流比：30∶1。柱流量：1.5mL/min（恒流模式）。柱箱升温程序：从 40℃开始保持 1min；以 5℃/min 的升温速率升至 90℃，保持 3min；以 6℃/min 的升温速率升至 140℃，保持 0min，以 15℃/min 的升温速率升至 220℃，保持 3min；以 10℃/min 的升温速率升至 230℃，保持 3min。总程序时间：34.67min。

③ 质谱仪条件。扫描方式：全扫描 SCAN；扫描范围：35～300amu；电子轰击源 EI，离子源温度：230℃；传输线温度：260℃；离子化能量：70eV；溶剂延迟：3min；电子倍增电压：与调谐电压一致。

④ 吸附管老化条件。老化温度：300℃；老化时间：60min；流量：0.8L/min。

3. 试验研究方法

（1）选用的沥青材料类型。项目研究选择的沥青材料类型涵盖依托工程项目所有类别的沥青原材料。选择的沥青材料有：70＃基质沥青、SBS 改性沥青、高模量沥青、SMA 改性沥青、橡胶沥青；混合材料：完全模拟工程实际的沥青混合料配比。

（2）试验方法选择。根据 VOCs 以及查阅国内外研究资料，温度的高低对 VOCs 成分的含量以及成分的类别有较大的影响。因此选择在 130℃、150℃、170℃和 190℃四个加热温度条件下进行沥青拌和，并对其沥青烟进行采样后定量分析。本次试验选择对 VOCs 中 64 类物质进行重点测试分析，其中包括氯苯类、单环芳香烃、多环芳香烃、含氟化合物、熏蒸剂（烷烃）、卤代烃、芳香族卤素、萘等。

4.4.2.2 沥青烟含量测试分析

在对不同材料沥青烟的测试中可知，沥青烟成分以及含量受沥青加热温度的影响最大，因此将针对沥青烟含量随温度的变化进行定量研究。

1. 沥青烟含量定性测试

试验同时使用红外测试设备对沥青烟红外光谱进行定性测试，结果也显示，温度较高时沥青烟的含量相对较大，而温度较低时，沥青烟的含量相对较少一些。沥青烟含量定性测试如图 4-32 所示。

由于温度不同，不同沥青材料中挥发出的 VOCs 种类、数量不同，但其总体上保持一个趋势，即随着温度的增高，VOCs 挥发出的种类、数量呈增多的趋势。同一种沥青材料在加热时，随着温度的上升，不仅会出现新的污染物种类，同时污染物的含量也会呈现相应的增加趋势。降低沥青混合料的温度，将会减少沥青烟中污染物的种类，达到减少排放的作用。

170℃下拌和锅沥青烟红外成像

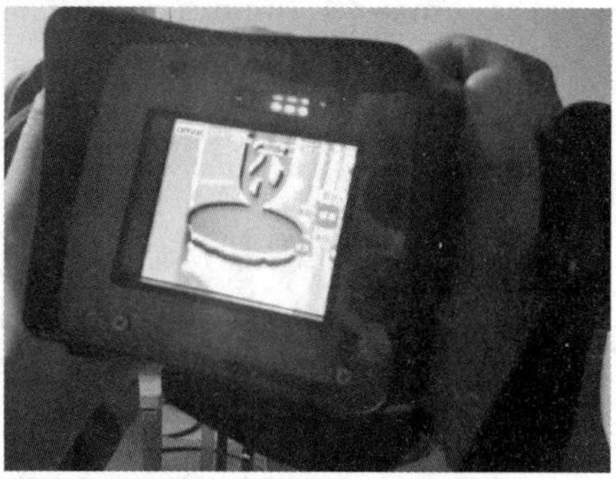
130℃下拌和锅沥青烟红外成像

图 4-32　不同温度下沥青烟红外成像图

2. 沥青烟含量定量测试

利用图 4-30 沥青烟研究装置，在图中采样口 1 进行沥青烟总量采样分析。采样参照国标《固定污染源排气中沥青烟的测定　重量法》（HJ/T 45—1999）进行。不同材料沥青模拟拌和沥青烟含量平均测试结果如表 4-3、图 4-33 所示。

表 4-3　不同材料沥青模拟拌和沥青烟含量测试结果

沥青种类/温度	沥青烟含量	采样体积	大气压	温度	标况体积	浓度（mg/m^3）
70＃沥青/130℃	0.0032	300	101.7	67	241.8	0.124
70＃沥青/150℃	0.0707	300	101.2	68	239.9	0.246
70＃沥青/170℃	0.0245	300	101.7	98	221.6	0.312
70＃沥青/190℃	0.0277	300	101.9	96	223.2	0.325
高模量/130℃	0.0036	300	101.63	64	243.8	0.085
高模量/150℃	0.0104	300	101.61	76	235.3	0.189
高模量/170℃	0.0311	300	101.54	100	220.0	0.268
高模量/190℃	0.0298	300	101.7	100	234.0	0.338
SMA/130℃	0.0029	300	101.7	61	246.1	0.156
SMA/150℃	0.0097	300	101.7	88	227.7	0.249
SMA/170℃	0.0191	300	101.7	92	225.2	0.326
SMA/190℃	0.0236	300	101.7	96	228.9	0.348
SBS/130℃	0.0052	300	101.85	70	240.0	0.210
SBS/150℃	0.0105	300	101.78	72	238.5	0.348
SBS/170℃	0.0195	300	101.91	98	222.0	0.421
SBS/190℃	0.0286	300	101.7	97	226.8	0.442
橡胶沥青 130℃	0.0032	300	101.7	67	238.5	0.189
橡胶沥青 150℃	0.0707	300	101.7	68	222.0	0.369
橡胶沥青 170℃	0.0234	300	101.7	92	240.0	0.459
橡胶沥青 190℃	0.0212	300	101.7	98	242.3	0.486

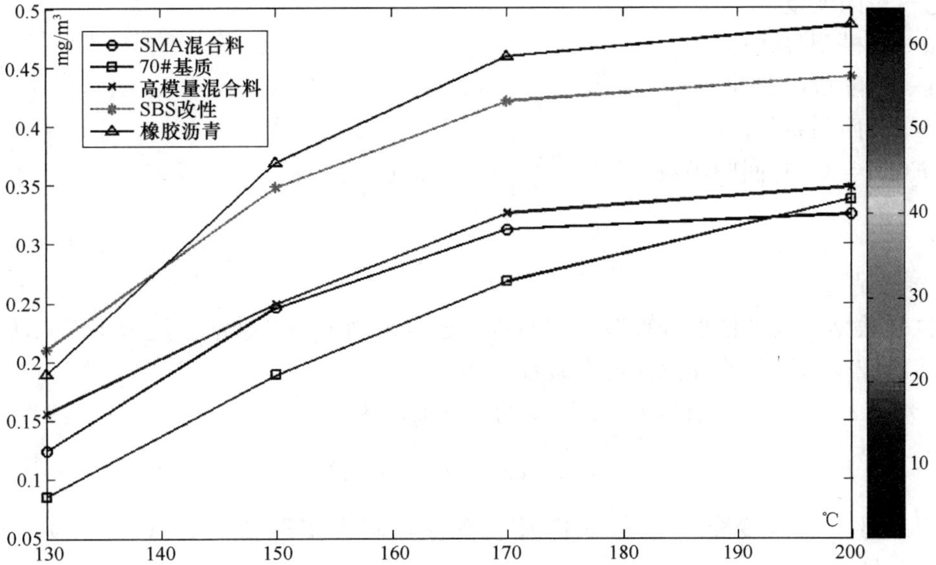

图 4-33　不同类型沥青混合料沥青烟浓度图

从图 4-33 可以看出，在对选择的 5 种沥青混合料进行的模拟试验可知，混合料释放出的沥青烟浓度基本呈现随加热温度升高浓度增大的趋势。同时也可知，随着温度的逐步增加，沥青烟浓度增大的幅度在逐步减小，说明在沥青混合料加热过程中，由于沥青的用量是一定的，混合料在加热到一定温度时，沥青烟浓度基本上会得到充分释放，即随着加热温度的上升，沥青烟浓度不会持续地呈上升状态。

在对 5 种混合料进行沥青烟浓度比较时可知，由于 70＃基质沥青、SMA 混合料以及高模量混合料中采用的沥青基本以基质沥青为原料，未添加有机添加剂，因此其沥青烟浓度基本上处于同一趋势，在各不同加热温度条件下均相对较小一些，而 SBS 改性沥青、橡胶沥青中由于增加了有机改性剂和橡胶颗粒导致沥青烟浓度值相对较高。同时由图中可知，相对在较高加热温度条件下 SBS 改性沥青、橡胶沥青混合料释放的沥青烟浓度较其他 3 种材料增加幅度更高一些。因此在沥青用量基本相同的情况下，在沥青混合料中添加有机改性剂或橡胶颗粒会增加沥青烟的释放量，且随着混合料加热温度的增加，其释放量增幅有进一步增高的趋势。

4.4.2.3　沥青烟含量（浓度）估算模型

由以上研究可知，在混合料沥青净含量基本相当时，混合料沥青烟的产生量（浓度）主要与混合料的加热温度相关，这里根据实验室采集的数据建立沥青烟浓度与混合料加热温度之间的估算模型。由图 4-34 可知，添加改性剂和橡胶颗粒会显著增加沥青烟排放浓度。这里主要采用 70＃基质沥青、SMA 混合料以及高模量混合料试验采集的 24 组 120 个数据进行模型的拟合，主要采取一元线性回归的方法。

1. 回归模型的建立方法

具有线性关系的两个变量 x 与 y，可以构造的一元线性回归模型为：

$$y = a + bx + \varepsilon \qquad (4\text{-}3)$$

式中　x——自变量；

y——因变量；

a——模型参数；

ε——随机误差项；

b——回归系数。

若 $E(\varepsilon)=0$，有回归函数：

$$\mu(x)=E(y)=a+bx \tag{4-4}$$

2. 参数估计

由试验数据得到最佳拟合直线即回归直线通常采用最小二乘法。用最小二乘法求得的回归直线所产生的误差比其他任何直线都要小。

$\mu(x)=a+bx$ 为理论模型，变量 y 的实际值应为：

$$y_i=(a+bx_i)+\varepsilon_i=\mu(x_i)+\varepsilon_i \tag{4-5}$$

对自变量 x 与因变量 y 进行 n 次独立观测，假设实测数据为（x_i，y_i）（$i=1$，2，$\cdots,n$），即：

$$x_1,\ x_2,\ x_3,\ \cdots,\ x_n$$

$$y_1,\ y_2,\ y_3,\ \cdots,\ y_n$$

以下采用最小二乘法来估算 a、b。

$$Q=\sum_{i=1}^{n}\varepsilon_i^2=\sum_{i=1}^{n}[y_i-(a+bx_i)]^2 \tag{4-6}$$

用极值法使 Q 达到最小值，则问题化为求解如下方程组：

$$\begin{cases}\dfrac{\partial Q}{\partial a}=-2\sum\limits_{i=1}^{n}[y_i-(a+bx_i)]=0\\ \dfrac{\partial Q}{\partial b}=-2\sum\limits_{i=1}^{n}[y_i-(a+bx_i)]x_i=0\end{cases}$$

解得：

$$\begin{cases}a=\dfrac{\sum\limits_{i=1}^{n}Y_i}{n}-b\dfrac{\sum\limits_{i=1}^{n}X_i}{n}=\bar{Y}-b\bar{X}\\ b=\dfrac{\sum\limits_{i=1}^{n}X_iY_i-n\overline{XY}}{\sum\limits_{i=1}^{n}X_i^2-n\bar{X}^2}\end{cases} \tag{4-7}$$

则参数 a、b 确定，回归方程得到。

3. 回归方程的检验

回归方程建立后，需对其进行显著性检验，其中一种检验方法是拟合优度检验。为了定量地判别回归方程对样本观测值的接近程度，用离差来表征因变量的波动程度。总离差平方和 $S_{总}$ 为：

$$S_{总}=\sum_{i=1}^{n}(y_i-\bar{y})^2 \tag{4-8}$$

总离差平方和 $S_{总}$ 可分解成两个部分：一部分为回归平方和 $S_{回}$，其反映自由变量取值不同引起的偏差；一部分为残差平方和 $S_{残}$，其反映除自变量取值以外所有因素引起的偏差。

$$S_{总} = \sum_{i=1}^{n}(y_i - y)^2 = \sum_{i=1}^{n}(y_i - \hat{y}_i)^2 + \sum_{i=1}^{n}(\hat{y}_i - \bar{y})^2 = S_{残} + S_{回} \tag{4-9}$$

总偏差平方和 $S_{总}$ 中，回归平方和 $S_{回}$ 所占比重越大，则线性回归效果越好，方程拟合度越高。将回归平方和 $S_{回}$ 与总偏差平方和 $S_{总}$ 之比定义为样本决定系数 R^2，将 $\sqrt{R^2}$ 定义为样本相关系数。$R^2 \to 1$，表明 y 与 x 的相关性较好，$R^2 \to 0$ 表明 y 与 x 的相关性较差。

$$\begin{aligned} R^2 &= \frac{S_{回}}{S_{总}} = \frac{\sum_{i=1}^{n}(\hat{y}_i - \bar{y})^2}{\sum_{i=1}^{n}(y_i - \bar{y})^2} = \frac{\hat{b}^2\sum_{i=1}^{n}(x_i - \bar{x})^2}{\sum_{i=1}^{n}(y_i - \bar{y})^2} \\ &= \frac{\sum_{i=1}^{n}(y_i - \bar{y})^2 - S_{残}}{\sum_{i=1}^{n}(y_i - \bar{y})^2} = 1 - \frac{S_{残}}{L_{yy}} \end{aligned} \tag{4-10}$$

4. 回归模型建立

如以上所示的一元线性回归方程建立过程，自变量为温度，采用最小二乘法建立的回归模型公式结构如式（4-11）所示。混合料拌和温度与沥青烟浓度关系如图 4-34 所示。

$$y = a + b\lg x \tag{4-11}$$

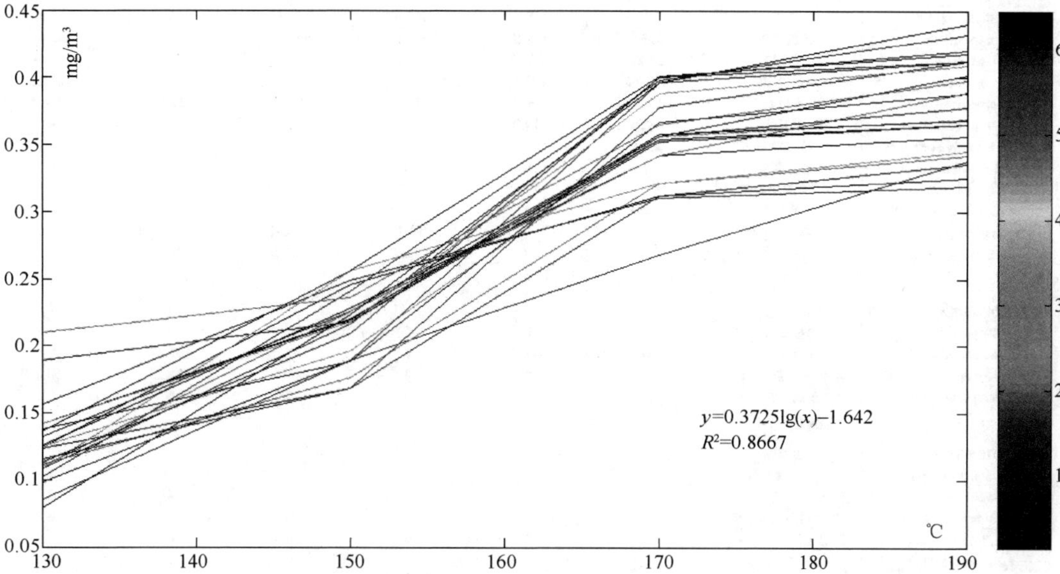

图 4-34　沥青混合料沥青烟浓度随温度变化拟合图（130～200℃）

根据试验采集的 24 组 120 个数据进行模型的拟合，可得出沥青混合料沥青烟浓度内随温度变化的一元线性回归方程为 $y = 0.3725\lg(x) - 1.642(R^2 = 0.8667)$，同时对项目采用的 SBS 改性沥青和橡胶沥青进行了数据的验证，得出沥青混合料沥青烟浓度内随温度变化的一元线性回归方程及常用 SBS 改性沥青和橡胶沥青修正系数见表 4-4。

表 4-4　项目常用沥青混合料沥青烟浓度随温度变化回归方程及修正系数

混合料类型	回归方程	修正系数
70＃基质沥青混合料	$y = 0.3725\lg(x) - 1.642(R^2 = 0.8667)$	1.0
SMA 沥青混合料		1.0
高模量沥青混合料		1.0
SBS 改性沥青混合料		1.15～1.32（160～190℃）
橡胶沥青混合料		1.19～1.44（160～190℃）

注：线性回归方程使用混合料加热温度范围 130～200℃。

4.4.2.4　沥青烟成分测试分析

1. 沥青烟成分测试谱图

分别对 70＃基质沥青、SBS 改性沥青、高模量沥青、SMA 改性沥青、橡胶沥青进行模拟拌和并收集沥青烟进行成分测试分析，原始数据如图 4-35 所示。

A	B	J	K	L	M	N	O	P
			296508	396169	397271	296577	372185	397477
#			DATA\2019\2019	DATA\2019\2019	DATA\2019\2019	DATA\2019\2019	DATA\2019\2019	DATA\2019\2019
	Internal Standards	内部标准						
1)	pentafluorobenzene	五氟苯	3527450	4183780	3105390	3366590	3283750	2499260
15)	1,4-difluorobenzene	1,4-二氟苯	4412230	4802320	4429630	4745050	4605200	3697860
31)	Chlorobenzene-d5	氯苯-d5	1553210	1641490	1626760	1727110	1554400	1314700
53)	1,4-dichlorobenzene-d4	1,4-二氯苯-d4	1844850	2271490	1994330	2172900	1913150	1815070
CH-EP-74A:	MONOCYCLIC AROMATICS	单环芳烃						
14)	benzene	苯	25.53	19.59	47.61	41.41	26.12	90.15
24)	Toluene	甲苯	189.23	92.63	222.39	140.44	34.92	543.2
33)	Ethylbenzene	乙苯	122.74	120.82	100.06	185.05	116.09	104.64
34)	m&p-Xylene	间二甲苯	356.9	389.85	334.55	949.81	492.57	452.84
37)	Styrene	苯乙烯	37.25	38.13	73.89	101.48	53.66	100.69
38)	o-Xylene	邻二甲苯	154.78	206.74	105.36	174.67	195.44	121.29
41)	Isopropylbenzene	异丙苯	13.63	13.98	5.71	41.16	21.52	6.4
43)	n-Propylbenzene	正丙苯	26.54	14.3	0	18.19	0	0
46)	1,3,5-trimethylbenzene	1,3,5-三甲基苯	36.19	25.48	13.8	31.39	15.93	0
48)	tert-Butylbenzene	叔丁基苯	0	0	0	0	0	0
49)	1,2,4-trimethylbenzene	1,2,4-三甲基苯	162.12	111.37	58.94	131.27	69.43	38.47
50)	sec-Butylbenzene	仲丁苯	0	0	0	0	0	0
55)	p-isopropyltoluene	对异丙基甲苯	0	0	10.79	323.93	143.69	5.93
57)	n-Butylbenzene	正丁苯	0	0	0	0	0	0
CH-EP-74B:	OXYGENATED COMPOUNDS	含氧化合物						
4)	Vinyl acetate	醋酸乙烯酯	0	0	0	0	0	0
6)	2-butanone(MEK)	2-丁酮（MEK）	78.86	142.73	0	171.29	131.57	0
21)	4-methyl-2-pentanone (MIBK)	4-甲基-2-戊酮（MIBK）	0	78.3	0	569.8	324.28	107.2
27)	2-Hexanone (MBK)	2-己酮（MBK）	0	0	0	0	0	0
CH-EP-74D:	FUMIGANTS	熏蒸剂						
9)	2,2-dichloropropane	2,2-二氯丙烷	0	0	0	0	0	0
17)	1,2-dichloropropane	1,2-二氯丙烷	0	0	0	0	0	0
20)	cis-1,3-dichloropropene	顺式-1,3-二氯丙烯	0	0	0	0	0	0
22)	trans-1,3-dichloropropene	反式-1,3-二氯丙烯	0	0	0	0	0	0
28)	1,2-Dibromoethane	1,2-二溴乙烷	0	0	0	0	0	0
CH-EP-74E:	HALOGENTED ALIPHATICS	卤代烃						
2)	trans-1,2-dichloroethylene	反式-1,2-二氯乙烯	0	0	0	0	0	0
3)	1,1-dichloroethane	1,1-二氯乙烷	0	0	0	0	0	0
5)	cis-1,2-dichloroethylene	顺式-1,2-二氯乙烯	0	0	0	0	0	0
7)	bromochloromethane	溴氯甲烷	0	0	0	0	0	0
10)	1,2-dichloroethane	1,2-二氯乙烷	4.57	6.94	9.64	0	3.66	9.73
11)	1,1,1-trichloroethane	1,1,1-三氯乙烷	0	0	0	0	0	0

图 4-35　不同标号沥青混合料 VOCs 解析结果（部分）

考虑到其他类型混合料沥青基本是在基质沥青基础上调和而成的，因此这里仅以70＃基质沥青混合料不同温度下谱图进行简要说明。

70＃基质沥青在130℃、150℃、170℃和190℃四个加热温度下VOCs（64类）谱图如图4-36所示。

130℃下VOCs（64类）谱图

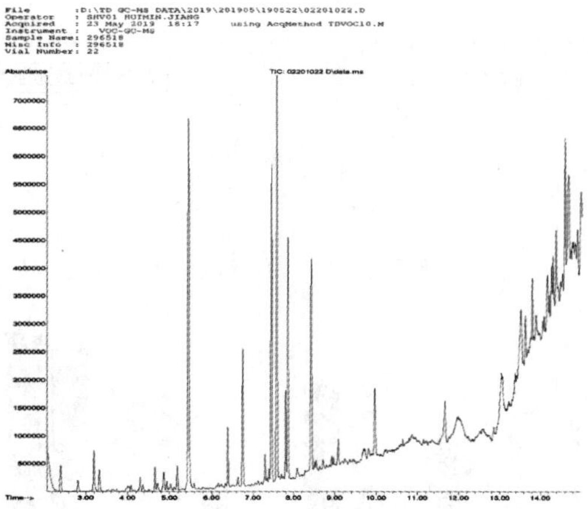

150℃下VOCs（64类）谱图

170℃下VOCs（64类）谱图

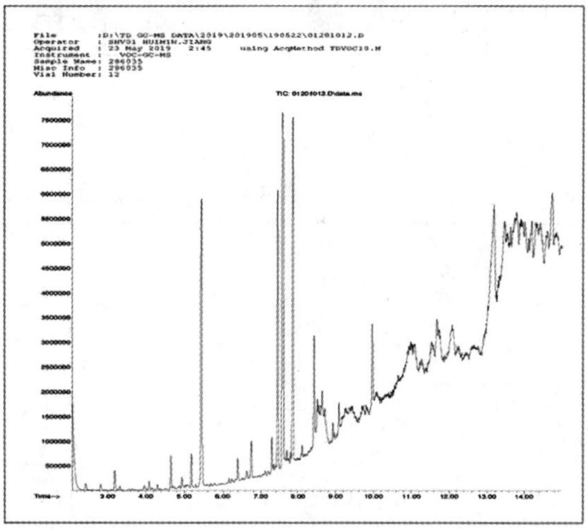

190℃下VOCs（64类）谱图

图4-36　70＃基质沥青不同温度下VOCs（64类）谱图

2. 测试数据统计

对测试结果进行分类统计，不同沥青材料不同温度下VOCs检出类别数统计情况如表4-5、图4-37所示。70＃基质沥青氯苯类及单环芳烃含量比较见表4-6。

表4-5　不同沥青混合料不同温度VOCs检出类别数统计表

类别温度	70＃基质	SMA改性	高模量沥青	SBS改性	橡胶沥青
130℃	29	30	28	31	33
150℃	32	32	32	35	36

续表

类别温度	70#基质	SMA改性	高模量沥青	SBS改性	橡胶沥青
170℃	36	39	37	38	40
190℃	38	39	38	40	44

注：类别主要有氯苯类、单环芳烃、多环芳烃、卤代烃、萘等。

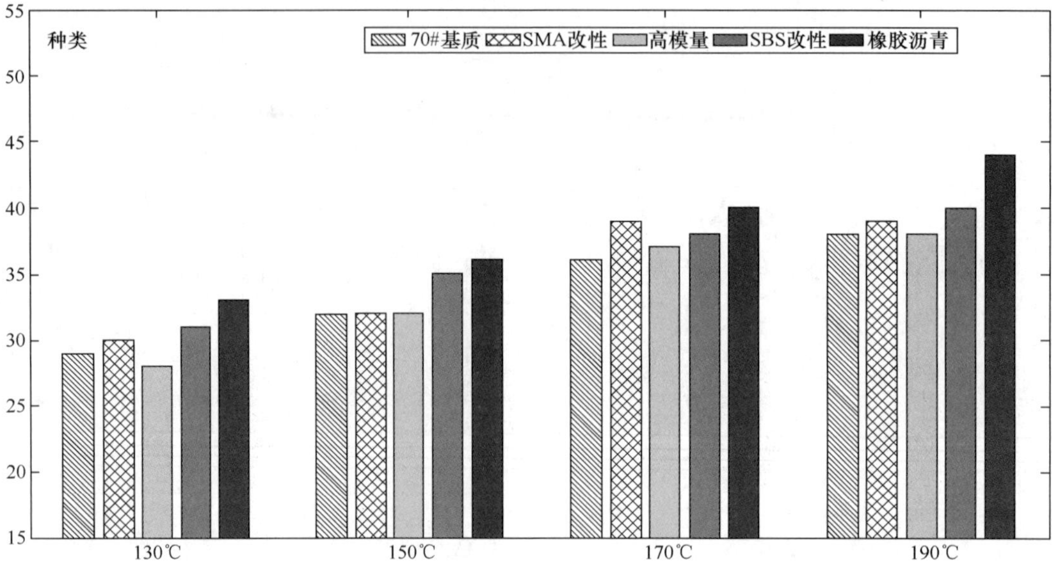

图 4-37　不同沥青材料不同温度下 VOCs 成分检出类别数比较图

表 4-6　70#基质沥青氯苯类及单环芳烃含量比较表　（单位：$\mu g/m^3$）

序号	污染物类别	130℃	150℃	170℃	190℃
1	五氟苯	29.3	35.2	41.8	47.6
2	1,4-二氟苯	44.1	44.1	48.0	54.7
3	氯苯-d5	17.4	15.5	16.4	18.7
4	1,4-二氯苯-d4	19.4	18.4	22.7	25.8
5	苯	19.59	25.53	44.19	50.3
6	甲苯	92.63	189.23	245.59	279.8
7	乙苯	120.82	122.74	306.1	348.9
8	间二甲苯	389.85	356.9	702.9	801.1
9	苯乙烯	38.13	37.25	14.89	16.9
10	邻二甲苯	206.74	154.78	263.81	300.7
11	异丙苯	13.98	13.63	7.64	8.7
12	正丙苯	14.3	26.54	14.4	15.8
13	1,3,5-三甲基苯	25.48	36.19	21.6	19.6
14	叔丁基苯	0	0	0	5.8
15	1,2,4-三甲基苯	111.37	162.12	78.16	79.8
16	仲丁苯	0	0	0	3.8
17	对异丙基甲苯	0	0	5.7	6.5
18	正丁苯	0	0	0	4.2

对表 4-6 中苯系物含量进行统计分析如图 4-38 所示。

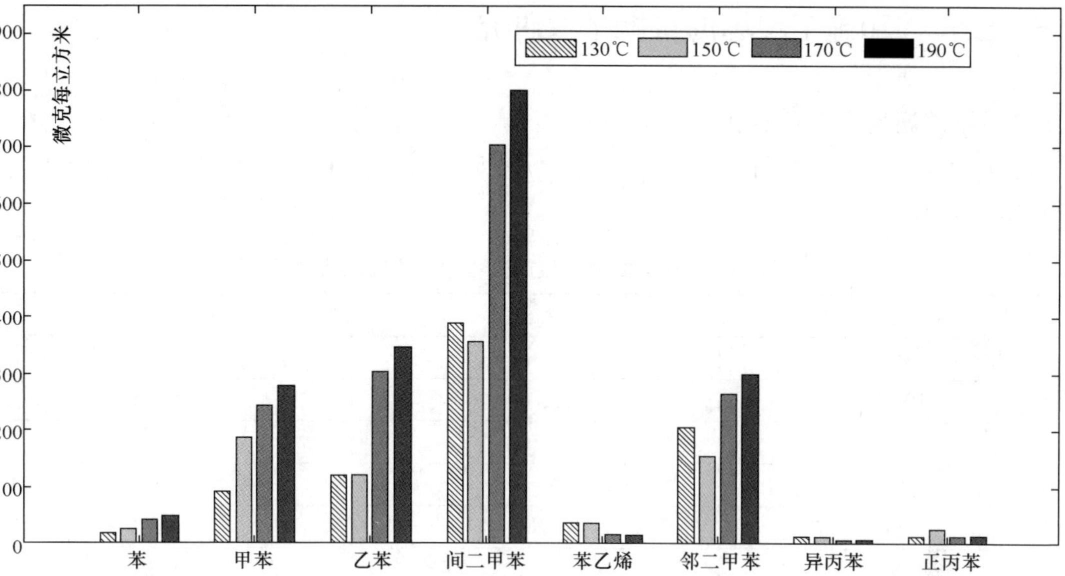

图 4-38　70＃基质沥青烟苯系物不同温度含量比较图

3. 结果分析

由表 4-5、图 4-37 可知，对 70＃基质沥青、SBS 改性沥青、高模量沥青、SMA 改性沥青、橡胶沥青混合料在不同温度加热条件下沥青烟中挥发的 VOCs 进行种类测定，结果表明污染物成分种类计 28～44 类，且随着加热温度的升高，析出的污染物种类呈现增多的趋势。总体来说，试验选用的材料中，SBS 改性沥青与橡胶沥青释放出的 VOCs 种类相对更多一些，与前面沥青烟含量测试得出相一致的趋势，可进一步说明，由于 SBS 改性沥青和橡胶沥青中由于添加了有机物导致了沥青烟含量呈现增幅较大的趋势，同时 VOCs 种类也相应偏多一些。

在对不同温度下 VOCs 释放种类增幅进行分析可知，在混合料温度由 130℃升至 150℃时，VOCs 释放种类增加 6.6％～14.3％，由 150℃升至 170℃时，VOCs 释放种类增加 8.5％～22％，由 170℃升至 190℃时，VOCs 释放种类增加 0～5.5％。由此可知，试验用沥青混合料中沥青烟中释放的 VOCs 种类随温度上升而增多，且在 170℃加热温度下释放的种类基本接近峰值，随着温度进一步升高（200℃以下），VOCs 释放种类基本达到均衡。

而由表 4-6 可知，70＃基质沥青氯苯类及单环芳烃含量在不同温度条件下的比较可以看出，随着温度的上升，不仅会出现新的污染物种类，同时污染物的含量也呈现相应的增加趋势，以上所列 18 种污染物种类中，仅有 4 种在 150℃条件下出现了下降，其余均随着温度的上升而含量呈现增加的趋势。

由图 4-38 沥青烟中苯系物含量研究表明，各种污染物含量基本随温度的上升呈现增加趋势，随着温度的进一步升高，增幅相应减小，但在 170℃时与 150℃加热条件下相比较，污染物含量出现激增现象，增幅达 29％～149％，相应可知，混合料温度控制在 150～160℃加热条件下，将大幅降低沥青烟 VOCs 部分污染物含量。

4.5 沥青拌和施工现场沥青烟排放研究

4.5.1 热拌沥青混合料路面

在热拌沥青混合料拌和站中，测量到的热拌沥青混合料生产过程中所产生的污染物均值结果见表 4-7。

表 4-7 热拌混合料生产过程中污染物的排放

颗粒物及有害气体	单位	热拌混合料
$PM_{2.5}$	μg/m³	906
PM_{10}	μg/m³	2019
SO_2	μg/m³	85
NO_2	μg/m³	72
CO	μg/m³	895
O_3	μg/m³	126
TVOC	ppm	27

注：热拌沥青混合料的出料温度为 170℃左右。

沥青烟就是沥青加热和含沥青物质的燃烧产生的气溶胶和蒸汽。沥青烟组分极为复杂，随沥青来源不同而异，沥青烟中既有沥青挥发组分凝结成的固体和液体微粒，又有蒸汽状态的有机物。沥青是由不同分子量的烃类及其非金属衍生物组成的复杂混合物，沥青在生产、使用过程中产生的颗粒物和气态物质会对环境造成污染。

按表 4-7 中 GC-MS 条件对热拌摊铺机和热拌压路机上采集的 VOCs 进行分析，得到总离子流色谱图，如图 4-39 和图 4-40 所示。

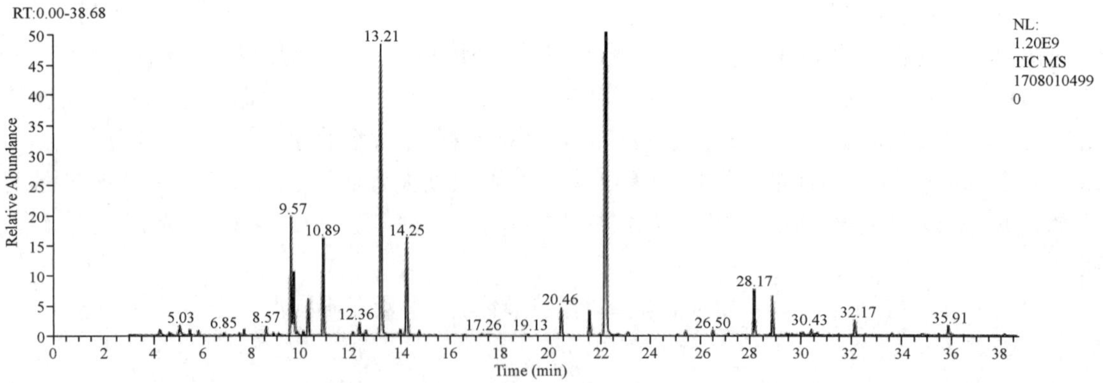

图 4-39 热拌摊铺机上 VOCs 的总离子流色谱图

根据上述总离子流色谱图获得每种 VOCs 的特征离子和保留时间，确定各种 VOCs 的定量离子和扫描时间窗口，利用时间窗口内定量离子的峰面积通过外标法定量，得到两种施工技术沥青混合料释放的 VOCs 种类和含量，见表 4-8。

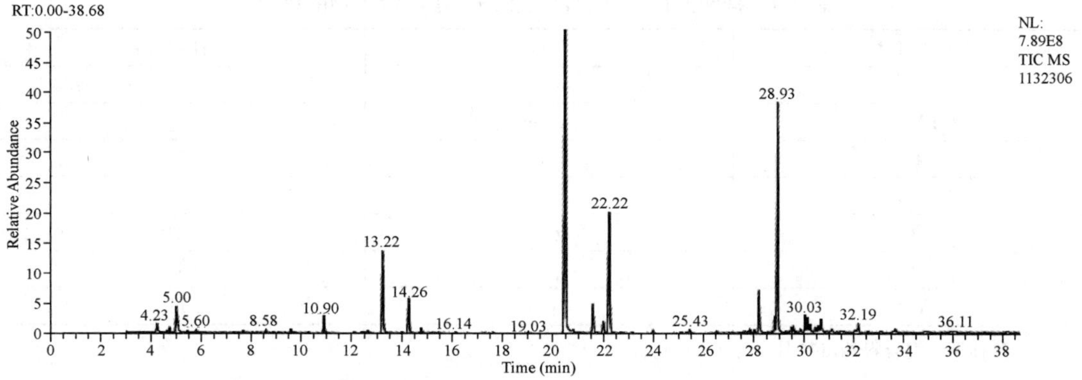

图 4-40 热拌压路机上 VOCs 的总离子流色谱图

表 4-8 热拌沥青混合料释放的 VOCs 成分

编号	化合物名称	沸点（℃）	浓度/(μg/m³)(相对标准偏差 RSD)	
			摊铺机上	压路机上
1	1,1,2-三氯-1,2,2-三氟乙烷	47.6	5.48(5.2%)	2.99(6.1%)
2	二氯甲烷	39.8	18.10(4.6%)	17.11(4.9%)
3	三氯甲烷	61.3	82.13(4.2%)	23.09(4.8%)
4	四氯化碳	76.8	32.43(6.1%)	23.57(8.8%)
5	苯	80.1	10.64(7.5%)	6.52(8.2%)
6	甲苯	110.6	36.92(9.2%)	32.08(10.1%)
7	1,1,2-三氯乙烷	114	6.74(10.8%)	0.0(-)
8	四氯乙烯	121.2	39.26(5.5%)	34.47(6.2%)
9	乙苯	136.2	9.45(8.8%)	2.27(3.7%)
10	间,对-二甲苯	139	23.81(13.2%)	8.00(13.5%)
11	邻-二甲苯	144.4	11.90(12.3%)	4.00(7.5%)
12	苯乙烯	146	33.41(4.9%)	2.22(4.8%)
13	1,2,4-三甲基苯	168	5.86(8.4%)	1.74(8.6%)

注：试验平行测定次数 $n=6$。

由表中数据可知，在热拌沥青摊铺机监测到沥青烟中的 VOCs 有 13 种，在热拌沥青压路机上监测到沥青烟中的 VOCs 有 12 种。1,1,2-三氯乙烷在压路机上没有监测到。显而易见，由于挥发和空气稀释的原因，摊铺机上监测到的每种 VOCs 的含量都比压路机上监测到的要高。

在采集到的 VOCs 中，热拌摊铺机上浓度最高的是三氯甲烷、四氯乙烯和甲苯，对其 VOCs 总量的贡献率为 50.08%；热拌压路机上浓度最高的是四氯乙烯、甲苯和四氯化碳，对其 VOCs 总量的贡献率为 57.02%。甲苯和四氯乙烯在这 4 种样品中的贡献都较大。

4.5.2 温拌沥青混合料路面

在拌和站中，测量到的温拌沥青混合料生产过程中所产生的污染物结果见表 4-9。

表 4-9　拌和站内温拌混合料生产过程中污染物的排放

有害气体	单位	热拌混合料
$PM_{2.5}$	μg/m³	425
PM_{10}	μg/m³	896
SO_2	μg/m³	36
NO_2	μg/m³	29
CO	μg/m³	420
O_3	μg/m³	65
TVOC	ppm	12

注：热拌沥青混合料的出料温度为 150℃左右。

从测试结果可以看出，与热拌沥青技术相比，采用温拌技术后沥青混合料在拌和生产过程中所排放出的有害气体可大大降低。

按表 4-9 中 GC-MS 条件对温拌摊铺机和温拌压路机上采集的 VOCs 进行分析，得到总离子流色谱图，如图 4-41 和图 4-42 所示。

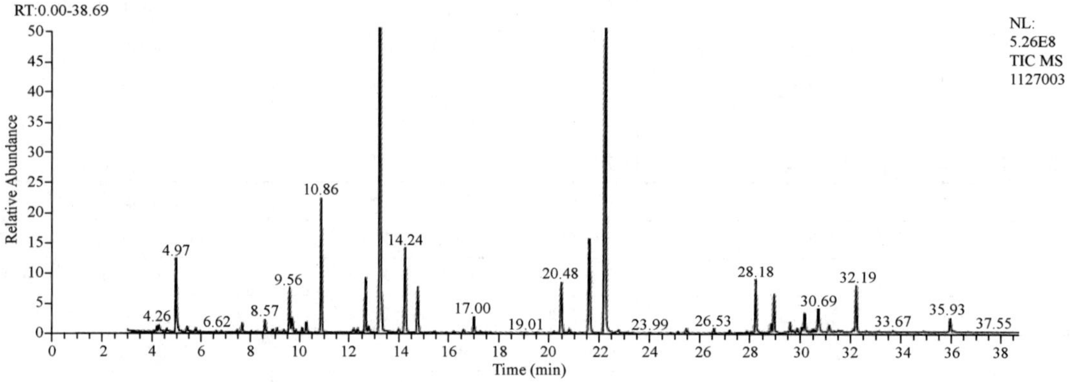

图 4-41　温拌摊铺机上 VOCs 的总离子流色谱图

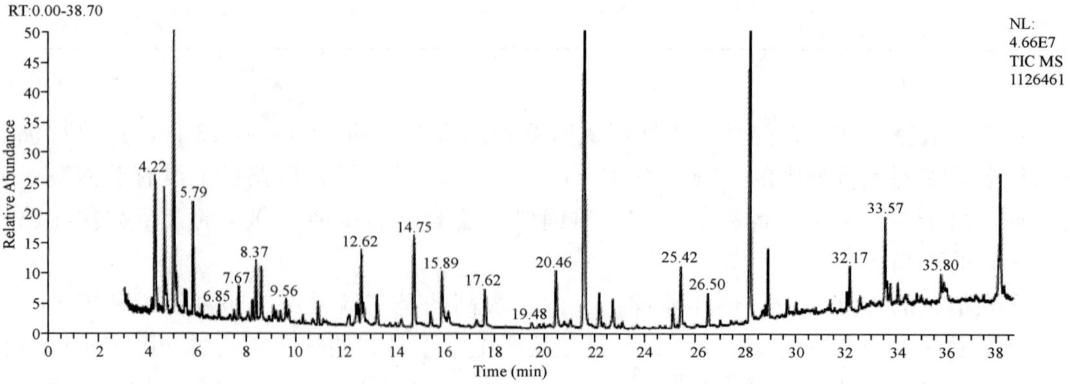

图 4-42　温拌压路机上 VOCs 的总离子流色谱图

根据上述总离子流色谱图获得每种 VOCs 的特征离子和保留时间，确定各种 VOCs 的定量离子和扫描时间窗口，利用时间窗口内定量离子的峰面积通过外标法定量，得到两种施工技术沥青混合料释放的 VOCs 种类和含量，见表 4-10。

表 4-10　温拌施工技术沥青混合料释放的 VOCs 成分

编号	化合物名称	沸点(℃)	浓度($\mu g/m^3$)(相对标准偏差 RSD)	
			温拌摊铺机上	温拌压路机上
1	1,1,2-三氯-1,2,2-三氟乙烷	47.6	3.98(5.8%)	2.94(5.6%)
2	二氯甲烷	39.8	4.91(5.5%)	4.88(5.4%)
3	三氯甲烷	61.3	44.38(4.5%)	0.00(—)
4	四氯化碳	76.8	15.98(10.3%)	0.00(—)
5	苯	80.1	57.09(6.2%)	6.33(8.7%)
6	甲苯	110.6	12.86(12.5%)	10.39(13.1%)
7	1,1,2-三氯乙烷	114	16.81(13.2%)	0.00(—)
8	四氯乙烯	121.2	46.38(5.8%)	0.00(—)
9	乙苯	136.2	3.71(3.5%)	2.69(3.1%)
10	间,对-二甲苯	139	8.04(12.8%)	7.22(12.5%)
11	邻-二甲苯	144.4	6.02(8.9%)	5.11(9.3%)
12	苯乙烯	146	10.28(6.8%)	0.89(4.7%)
13	1,2,4-三甲基苯	168	2.91(9.5%)	2.88(10.1%)

注：试验平行测定次数 $n=6$。

由表中数据可知，与热拌工艺相比，4 种样品所含 VOCs 种类和含量均有差异，在热拌沥青摊铺机和泡沫温拌沥青铺机上都监测到了沥青烟中有 13 种 VOCs，在热拌沥青压路机上监测到了沥青烟中有 12 种 VOCs，在泡沫温拌沥青压路机上监测到了沥青烟中有 9 种 VOCs。4 种样品均含有的 VOCs 成分为 1,1,2-三氯-1,2,2-三氟乙烷、二氯甲烷、苯、甲苯、乙苯、间，对-二甲苯、邻-二甲苯、苯乙烯、1,2,4-三甲基苯，但含量差异较大。显而易见，由于挥发和空气稀释的原因，两种工艺中摊铺机上监测到的每种 VOCs 的含量都比压路机上监测到的要高。

若以沸点为 121.2℃的四氯乙烯为分界线，沸点高于此沸点的有机物为高沸点 VOCs，低于此沸点的有机物为低沸点 VOCs，可以发现，热拌摊铺机上采集到的各种高沸点 VOCs 都比温拌摊铺机上的浓度大，而对于低沸点 VOCs 则没有此规律；热拌压路机上采集到的各种低沸点 VOCs 都比温拌压路机上的浓度大，而对于高沸点 VOCs 则没有此规律。热拌时路面摊铺时路面温度约 160℃，摊铺时温拌路面温度约为 140℃，低沸点 VOCs 在这两种工艺上都可以挥发出来，而高沸点 VOCs 在热拌摊铺时可以挥发出来而在温拌摊铺时则不能完全挥发出来。等到压实路面时，温度已经下降，高沸点 VOCs 很少再产生，摊铺时产生的高沸点 VOCs 也被空气稀释减少；温度虽然下降，但热拌的温度肯定是要高于温拌的，此时温度作用于低沸点 VOCs，呈现出上述的规律。

从总量上看，泡沫温拌沥青摊铺机上采集的 VOCs 的量比热拌的减少了 26.19%，泡沫温拌沥青压路机上采集的 VOCs 的量比热拌的减少了 74.45%，这有力地说明了温拌沥青技术减少了 VOCs 的排放。温度是影响沥青 VOCs 释放量和组成的主要因素，随着温度的增加，沥青中 VOCs 的组分更加复杂且释放量逐渐增加。温度越高，黏度越小，表面张力越小，沥青中的轻质组分越易从内部扩散出气液界面进入到气相中。由于温拌沥青混合料技术可以在满足使用要求的前提下在较低温度条件下进行拌和，使得沥青黏度降低，因此可有效减少沥青在高温下释放 VOCs 的种类和释放量。

二氯甲烷、四氯化碳和甲苯这些低沸点 VOCs 在热拌工艺条件下的含量都是温拌条件下的 2 倍以上，说明温拌技术有利于抑制这些 VOCs 的挥发，因为它们的产生受温度影响很大。1,1,2-三氯乙烷两种施工方式，压路机那里采集到的浓度都是 0，说明该物质极易挥发，从摊铺到压路都已经挥发干净。乙苯、间 & 对-二甲苯、苯乙烯和 1,2,4-三甲基苯这些高沸点 VOCs 在热拌摊铺机上的采集到的浓度是其他三种样品浓度的 2 倍以上，说明这些 VOCs 挥发较快，受温度影响也比较大。

在采集到的 VOCs 中，热拌摊铺机上浓度最高的是三氯甲烷、四氯乙烯和甲苯，对其 VOCs 总量的贡献率为 50.08%；温拌摊铺机上浓度最高的是苯、四氯乙烯和三氯甲烷，对其 VOCs 总量的贡献率为 63.36%；热拌压路机上浓度最高的是四氯乙烯、甲苯和四氯化碳，对其 VOCs 总量的贡献率为 57.02%；温拌压路机上浓度最高的是甲苯、间 & 对-二甲苯和苯，对其 VOCs 总量的贡献率为 59.27%。可以看出，四种样品中浓度最高的前三种 VOCs 对总量的贡献都超过了 50%，甲苯和四氯乙烯在这四种样品中的贡献都较大。

4.5.3 橡胶沥青混合料路面

在拌和站中，测量到的橡胶沥青混合料生产过程中所产生的污染物结果见表 4-11。

表 4-11 拌和站内橡胶沥青混合料生产过程中污染物的排放

有害气体	单位	热拌混合料
$PM_{2.5}$	$\mu g/m^3$	980
PM_{10}	$\mu g/m^3$	2856
SO_2	$\mu g/m^3$	89
NO_2	$\mu g/m^3$	85
CO	$\mu g/m^3$	995
O_3	$\mu g/m^3$	186
TVOC	ppm	56

从测试结果可以看出，与热拌沥青技术相比，橡胶沥青拌和生产过程中所排放出的有害气体含量在升高。

按表 4-11 中 GC-MS 条件对橡胶沥青摊铺机和温拌压路机上采集的 VOCs 进行分析，得到总离子流色谱图，如图 4-43 和图 4-44 所示。

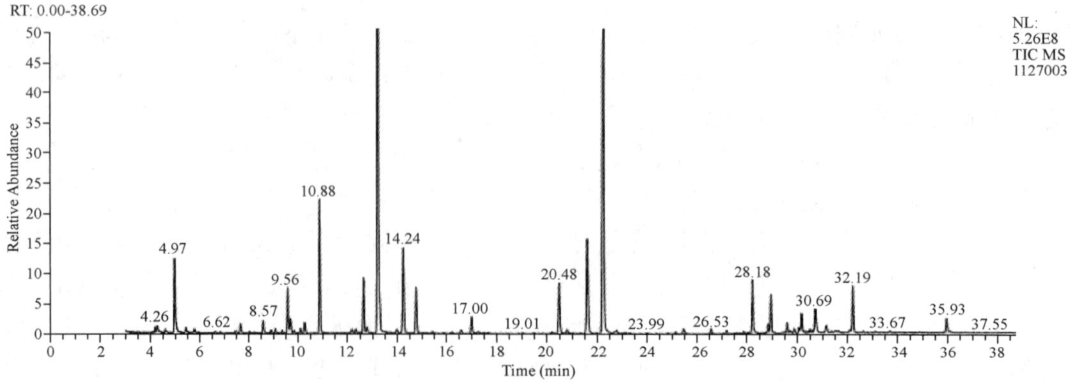

图 4-43 摊铺机上 VOCs 的总离子流色谱图

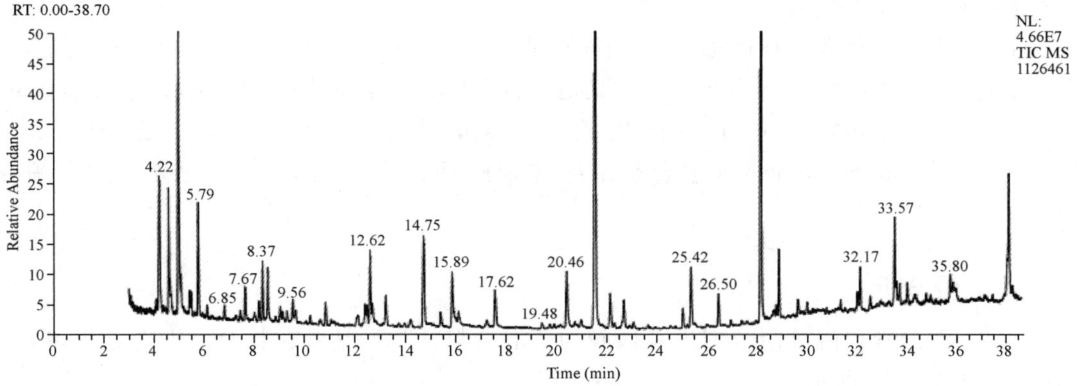

图 4-44　压路机上 VOCs 的总离子流色谱图

此种净味橡胶沥青和正常的 SBS 沥青做对比，两种沥青混合料释放的 VOCs 种类和含量，见表 4-12。

表 4-12　两种沥青混合料释放的 VOCs 成分

编号	化合物名称	浓度（$\mu g/m^3$）			
		净味橡胶沥青摊铺机上	SBS 沥青摊铺机上	净味橡胶沥青压路机上	SBS 沥青压路机上
1	苯	11.3	21.4	0.0	0.0
2	甲苯	74.3	117.0	0.0	60.8
3	乙苯	21.9	32.0	37.5	0.0
4	间 & 对二甲苯	331.7	94.7	51.0	24.6
5	苯乙烯	6.9	0.0	0.0	0.0
6	邻二甲苯	36.7	45.4	0.0	0.0
7	1,3,5-三甲基苯	18.4	13.0	0.0	0.0
8	1,2,4-三甲基苯	47.1	74.3	0.0	0.0
9	四氯化碳	5.0	10.8	0.0	0.0
10	三氯乙烯	7.1	0.0	0.0	0.0
11	四氯乙烯	12.5	37.6	0.0	19.8
12	1,4-二氯苯	0.0	11.5	0.0	0.0
13	氯仿	7.2	10.3	0.0	0.0

由表 4-12 中数据可知，4 种样品所含 VOCs 种类和含量均有差异，在净味橡胶沥青摊铺机上监测到了沥青烟中有 12 种 VOCs，在 SBS 沥青摊铺机上监测到了沥青烟中有 11 种 VOCs，在净味橡胶沥青压路机上监测到了沥青烟中有 2 种 VOCs，在 SBS 沥青压路机上监测到了沥青烟中有 3 种 VOCs。4 种样品均含有的 VOCs 成分为间 & 对-二甲苯，但含量差异较大。由于挥发和空气稀释的原因，SBS 沥青中摊铺机上监测到的每种 VOCs 的含量都比压路机上监测到的要高，而对于净味橡胶沥青来说，除了乙苯，其他 VOCs 的含量也都有一样的规律。这可能是净味橡胶沥青中的某些成分在摊铺到压实的过程中发

生反应生成了乙苯的缘故。

两种沥青横向比较，在摊铺机上，除了间＆对二甲苯、苯乙烯、1,3,5-三甲基苯和三氯乙烯这4种VOCs外，SBS沥青的其他9种VOCs的含量都是高于净味橡胶沥青的。但从总量上看，净味橡胶沥青产生的VOCs的含量（580.1μg/m³）比SBS沥青（468.0μg/m³）多23.95%。这主要是由净味橡胶沥青产生间＆对二甲苯的含量高造成的。

4.5.4 比较分析

对热拌混合料、温拌混合料以及橡胶沥青混合料拌和场站颗粒物及污染物监测均值进行比较，如图4-45所示。

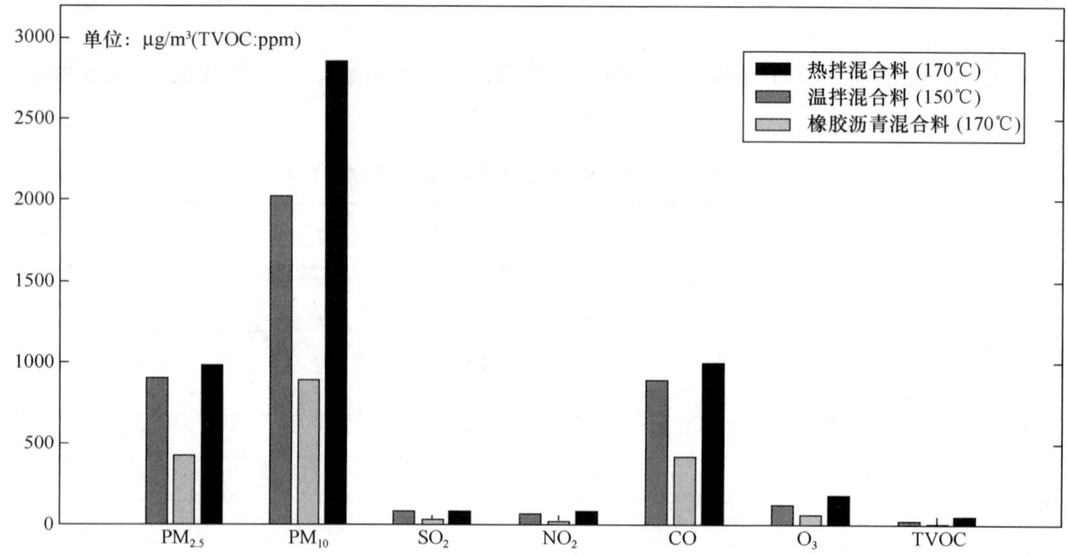

图4-45 三种不同混合料拌和场站颗粒物及污染物监测均值比较图

由图4-45可知，颗粒物和各污染物监测均值中，热拌混合料和橡胶沥青混合料因加热和出料温度较高（170℃），其监测数据相对偏高，温拌沥青混合料降低出料温度，其颗粒物及污染物含量相对较低一些，基本与实验室测试数据相吻合，其中颗粒物温拌混合料较热拌混合料平均降低了54%，SO_2、NO_2、CO和O_3平均降幅为48%～59%，TVOC总体含量相对较小，其降幅亦接近55%。

4.6 本章小结

（1）对沥青路面典型工艺各环节碳排放进行清单列表和分类，按照施工工艺对碳排放各环节进行计算，并建立碳排放计算模型。$C=C_1+C_2+C_3+C_4=(P_0/V_0\times X_1+P_1\times X_2+P_2/V_0\times X_3)/M_0+P_3\times L\times X_2+P_4/W\times X_2+P_5/W\times X_2$。

（2）对沥青路面各施工环节沥青烟等污染物排放进行清单和列表分类，同时重点对沥青拌和生产过程中的沥青烟含量进行定性和定量分析，对沥青烟总量随沥青混合料的温度变化进行了研究，得出沥青混合料沥青烟浓度随温度变化的一元线性回归方程为 $y = 0.3725\lg(x) - 1.642(R^2 = 0.8667)$。

（3）对沥青路面施工现场摊铺机和压路机进行VOCs采样分析，结果表明热拌摊铺机上采集到的各种高沸点VOCs都比温拌摊铺机上的浓度大，热拌压路机上采集到的各种低沸点VOCs都比温拌压路机上的浓度大。从总量上看，泡沫温拌沥青摊铺机上采集的VOCs的量比热拌的减少了26.19%，泡沫温拌沥青压路机上采集的VOCs的量比热拌的减少了74.45%。相对沥青热拌工艺，温拌工艺能显著减少VOCs的产生。

（4）对沥青路面施工期关键节点监测重点进行分析，建立了监测指标及监测方法。

（5）建立了沥青混合料拌和过程大气环境监测平台，同时接入到山东省交通运输环境监测信息平台进行统一管理，后续根据监测平台的使用效果联合开发了手机App应用平台，基本实现了监测终端和数据实时在线管理。

（6）现有的沥青烟测定装置大都是在富集沥青VOCs后对其成分和抑制技术进行研究，建议对施工现场沥青VOCs采集测定的装置作为研究的发展方向，可在沥青路面施工过程和服役过程中对VOCs现场跟踪监测。

5 沥青路面节能减排综合评价及程序开发

构建以节能减排为主要特征的低碳环保沥青路面建设模式，需要科学合理评价沥青路面建设是否达到节能减排的目标。目前对沥青路面建设节能减排的评价大多针对沥青路面建设的某一阶段或者针对具体技术工艺的效果评价。而实现沥青路面建设节能减排的目标，需要从材料、设备、技术工艺以及管理措施等多方面综合考虑。因此，有必要在各方面、各层次分析评价的基础上，从整体优化的角度，综合各种评价结果，建立沥青路面节能减排综合评价方法。

本章在沥青路面节能减排量化分析研究的基础上，根据沥青路面能耗与排放分析方法，以量化评价指标为基础，结合定性分析指标，对沥青路面建设过程中的能耗与排放等环境问题进行综合评价，建立沥青路面节能减排综合量化评价方法。

5.1 沥青路面节能减排综合量化评价方法研究

5.1.1 沥青路面节能减排评价指标体系研究

沥青路面节能减排评价指标体系为沥青路面材料生产、建设以及运营养护全生命周期的环境效益评价提供了一个有效的比较标准，具有标杆和导向的功能。针对目前我国尚无沥青路面节能减排评价指标体系的现实，本课题从科学性、约束性和激励性的角度出发，建立以能耗与排放量化分析为核心的沥青路面节能减排评价指标体系，为沥青路面节能减排工作实施效果提供评价尺度，以实现沥青路面节能减排的指标化和科学化管理。

5.1.1.1 评价指标体系的确定原则

指标是定量化信息的集合，提供了量化评价的尺度。沥青路面节能减排评价指标，是国家和地方道路管理部门及施工企业根据现有的科学技术水平、生产施工工艺以及经济条件，参照国家和地方节能减排目标，在一定时期内必须达到的节能减排具体目标和水平。本课题根据我国工业清洁生产及循环经济评价指标，结合沥青路面节能减排评价的特点，提出沥青路面节能减排评价指标体系的确定原则：

1. 科学、客观、准确评价原则

沥青路面节能减排评价指标体系应以沥青路面能耗与排放量化分析为科学基础，选择的评价指标应具有明确的概念和一定的科学内涵，不仅能够客观地反映沥青路面材料生产、施工以及运营养护的实际状况，而且可以真实、客观、准确、科学地度量与评价第6章沥青路面节能减排综合量化评价方法研究沥青路面节能减排目标的实现程度。

2. 全过程评价原则

沥青路面节能减排应体现源头控制、过程控制的理念，在沥青路面节能减排目标实现程度的评价过程中，需要从生命周期的角度出发，对于沥青路面材料生产、施工、运营、养护等整个生命周期所涉及的资源、能源消耗以及环境排放等环境影响因素进行全面、系统的分析，体现全过程评价的思想。

3. 以节能减排量化分析为评价核心原则

沥青路面节能减排评价指标的范围无须过大，不需要涵盖所有环境、社会和经济等指标，应以节能减排为核心，重点反映沥青路面生命周期过程中所消耗的资源、能源数量，以及由此产生的环境排放量。以节能减排为核心，通过能耗与排放的量化分析，达到实现沥青路面节能减排的目的。

4. 定量评价与定性评价相结合原则

建立量化评价模式，选取量化评价指标，计量其分析结果，可以保证评价结果的准确性和科学性。但是，沥青路面生命周期过程涉及面广、包含的内容多，无法对所有的评价对象给予量化，设定分析方法和评价指标。

5. 先进性和前瞻性评价原则

沥青路面节能减排评价应能够促使道路管理和建设单位在达到现有指标的基础上，追求更先进的管理和生产技术，以实现更高的目标。这就要求评价指标具有一定的前瞻性，体现一定的先进性，引导相关部门根据现有情况，积极主动采用节能减排新技术、新工艺、新材料，根据相应的评价指标，不断进行持续性的升级和改进。

6. 实用性和可操作性原则

沥青路面生命周期涉及的环节很多，应突出节能减排的重点，评价指标体系应切实考虑其可操作性。同时，选择评价指标应考虑相关数据的可获得性以及指标量化的难易程度，尽可能选择公认的、有代表性的指标。

5.1.1.2 评价指标的选取

根据沥青路面节能减排评价指标体系的确定原则，参考 GreenRoads、LEED 以及循环经济和清洁生产方面的国内外研究成果，根据我国公路水路交通节能中长期规划，结合沥青路面节能减排工作的实际需要，本课题选择资源利用、能源消耗、环境排放、管理控制和路面技术 5 类普遍性、概括性指标作为沥青路面节能减排评价指标体系的一级指标。在上述 5 类一级指标中，进一步细化若干具有代表性、易于评价与考核的指标作为二级指标，从而形成完整的沥青路面节能减排评价指标体系。

1. 资源利用指标

在沥青路面生命周期中，沥青路面的建设及养护维修工程需要投入大量的原材料，是自然资源的主要消费者。根据本课题对沥青路面生命周期能耗与排放的量化分析，沥青路面材料生产过程的能耗在沥青路面生命周期总能耗中占有相当大的比例。而且，资源利用指标不仅可以反映道路施工企业的技术工艺和管理水平，同时也反映了材料生产过程对环境的影响程度。因此，有必要在沥青路面节能减排评价指标体系中考虑资源的使用情况。

根据沥青路面建设及养护维修过程中的材料使用情况，本课题选择以下 4 项指标为资源利用指标中的二级指标：

（1）矿料消耗量（包括各档集料、矿粉和砂）。

（2）沥青消耗量（包括基质沥青、改性沥青、乳化沥青等沥青结合料）。

（3）再生材料消耗量。

（4）其他材料消耗量（包括各种纤维、抗车辙剂等添加剂）。

由于不同沥青路面工程的规模大小有很大差别，不应采用资源消耗总量进行评价。为此，本课题采用资源相对消耗情况，即单位沥青路面的资源消耗量，并参考工程预算中沥青路面材料单位，采用每 1000m^3 沥青路面实体的资源消耗量 kg（kg/1000m^3）用于资源利用指标评价。

2. 能源消耗指标

在沥青路面生命周期中，沥青路面建设、养护维修以及车辆运行都会消耗大量的电力、燃油等不同类型的燃料。根据本课题的调查及量化计算分析，上述沥青路面生命周期过程的能源消耗通常以 10^9MJ 计，是目前社会能源消耗的重要组成部分。由于能源消耗与环境排放和经济效益有直接的关系，反映了沥青路面生命周期过程对生态环境和经济效益的影响，同时也是沥青路面节能减排的主要目标，因此，有必要在沥青路面节能减排评价指标体系中考虑能源消耗指标。

根据沥青路面生命周期能源消耗情况调查分析，结合沥青路面能源消耗量化分析评价模型，本课题选择以下 2 项指标作为能源消耗指标中的二级指标：

① 电力消耗量。

② 燃油消耗量（包括汽油、柴油、重油等燃料油）。

与资源利用指标类似，考虑到沥青路面工程的规模差异，本课题采用能源相对消耗量，并将不同动力或燃料的消耗根据其热值转换为能量单位，最终采用每 1000m^3 沥青路面实体的能源消耗量 MJ（MJ/1000m^3）用于能源消耗指标评价。

3. 环境排放指标

沥青路面不仅是自然资源、能源的主要消费者，而且是环境排放的主要生产者。根据本课题的调查及量化分析，在沥青路面生命周期中，沥青路面材料生产、建设、养护维修以及车辆运行过程均会在温室气体、酸性物质、有害物质以及颗粒物质方面产生相当大的排放量，对生态环境产生不利影响。环境排放指标是反映沥青路面生命周期运行过程状况的指标，可以代表沥青路面生命周期中相关生产工艺和管理水平的高低，而且也是沥青路面节能减排的主要目标。因此，有必要在沥青路面节能减排评价指标体系中考虑环境排放指标。

根据沥青路面环境排放情况调查分析，结合沥青路面环境排放量化分析评价模型，本课题从环境排放物质种类对生态环境的影响角度，选择以下 4 项指标作为环境排放指标中的二级指标：

（1）温室气体排放量（包括 CO_2、CH_4、N_2O，以等效 CO_2 排放量表示）。

（2）酸化气体排放量（包括 SO_x、NO_x、NH_3，以等效 SO_2 排放量表示）。

（3）健康危害气体排放量（包括 SO_x、NO_x、CO、NMVOC，以等效 1,4-二氯苯排放量表示）。

（4）颗粒物质排放量（包括 TSP、PM_{10}、$PM_{2.5}$，以其排放总量表示）。

与资源利用指标类似，考虑到沥青路面工程的规模差异，本课题对上述 4 项二级指标，采用每 1000m^3 沥青路面实体的环境排放量 kg（kg/1000m^3）用于环境排放指标评价。

4. 管理控制指标

沥青路面的资源、能源消耗与环境排放属于一种过程行为，强化相关过程的管理控制是实现节能减排目标的有效措施之一。此外，本课题的相关计算分析表明，提高沥青路面施工质量，保证沥青路面良好的路用性能也是沥青路面节能减排的有效措施。而且，管理控制指标反映了相关部门对沥青路面节能减排思想和工作的重视程度，有助于促使、激励相关企业开展沥青路面节能减排工作。因此，有必要在沥青路面节能减排评价指标体系中考虑管理控制指标。

管理控制指标可以分为工程质量管理控制指标和环境排放管理控制指标两大类。根据沥青路面节能减排评价的需要和目前工程管理的实际，本课题选择以下 5 项指标作为管理控制指标中的二级指标：

质量管理认证（包括企业资质、质量管理体系认证）。

工程质量奖励（包括企业获得国家或省部级工程质量奖励）。

工程质量管理措施（包括工程质量管理计划、人员培训、质量自检情况）。

环境排放控制计划（包括环境排放控制计划书、人员培训计划）。

环境排放控制措施（包括环境排放检测人员和设备配置、环境排放控制设备配置、环境排放控制设备完好情况）。

与前述 3 项定量指标不同，管理控制指标为定性指标，需要进一步结合指标基准值，将其量化后用于沥青路面节能减排评价。

5. 路面技术指标

沥青路面是沥青路面节能减排目标的主体，在沥青路面生命周期中，采用具有节能减排功能的新技术、新材料和新工艺，对沥青路面的节能减排效果具有直接的作用。结合循环经济理论和沥青路面使用性能的特点，本课题认为沥青路面节能减排技术应具有减量化（reduce）、再利用（reuse）、再循环（recycle）以及长寿命（longlife），即 R^3L 特征，具有 R^3L 特征的路面技术可以直接或间接地达到节能减排的效果，从而减小沥青路面对生态环境的影响。因此，有必要在沥青路面节能减排评价指标体系中考虑路面技术指标。

根据上述分析，路面技术指标主要解决两方面问题，即判断采用的新技术、新材料、新工艺是否符合节能减排技术特征以及路面节能减排技术的使用规模。为此，本课题选择以下 2 项指标作为路面技术指标中的二级指标：

（1）路面节能减排技术分析（判断路面技术是否符合 R^3L 特征）。

（2）路面节能减排技术应用量。

其中，路面节能减排技术分析为定性指标，路面节能减排技术应用量为定量指标。参考前述定量指标的评价方法，本课题采用路面节能减排技术相对应用量，即沥青路面中采用节能减排技术的路面工程量的比例（%），用于路面节能减排技术应用量指标评价。上述选取的沥青路面节能减排评价指标反映了沥青路面生命周期对环境、经济、社会和技术的影响，且包含了定量评价指标与定性评价指标（表 5-1），涵盖了沥青路面生命周期影响的主要方面，能够实现沥青路面节能减排效果的综合评价。

表 5-1　沥青路面节能减排评价指标

序号	一级指标	二级指标	影响方面				指标属性	
			环境	经济	社会	技术	定量	定性
A	资源利用	A_1 矿料消耗量	*	*			*	
		A_2 沥青消耗量						
		A_3 再生材料消耗量						
		A_4 其他材料消耗量						

续表

序号	一级指标	二级指标	影响方面				指标属性	
			环境	经济	社会	技术	定量	定性
B	能源消耗	B_1 电力消耗量	*	*			*	
		B_2 燃油消耗量						
C	环境排放	C_1 温室气体排放量	*		*		*	
		C_2 酸化气体排放量						
		C_3 健康危害气体排放量						
		C_4 颗粒物质排放量						
D	管理控制	D_1 质量管理认证		*		*		*
		D_2 工程质量奖励						
		D_3 工程质量管理措施						
		D_4 环境排放控制计划						
		D_5 环境排放控制措施						
E	路面技术	E_1 路面节能减排技术分析	*			*	*	*
		E_2 路面节能减排技术应用量						

5.1.1.3 评价指标基准值的选取

沥青路面节能减排评价指标基准值是上述各项评价指标的量化尺度，是开展沥青路面节能减排评价的主要依据。根据我国沥青路面能耗与排放量化分析以及节能减排量化评价工作现状及发展趋势，本课题将沥青路面节能减排评价指标基准值分为以下 2 个水平：

1. Ⅰ水平评价指标基准值

Ⅰ水平评价为 3 标度评价，即将评价结果分为节能减排先进、节能减排合格和节能减排不合格三个等级，并依次用 A、B、C 表示。则定量评价指标和定性评价指标的基准值可分别确定如下：

（1）Ⅰ水平定量评价指标基准值。Ⅰ水平定量评价指标的基准值以定额为基础，体现评价指标基准值的动态性与公平性，以此为基础计算节能减排率 a_{ij}：

$$a_{ij}=\frac{D_{ij}-S_{ij}}{D_{ij}}$$

式中　D_{ij} 和 S_{ij}——第 i 项一级指标中第 j 项二级指标的定额数值和实际数值。

a_{ij}——节能减排效益值，根据 a_{ij} 可以确定定量指标的基准值：

当 $a_{ij}>0$ 时，表明实际的能耗与排放比定额数值小，即能耗与排放小于目前平均水平，为节能减排先进，记为 A；

当 $a_{ij}=0$ 时，表明实际的能耗与排放和定额相等，即能耗与排放达到目前平均水平，为节能减排合格，记为 B；

当 $a_{ij}<0$ 时，表明实际的能耗与排放大于定额数值，即能耗与排放超过了目前平均水平，为节能减排不合格，记为 C。

再生材料使用量和沥青路面节能减排技术应用量没有相关定额数据，目前国内外也没有关于上述两项指标的强制性规定。考虑到再生材料和路面节能减排技术的使用有助于实现节能减排的目标，因此，对于再生材料使用量和沥青路面节能减排技术应用量指标，本课题规定：

当使用再生材料或沥青路面节能减排技术时，为节能减排先进，记为A，其数值 a 为其使用比例，用再生材料用量或沥青路面节能减排技术应用量与总量之比表示；

当未使用再生材料或沥青路面节能减排技术时，为节能减排合格，记为B，其数值 a 为0。

其他材料使用量也没有相关定额数据，考虑到其他材料使用量较小，且其使用对沥青路面生命周期的能耗与排放影响较小，因此，本课题规定该指标仅记录其实际用量，不参与评价。

（2）Ⅰ水平定性评价指标基准值。从3标度出发，定性评价指标主要解决相关评价内容“有”与“没有”的问题，然后在“有”中定“优”。根据以上确定原则，本课题规定Ⅰ水平定性评价指标的基准值为：

具有第三方颁发、编制或出具的符合评价内容的相关文件资料，为节能减排先进，记为A；

企业自行制定符合评价内容的相关文件，为节能减排合格，记为B；

不具有或未制定相关文件资料，为节能减排不合格，记为C。

其中，E_1 路面节能减排技术分析指标仅判断路面技术是否符合 R^3L 特征，不参与评价。

2. Ⅱ水平评价指标基准值

Ⅱ水平评价为5标度评价，即将评价结果分为节能减排国际先进、节能减排国内领先、节能减排国内先进、节能减排国内一般以及节能减排不合格五个等级，并依次用A、B、C、D、E表示。则定量评价指标和定性评价指标的基准值可分别确定如下：

（1）Ⅱ水平定量评价指标基准值。Ⅱ水平定量评价指标基准值仍然以动态性和公平性的定额数据为基础，采用与Ⅰ水平评价相同的方法计算节能减排率 a_{ij}。然而，与Ⅰ水平不同的是，Ⅱ水平评价为5标度评价，其评价指标基准值划分较Ⅰ水平评价更细致。

在Ⅱ水平定量评价指标基准值确定过程中，考虑到目前沥青面层混合料中再生料的掺配率一般不大于50%，且在排放因子法中，环境排放与材料的消耗量存在一定的线性关系，因此，本课题根据 a_{ij} 计算结果（再生材料使用量和沥青路面再生技术应用量指标的 a_{ij} 分别以其掺配率和使用率表示），确定Ⅱ水平定量评价指标基准值见表5-2。

表5-2　Ⅱ水平定量评价指标基准值

等级	A	B	C	D	E
a_{ij}	≥0.5	[0.3，0.5]	[0.1，0.3]	[0，0.1]	<0

与Ⅰ水平评价相同，其他材料使用量指标在Ⅱ水平评价中，仍然仅记录其实际用量，不参与评价。

（2）Ⅱ水平定性评价指标基准值。Ⅱ水平评价在Ⅰ水平评价“有”中定“优”的基础上，从5标度评价出发，进一步细化评价基准，“优”中选“好”。根据以上确定原则，本课题规定Ⅱ水平定性评价指标的基准值。其中，高等级要求均需要满足其次一等级要求；E_1 路面节能减排技术分析指标同样仅判断路面技术是否符合 R^3L 特征，不参与评价。

根据Ⅰ水平与Ⅱ水平评价指标基准值的分析可以发现，Ⅰ水平评价比较简单，评价基准值比较“粗糙”，可以判断节能减排目标是否达到，但是对实现节能减排的效益无法进一步作出评价。因此，本课题建议：在沥青路面节能减排评价体系应用初期可以采用Ⅰ水平评价，以督促相关部门采取节能减排措施，同时积累相关数据和使用经验，为Ⅱ水平评价奠定坚实的基础。

Ⅱ水平评价是Ⅰ水平评价的进一步发展，其评价基准值划分较细，不仅能够判断是否达到节能减排目标，同时还能对节能减排实现效果进行分类评价。因此，本课题建议：

在沥青路面节能减排技术普遍应用后，可以采用Ⅱ水平评价，从而可以优选出节能减排效果更好的材料、技术、工艺和管理措施，同时在Ⅱ水平评价的基础上可以进一步开展节能减排认证及相应的经济奖励举措，推动沥青路面节能减排向更高、更好的方向发展。

5.1.2 沥青路面节能减排评价指标权重的确定

评价指标的权重值反映了该评价指标在沥青路面节能减排评价体系中的重要性，权重值的大小直接影响沥青路面节能减排评价结果，如果评价指标权重设置不当，会导致量化评价结果的不合理、评价过程的逻辑错误以及评价结果的误导等问题。因此，确保沥青路面节能减排评价指标体系权重分配的科学性及合理性尤为重要。为此，本课题根据确定的沥青路面节能减排评价指标及其对节能减排评价结果的影响程度等因素，选择合理的权重确定方法，确定沥青路面节能减排评价指标权重。

5.1.2.1 基于层次分析法的沥青路面节能减排评价指标体系权重确定

1. 层次分析法用于沥青路面节能减排评价指标权重确定的可行性

目前，评价指标权重的确定方法主要有层次分析法（AHP）、平均值法、系统动力学法以及神经网络法等多种方法。其中，层次分析法是目前最常用的评价指标权重确定方法。该方法不仅可以把复杂问题中的各种影响因素划分为相互联系的有序层次，而且在权重确定的过程中能够综合客观数据、专家以及分析者的基本判断，并最终以此为基础建立数学模型，通过计算确定每一层次的相对权重。与其他权重确定方法相比，层次分析法在确定沥青路面节能减排量化评价指标体系权重的过程中，具有以下突出优势：

（1）层次分析法适用于既有定量指标又有定性指标的权重确定。层次分析法的本质是一种定量与定性相结合的分析方法，通过专家意见对指标体系进行层次化分析、排序，建立数学模型，采用量化计算的方法确定评价指标体系的权重，从而克服了定性指标量化表达的难度，实现了定量指标和定性指标的综合评价。

（2）层次分析法强调人的思维判断在决策过程中的作用。层次分析法确定指标权重时，需要依据专家意见给出评价指标的重要性排序，而后通过一定的数学方法将上述思维判断过程规范化，从而能够以数量形式表达和处理人的思维判断。与完全量化的客观方法相比，层次分析法可以考虑决策过程中社会公众的意见，保证决策过程能够充分反映社会需求。

（3）层次分析法比较简便易行。层次分析法以评价指标的重要性排序为切入点，对复杂的评价指标体系进行层次化分析，逐层次分析确定评价指标的权重，思路简单、清晰，易于理解。其权重计算过程以矩阵特征值和特征向量分析为基础，无须高深的数学理论知识和繁杂的计算程序，易于推广使用。

本课题建立的沥青路面节能减排评价指标体系采用二级指标构成，其中包含了定量指标与定性指标，便于层次分析法从定量评价与定性评价的角度，进行逐层次分析确定指标权重。此外，沥青路面节能减排评价隶属于环境评价，需要考虑社会公众的意见，符合层次分析法强调人的思维判断的优势。

综上所述，根据层次分析法的优势以及沥青路面节能减排分析评价的特点，本课题分析认为，采用层次分析法确定沥青路面节能减排评价指标的权重具有合理性和可行性。

2. 基于层次分析法的沥青路面节能减排评价指标权重确定流程

层次分析法确定指标权重的过程包括评价指标的重要性标度、权重计算和一致性判断三个步骤，本课题以一级指标的权重确定过程为例，说明层次分析法权重的确定流程。

（1）评价指标的重要性标度。层次分析法确定指标权重时，首先需要对指标间两两重要性进行比较和分析判断。

通常是根据专家意见，采用九标度法（表 5-3）对评价指标的重要性进行量化，据此建立判断矩阵。由于在判断矩阵中，指标与自身的比较值为 1，i 指标与 j 指标的重要性标度和 j 指标与 i 指标的重要性标度呈倒数关系。因此，判断矩阵为一正交矩阵，确定标度时只需进行 $n(n-1)/2$ 次比较即可。

表 5-3　九标度法重要性标度及说明

标度	定义
1	i 指标与 j 指标同等重要
3	i 指标与 j 指标略重要
5	i 指标与 j 指标较重要
7	i 指标与 j 指标非常重要
9	i 指标与 j 指标绝对重要
2，4，6，8	为以上两判断之间的中间状态对应的标度值
倒数	若 j 指标与 i 指标比较，得到的判断值为倒数

本课题以 A～E 表示资源利用、能源消耗、环境排放、管理控制和路面技术 5 个沥青路面节能减排一级评价指标。为了保证专家调查意见的代表性和可靠性，本课题选择长期从事沥青路面设计、管理、建设、养护和科研工作，并具有高级以上职称的 10 位专家，按照九标度法对上述 5 项一级评价指标的重要性做出判断，并取其平均值确定重要性标度（表 5-4）。

表 5-4　沥青路面节能减排一级指标重要度标度

评价指标	A	B	C	D	E
A	1	1/2	1/3	4	2
B	2	1	1/2	5	3
C	3	2	1	5	3
D	1/4	1/5	1/5	1	1/3
E	1/2	1/3	1/3	2	1

（2）权重计算。层次分析法的权重计算以判断矩阵为基础，通过计算判断矩阵的最大

特征值及其特征向量，从而得到评价指标的相对权重向量，以此确定评价指标的权重。计算判断矩阵的最大特征值及其特征向量，可以借助专业的数学软件，如 Matlab、Mathmetic 等得到精确的数值。但是，在层次分析法的实际应用中，求取判断矩阵的最大特征值及其特征向量并不需要很高的精度，因此，可以采用近似算法进行计算。本课题采用方根法近似计算确定判断矩阵 **A** 的最大特征值及其特征向量。其计算步骤如下：

① 计算判断矩阵 **A** 每行所有元素的几何平均值：

$$p_i = \sqrt[n]{\prod_{j=1}^{n} a_{ij}} \quad (i = 1, 2, \cdots, n)$$

得到 $p = (p_1, p_2, \cdots, p_n)^T$。

② 将 p 归一化，即：

$$p'_i = \frac{p_i}{\sum_{j=1}^{n} p_j} \quad (i = 1, 2, \cdots, n)$$

得到 $p' = (p'_1, p'_2, \cdots, p'_n)^T$ 为所求特征向量的近似值，即为各评价指标的相对权重。

采用上述方法，计算得到判断矩阵 **A** 的特征向量近似值，从而确定沥青路面节能减排一级评价指标的权重（表 5-5）。

表 5-5　沥青路面节能减排一级评价指标权重

一级指标	资源利用	能源消耗	环境排放	管理控制	路面技术
权重值	0.1693	0.2747	0.3931	0.0511	0.1117

5.1.2.2　沥青路面节能减排评价指标体系最终权重值分析

根据层次分析法权重确定流程，当一级指标权重确定后，可以进一步确定上述 5 项一级指标中的各个二级指标权重。

1. 资源利用指标

与一级指标的确定类似，选择相同专家对指标重要性进行评判，结合专家评分，得到资源利用指标中 4 项二级指标的判断矩阵 $\boldsymbol{A}_1$：

$$\boldsymbol{A}_1 = \begin{bmatrix} 1 & 1/2 & 1/2 & 3 \\ 2 & 1 & 1 & 5 \\ 2 & 1 & 1 & 3 \\ 1/3 & 1/5 & 1/3 & 1 \end{bmatrix}$$

近似计算得到其特征向量，经检验 $C.R = 0.014425 < 0.1$，满足一致性判断要求，最终确定 4 项二级指标的权重值（表 5-6）。

表 5-6　资源利用二级评价指标权重

指标名称	矿料消耗量	沥青消耗量	再生材料消耗量	其他材料消耗量
权重值	0.1907	0.3064	0.4333	0.0696

2. 能源消耗指标

能源消耗二级指标仅有两个，可以结合专家评分，按照重要性比例，电力消耗量：燃油消耗量=1：3分配权重，即二级指标权重分别为0.25（电力消耗量）和0.75（燃油消耗量）。

3. 环境排放指标

结合专家评分，近似计算得到其特征向量，经检验 $C.R=0.078436<0.1$，满足一致性判断要求，最终确定4项二级指标的权重值（表5-7）。

表5-7 环境排放二级评价指标权重

指标名称	温室气体排放量	酸化气体排放量	健康危害气体排放量	颗粒物质排放量
权重值	0.5264	0.2828	0.0730	0.1177

4. 管理控制指标

结合专家评分，近似计算得到其特征向量，经检验 $C.R=0.042671<0.1$，满足一致性判断要求，最终确定5项二级指标的权重值（表5-8）。

表5-8 管理控制二级评价指标权重

指标名称	质量管理认证	工程质量奖励	工程质量管理措施	环境排放控制计划	环境排放控制措施
权重值	0.0719	0.0464	0.1825	0.2427	0.4565

5. 路面技术指标

路面技术二级指标也仅有两个，同样结合专家评分，按照重要性比例，路面节能减排技术分析：路面节能减排技术应用量=1：4分配权重，即二级指标权重分别为0.2（路面节能减排技术分析）和0.8（路面节能减排技术应用量）。

根据一级指标和二级指标的权重分析，本课题确定的沥青路面节能减排评价指标体系的最终权重见表5-9。

表5-9 沥青路面节能减排指标体系指标权重

序号	一级指标	一级指标权重	二级指标	二级指标权重
A	资源利用	0.1693	A_1 矿料消耗量	0.1907
			A_2 沥青消耗量	0.3064
			A_3 再生材料消耗量	0.4333
			A_4 其他材料消耗量	0.0696
B	能源消耗	0.2747	B_1 电力消耗量	0.2500
			B_2 燃油消耗量	0.7500
C	环境排放	0.3931	C_1 温室气体排放量	0.5264
			C_2 酸化气体排放量	0.2828
			C_3 健康危害气体排放量	0.0730
			C_4 颗粒物质排放量	0.1177

续表

序号	一级指标	一级指标权重	二级指标	二级指标权重
D	管理控制	0.0511	D_1 质量管理认证	0.0719
			D_2 工程质量奖励	0.0464
			D_3 工程质量管理措施	0.1825
			D_4 环境排放控制计划	0.2427
			D_5 环境排放控制措施	0.4565
E	路面技术	0.1117	E_1 路面节能减排技术分析	0.2000
			E_2 路面节能减排技术应用量	0.8000

通过表中各评价指标的权重可以发现，在一级指标中，能源消耗和环境排放指标的权重值最高；在二级指标中，体现 R^3L 特征的评价指标权重较高，从而反映了沥青路面节能减排评价指标体系“节能”和“减排”的最终目标。

5.1.3 沥青路面节能减排评价流程及应用

为了便于沥青路面节能减排评价工作的开展，根据沥青路面节能减排评价方法及其评价步骤，本课题建立了三阶段的沥青路面节能减排评价流程（图 5-1）。

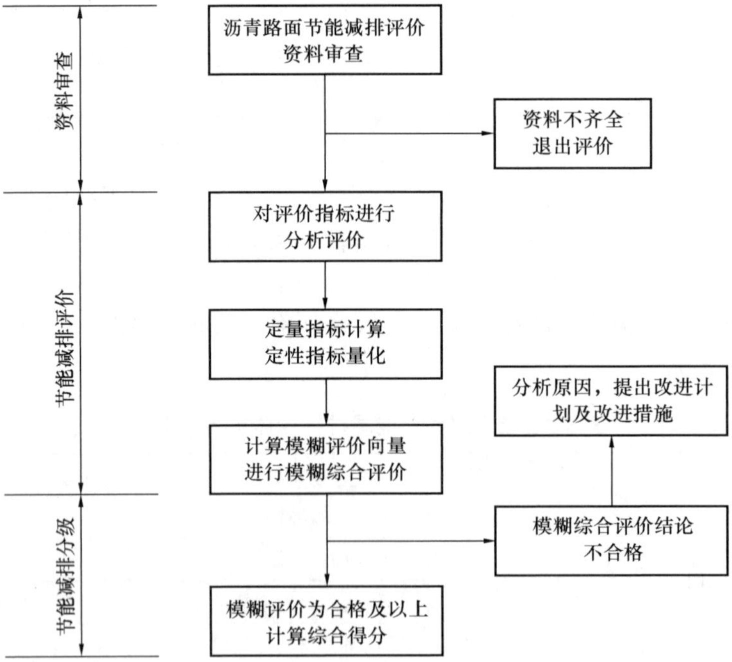

图 5-1　沥青路面节能减排评价流程

（1）沥青路面节能减排资料审查阶段。首先，参与评价的企业等相关部门需要按照沥青路面节能减排评价指标要求，提供真实、详细、可靠且正式的说明文件和相关材料。对于相关材料齐备的，可以参照资料内容进行沥青路面节能减排评价；如果相关材料缺失不全，或提供资料的真实性、准确性和可靠性无法保证，则不能进入评价阶段，待资料完善后，再进行评价。

（2）沥青路面节能减排评价阶段。根据提供的资料，按照沥青路面节能减排评价指标的基准值，计算定量指标的数值，同时对定性指标进行量化，并按照评价流程，进行沥青路面节能减排模糊综合评价，根据计算得到的隶属度，评判参评单位的节能减排水平等级。

（3）沥青路面节能减排分级阶段。根据模糊综合评价结果，当评价等级为合格及以上时，给出评价结论，如需要进一步分析评价，则计算其综合评价得分；当评价等级为不合格时，根据定量评价指标，参照本课题提出的沥青路面能耗与排放量化计算方法，分析能耗与排放数据，查找能耗与排放不达标的原因，并以此为基础，提出具体的改进计划及改进措施。

根据本课题提出的沥青路面节能减排评价方法及评价流程，结合国内外公开发表的数据资料，本课题以温拌沥青混合料技术为例，说明沥青路面节能减排评价方法的应用流程：

（1）基本情况。假设某沥青路面工程全部采用符合 R^3L 特征的温拌技术，路面建设过程中，邀请省级环境检测中心站全程监测其环境排放，有甲级建设项目环境评价机构出具的环境影响报告书以及针对上述报告书的环境排放控制计划，相关环境排放控制措施落实到位。施工企业通过 ISO 9001 质量体系认证，施工工程曾获得省级工程质量奖励，主要项目管理人员通过一级注册建造师资格认证，同时有甲级试验检测资质机构作为第三方协助工程质量管理。

（2）量化评价。根据以上资料，同时参考国内外对温拌沥青混合料节能减排情况的实测研究，采用Ⅱ水平评价指标基准值，对评价指标进行量化（表 5-10）。

表 5-10　某温拌沥青混合料路面工程节能减排评价表

序号	一级指标	一级指标权重	二级指标	a_{ij}	水平
A	资源利用	0.1693	A_1 矿料消耗量	0	D
			A_2 沥青消耗量	0	D
			A_3 再生材料消耗量	0	D
			A_4 其他材料消耗量	—	—
B	能源消耗	0.2747	B_1 电力消耗量	0.15	C
			B_2 燃油消耗量	0.23	C
C	环境排放	0.3931	C_1 温室气体排放量	0.60	A
			C_2 酸化气体排放量	0.63	A
			C_3 健康危害气体排放量	0.80	A
			C_4 颗粒物质排放量	0.10	D
D	管理控制	0.0511	D_1 质量管理认证	0.40	C
			D_2 工程质量奖励	0.60	B
			D_3 工程质量管理措施	0.60	B
			D_4 环境排放控制计划	0.60	B
			D_5 环境排放控制措施	0.60	B
E	路面技术	0.1117	E_1 路面节能减排技术分析	—	—
			E_2 路面节能减排技术应用量	1	A

根据表中评价指标的量化数据，可以评判该项目节能减排的程度，同时可以与同类项目进行横向比较。

5.2 项目施工期节能减排评估平台构建

生命周期分析过程中涉及大量的数据收集和处理。相关研究表明，根据 ISO 14040 推荐的分析程序对某种材料进行生命周期评价，可能需要至少 60 万个基本数据，这些数据的收集、分类和处理分析需要耗费大量的人力和时间。沥青路面建设作为一个相对复杂的生产过程，进行生命周期分析所需要的数据量更为庞大。此外，沥青路面生命周期分析属于一种新兴的分析评价方法，在国内沥青路面建设过程中应用不多，相关基层单位缺乏使用经验和理论支持。虽然目前国内外已有用于生命周期分析的通用软件，但是这些软件系统大都针对本国具体行业的特殊情况，由于不同国家和地区的资源分布、能源消耗和科技水平存在差异，这些软件系统并不能很好地满足我国沥青路面节能减排量化分析评价的需要。因此，为了缩短生命周期分析周期，减小数据收集和分析的工作量，推广生命周期分析在沥青路面建设过程中的应用，本课题在国内外生命周期分析评价系统的基础上，针对我国沥青路面材料、结构与施工工艺的实际情况，开发适合我国国情的沥青路面节能减排评价系统。

5.2.1 沥青路面节能减排评价系统 E3SAP 设计框架

目前国内外一些大型企业或研究机构已经研发了多种生命周期分析评价软件，很多已经投入商业化运作，如 BEES、Gabi、Simpro 以及 TEAM 等。上述软件系统多为通用软件，难以考虑沥青路面的具体特点，有针对性地进行分析与评价。而且上述国外研发的软件大多未提供中文操作环境，使用不便，购买价格比较昂贵，难以大规模地推广应用。为此，本课题在借鉴参考现有生命周期分析软件功能的基础上，结合沥青路面节能减排评价的特点，提出沥青路面节能减排评价系统的研发原则及其应有的功能需求和设计研发流程，构建沥青路面节能减排评价系统 E3SAP（Energy-saving and Emission-reduction Evaluation System for Asphalt Pavement）的设计框架。

5.2.1.1 E3SAP 系统的研发原则及功能要求

1. E3SAP 系统的研发原则

E3SAP 系统以沥青路面节能减排分析评价为对象，以简便、实用、专业性为基本特征，在研发过程中需要遵循以下基本原则：

（1）生命周期原则。E3SAP 系统以基于生命周期的沥青路面能耗与排放量化分析为基础。在该系统研发过程中，需要体现生命周期分析的思想，系统的分析计算流程应符合沥青路面生命周期基本流程，主要组成模块应能够反映沥青路面生命周期的主要组成阶段。

（2）专业针对性原则。E3SAP 系统主要针对沥青路面节能减排分析与评价，与传统的通用型生命周期分析软件不同，无须包含过多的功能与参数，但是，需要以沥青路面能耗与排放量化分析方法和沥青路面节能减排评价方法为基础，合理设计系统构成，并采用有效的方法实现其分析与评价功能。

（3）简便实用原则。简便实用是 E3SAP 系统的基本要求。简便实用原则主要体现在以下三个方面：

① E3SAP 系统的功能简单，满足沥青路面节能减排分析与评价要求即可；

② E3SAP 系统的操作简单，满足基层管理单位的实用需求，无须专业的培训；

③ E3SAP 系统的开发平台简单，采用通用、简单的软件开发平台，满足基层单位的管理和应用需求。

（4）动态开放性原则。E3SAP 系统以沥青路面能耗与排放计算方法和节能减排评价方法为核心，而上述计算与评价方法中的参数、指标和计算分析流程不是一成不变的。随着相关计算分析和评价方法的改进，E3SAP 系统也应更新。因此，E3SAP 系统不应为一个封闭的系统，而应为开放的系统，便于应用单位随时更新，同时允许应用单位结合自身使用要求，对该系统进行自定义完善。

2. E3SAP 系统的功能要求

E3SAP 系统作为适用于沥青路面节能减排分析评价的专业系统，以沥青路面节能减排量化分析评价为基本目标，应具有以下功能：

（1）沥青路面能耗与排放量化计算功能。E3SAP 系统应能够根据沥青路面结构、材料、施工工艺流程、机械设备、交通量及交通组成等输入参数，按照本课题建立的沥青路面生命周期能耗与排放量化分析方法，计算沥青路面生命周期的能耗与排放。E3SAP 系统进行能耗与排放量化分析的目的主要有以下两点：

① 计算能耗与排放量化数据，为后一阶段沥青路面节能减排评价提供数据支持；

② 计算能耗与排放总量，为相关经济效益分析和环境影响分析提供依据，即便因为各种原因未能参加节能减排评价，计算得到的能耗与排放数据仍旧具有较好的可用性。

（2）沥青路面能耗与排放分析功能。E3SAP 系统应能够根据计算得到的沥青路面生命周期能耗与排放量化数据，具体需要实现以下两项功能：

① 定量地分析沥青路面生命周期阶段能耗与排放比例，并根据量化数据分析给出能耗与排放最为严重的阶段或流程；

② 生成相关数据分析输出图表，便于直观地展现相关分析结果。

上述功能的实现，有利于应用单位及时、准确、快速地判断沥青路面生命周期能耗与排放的组成情况，从而针对能耗与排放突出的阶段、环节以及影响因素，有目的性地研发沥青路面节能减排技术，并在日后的工程项目中采取有效的节能减排措施。

（3）沥青路面节能减排评价功能。E3SAP 系统应能够按照本课题提出的沥青路面节能减排评价指标、指标权重及评价方法，根据输入的沥青路面能耗与排放量化分析数据以及相关定性评价指标量化数据，计算模拟评价的评价向量，并输出节能减排水平和综合得分评价结果。

5.2.1.2 E3SAP 系统设计流程

根据 E3SAP 系统的研发原则及其功能要求，本课题将 E3SAP 系统的研发设计流程分为以下三个阶段（图 5-2）。

1. 选择研发设计平台

E3SAP 系统以大量数据的管理、计算和分析为基础，因此，E3SAP 系统的研发设计平台需要满足上述基本条件。目前，常用的数值分析计算及软件开发平台主要有 Matlab、

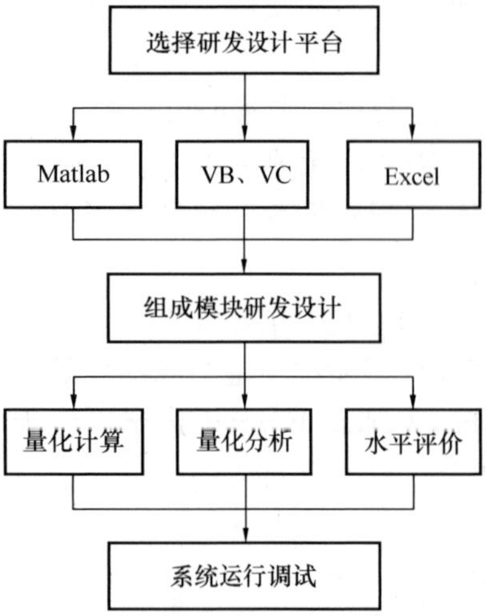

图 5-2　E3SAP 系统设计研发流程

VB、VC 以及 Excel 等。上述软件开发平台各有特点：

Matlab 具有很好的数值计算和矩阵计算能力，同时兼具比较完善的科学绘图功能，可以借助其 GUI 功能，自主开发具有一定输入输出界面的可执行程序；

VB、VC 作为完善的程序设计语言，具有强大的程序设计能力，同时通过其内部的函数和程序语言，同样能够实现较好的数值分析功能，也能开发具有人机交互功能的可执行程序；

Excel 是目前常用的数据管理、计算、分析和处理软件，具有简便实用的操作界面，能够实现大量数据的管理，通过内部函数，可以实现数据的计算，同时内置多种图形模板，可以实现不同功能要求的图形绘制。

在上述软件开发平台中，Excel 的日常使用最为普遍，使用比较简单，不需要进行长时间的专业培训，方便用户对数据的管理、维护和使用，具有简单、易用性的优势。因此，从简易性的原则出发，本课题选择 Excel 作为沥青路面节能减排分析评价系统的研发平台，以此为基础，实现相关功能要求。

2. 组成模块研发设计

E3SAP 系统的操作和运行主要包括数据输入和输出、数据计算以及数据分析等过程，其功能模块可以分为能耗与排放量化计算与分析模块以及节能减排评价模块三大主要组成部分。

在沥青路面能耗与排放量化计算模块，主要进行数据的收集管理与计算，采用 Excel 中内置的数学函数，利用单元格的引用，编辑相应的计算公式，实现根据输入沥青路面参数，自动计算输出能耗与排放结果的功能。

在沥青路面能耗与排放分析模块，主要采用 Excel 中的图表模板，根据计算得到的能耗与排放数据，自动绘制相应的分析图，如饼状图、柱状图等，直观地展现能耗与排放量化分析的结果，便于识别能耗与排放的组成情况，判断能耗与排放最为突出的阶段。

在沥青路面节能减排评价模块，主要根据能耗与排放量化计算数据以及定性评价指标的输入量化数据，按照模糊综合评价计算流程，采用 Excel 中的数学函数和矩阵行列式计算函数 MDETERM（求矩阵行列式值）、MMULT（求矩阵乘积），计算综合评价向量，并输出最终评价结果。

3. 系统运行调试

E3SAP 系统主要模块设计完成后，需要根据本课题中的相关示例，进行应用验证，查找其中的疏漏、错误，对运行中出现的不完善之处进行改进完善。

5.2.2　沥青路面节能减排评价系统组成模块

根据 E3SAP 系统的功能要求，本课题将其分为以沥青路面生命周期能耗与排放量化分析方法为基础的量化分析模块和以沥青路面节能减排评价方法为基础的评价模块，同时采用通过选择确定的 Excel 开发平台，利用其工作簿 sheet 包含的数据计算、分析和图形绘制功能，提出 E3SAP 系统的实现方法。

5.2.2.1　能耗与排放量化分析模块

根据本课题提出的沥青路面生命周期阶段划分以及建设阶段和使用阶段能耗与排放量化计算方法，以 Excel 工作簿 sheet 为基础，能耗与排放量化分析模块的主要构成如图 5-3所示。

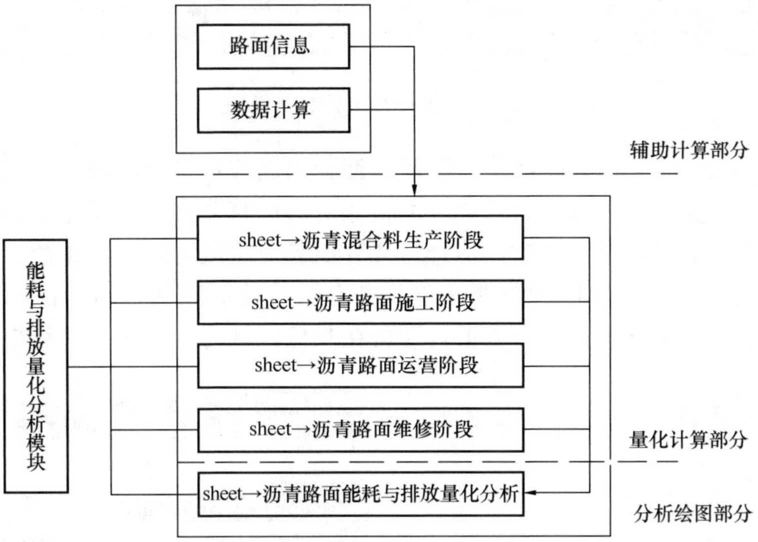

图 5-3　能耗与排放量化分析模块组成

1. 辅助计算部分

辅助计算部分包括路面信息工作簿和数据计算工作簿，其中路面信息工作簿包含了沥青路面结构层几何尺寸信息和交通量等路面设计资料以及生命周期分析年限等分析资料（图 5-4），为量化分析模块提供与路面设计和分析相关的基础数据。

沥青面层参数					
面层	厚度cm	宽度m	长度m	体积m³	工程量1000m³
上面层				0	0
中面层				0	0
下面层				0	0
柔性基层				0	0
总计				0	0

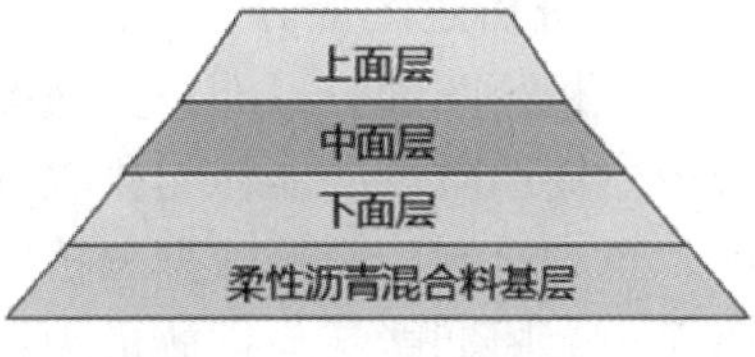

图 5-4　路面信息工作表（局部）

数据计算部分是由一系列工作簿组成的集合，其中包含了能耗与排放量化分析所需的燃料热值、排放因子等基础数据，以及各生命周期阶段单位能耗计算过程及结果，从而为能耗与排放量化分析提供依据（图 5-5）。

2. 量化计算部分

量化计算部分以本课题确定的沥青路面生命周期过程为基础，设置沥青混合料生产阶

排放水平（kg/d）											
排放产物			CO_2	SO_2	H_2S	CO	CH_4	N_2O	NxO	VOC/NVOC	颗粒物
沥青生产过程	石油沥青										
	改性沥青										
	乳化沥青										
石料生产过程											
混合料生产过程	间歇式	无除尘									
		袋式除尘									
	连续式	无除尘									
		袋式除尘									
沥青混合料运输过程											
沥青混合料施工过程											
车辆运行过程	客车	汽油									
	中型车	柴油									
	大兴城	柴油									

图 5-5　数据计算工作表（部分）

段、沥青路面施工阶段、沥青路面运营阶段和沥青路面养护维修阶段 4 个工作簿，每个工作簿以能耗与排放量化分析方法为基础，编辑相应的计算公式，根据路面信息和数据计算工作簿提供的相关信息以及用户输入信息，计算出各个阶段的能耗与排放。为了便于用户使用，E3SAP 系统中采用不同颜色填充单元格表示其功能区别，用户仅需要在空白单元格输入或通过下拉菜单选择相应的数据，即可在灰色区域得到最终计算结果（图 5-6）。

1-沥青生产过程

	用量t	单位能耗MJ/t	总能耗MJ
石油沥青		11222.371	0
改性沥青		22160.720	0
乳化沥青		37092.514	0
总计	0		0

2-石料生产过程

	用量t	单位能耗MJ/t	总能耗MJ
矿粉		10.800	0
砂			0
石屑			0
碎石			0
总计	0		0

3-沥青混合料生产过程

混合料	结构层位	工程量（1000m²）	拌和设备类型	单位能耗/1000m²		总消耗量		总能耗MJ
				重油kg	电力Kw·h	重油kg	电力Kw·h	
细粒式	上面层	0	240以内	12638.208	7875.3488	0	0	0
中粒式	中面层	0	160以内	12638.208	8058.4944	0	0	0
粗粒式	下面层	0	120以内	13499.904	6990.7048	0	0	0
沥青碎石	柔性基层	0	120以内	13033.152	6749.0049	0	0	0
SMA	上面层	0	240以内	14864.256	9262.4841	0	0	0
总计	0	0	0			0	0	0

1-沥青混合料运输过程

设备类型	平均运距	基础台班	增运台班	单位台班数量	单位台班油耗	工程量	总油耗	总能耗
	km	台班	台班	台班/1000m²	kg/台班	1000m²	kg	MJ
15t以内自卸车	6	7.99	0.73	12.37	67.89	0	0	0

2-沥青混合料摊铺过程

混合料	结构层位	设备类型		单位台班数量	单位台班油耗	工程量	总油耗	总能耗
		摊铺	混合料拌和	台班/1000m²	kg/台班	1000m²	kg	MJ
细粒式	上面层	12.5	240	1.93	136.41	0	0	0
中粒式	中面层	12.5	160	1.93	136.41	0	0	0
粗粒式	下面层	12.5	120	1.91	136.41	0	0	0
沥青碎石	柔性基层	12.5	120	1.84	136.41	0	0	0
SMA	上面层	12.5	240	2.23	136.41	0	0	0

3-沥青混合料压实过程

混合料	结构层位	设备类型		单位台班数量	单位台班油耗	工程量	总油耗	总能耗
		压实	混合料拌和	台班/1000m²	kg/台班	1000m²	kg	MJ
细粒式	上面层	6-8t	240	3.8	54.86	0	0	0
中粒式	中面层	6-8t	160	3.78	54.86	0	0	0
粗粒式	下面层	6-8t	120	3.75	54.86	0	0	0
沥青碎石	柔性基层	6-8t	120	3.62	54.86	0	0	0
SMA	上面层	15t	240	4.34	80.92	0	0	0

图 5-6　量化分析模块工作表（局部）

3. 分析绘图部分

分析绘图部分以沥青路面能耗与排放量化分析工作簿为主，将量化计算部分得到的各个生命周期阶段的能耗与排放计算结果分类汇总，并利用 Excel 的绘图功能，根据汇总数据，自动绘制相应的数据分析图，以便于用户根据图形化和数值化的分析结果，确定沥青路面生命周期能耗与排放最为突出的阶段（图 5-7）。

5.2.2.2　节能减排分析评价模块

根据本课题提出的沥青路面节能减排评价指标及评价方法，节能减排分析评价模块主要有指标评分和综合评价两个部分组成。各部分的主要内容如图 5-8 所示。

1. 辅助评价部分

辅助评价部分包括指标权重和指标基准值两个工作簿，包含了沥青路面节能减排量化评价所需要的一级和二级指标权重以及各评价指标基准值及其等级评分的相关信息（图 5-9），为沥青路面节能减排量化评价提供基础。

阶段	沥青混合料生产阶段			沥青路面施工阶段		总计
过程	沥青生产	石料生产	混合料生产	沥青混合料运输	沥青路面施工	
能耗(MJ)	2.84×10^{8}	3.55×10^{6}	9.85×10^{7}	7.36×10^{6}	6.67×10^{6}	4.0×10^{8}
能耗比%	70.97	0.89	24.61	1.84	1.69	1

阶段	沥青混合料生产阶段			沥青路面施工阶段		总计
过程	沥青生产	石料生产	混合料生产	沥青混合料运输	沥青路面施工	
全球变暖	4.53×10^{6}	0	3.46×10^{6}	5.40×10^{5}	5.03×10^{5}	9.03×10^{6}
酸化效应	3.33×10^{4}	0	1.60×10^{4}	4.43×10^{3}	0	5.37×10^{4}
健康危害	5.95×10^{4}	0	1.05×10^{5}	1.11×10^{4}	0	1.75×10^{5}
颗粒物质	3.81×10^{3}	6.57×10^{5}	1.69×10^{3}	2.05×10^{2}	0	6.63×10^{5}

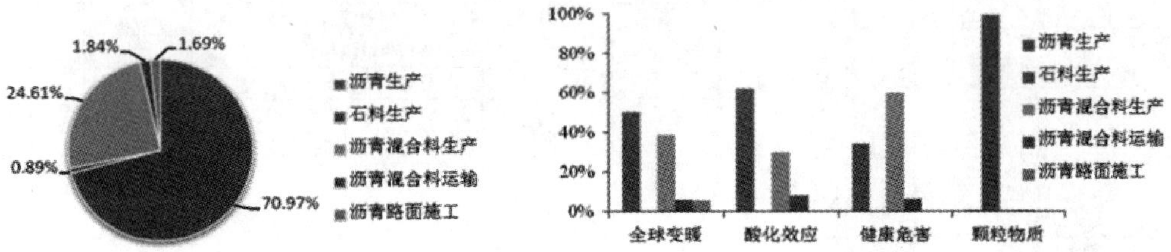

图 5-7　沥青路面能耗与排放量化分析工作表

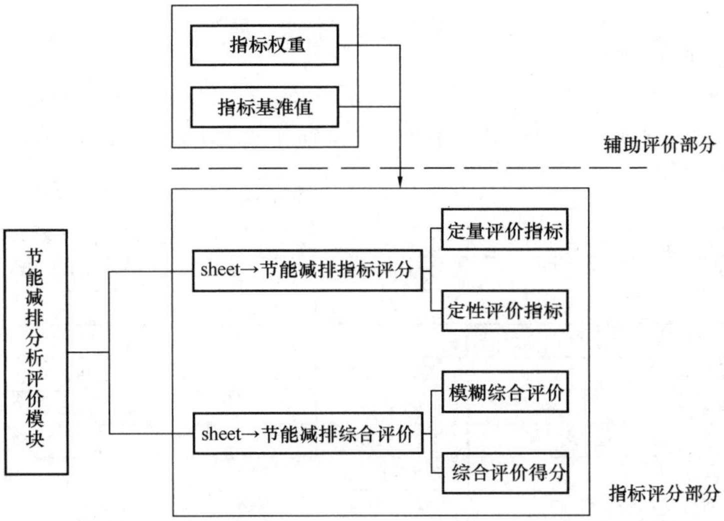

图 5-8　节能减排分析评价模块组成

指标权重工作簿主要包括采用层次分析法确定的一级指标和二级指标的权重。这里仅给出指标权重的最终计算结果，而未给出相应的计算过程。将指标权重工作簿如此设计的目的在于：层次分析法仅为指标权重确定方法中的一种常用方法，在实际使用过程中，用户可以根据需要选择不同的权重确定方法，从而提高了 E3SAP 系统的开放性，便于用户在合理范围内选择最易用的方法。

指标基准值工作簿主要包括定量指标和定性指标的各个等级及其所对应的量化得分，从提高评价结果合理性和激励性的角度出发，E3SAP 系统采用本课题提出的Ⅱ水平评价指标基准值。

序号	一级指标	权重
A	资源利用	0.1693
B	能源消耗	0.2747
C	环境排放	0.3931
D	管理控制	0.0511
E	路面技术	0.1117

二级指标	权重
①A1矿料消耗量	0.1907
②A2沥青消耗量	0.3064
③A3再生材料使用量	0.4333
④A4其他材料使用量	0.0696
①B1电力消耗量	0.2500
②B2燃油消耗量	0.7500
①C1温室气体排放量	0.5264
②C2酸化气体排放量	0.2828
③C3健康危害气体排放量	0.0730
④C4颗粒物质排放量	0.1177
①D1质量管理认证	0.0719
②D2工程质量奖励	0.0464
③D3工程质量管理措施	0.1825
④D4环境排放控制计划	0.2427
⑤D5环境排放控制措施	0.4565
①E1路面节能减排技术分析	0.2000
②E2路面节能减排技术应用量	0.8000

序号	一级指标	二级指标	指标属性	
			定量	定性
A	资源利用	①A1矿料消耗量	•	
		②A2沥青消耗量	•	
		③A3再生材料使用量	•	
		④A4其他材料使用量	•	
B	能源消耗	①B1电力消耗量	•	
		②B2燃油消耗量	•	
C	环境排放	①C1温室气体排放量	•	
		②C2酸化气体排放量	•	
		③C3健康危害气体排放量	•	
		④C4颗粒物质排放量	•	
D	管理控制	①D1质量管理认证		•
		②D2工程质量奖励		•
		③D3工程质量管理措施		•
		④D4环境排放控制计划		•
		⑤D5环境排放控制措施		•
E	路面技术	①E1路面节能减排技术分析		•
		②E2路面节能减排技术应用量	•	

图 5-9　辅助部分工作表（局部）

2．指标评分部分

指标评分工作簿主要包含定量评价指标和定性评价指标评分两方面的内容，主要根据实测数据和指标基准值要求，对不同的评价指标赋予合理的评价分数（图 5-10）。

定量指标

指标名称	定额数值Dij	实际数值Sij	评价分数	等级水平
①A1矿料消耗量	1590.018493	700	0.559753548	A
②A2沥青消耗量	75.667125	0	1	A
③A3再生材料使用量	1	0	1	A
①B1电力消耗量	5329.28433	0	1	A
②B2燃油消耗量	9090.614055	0	1	A
①C1温室气体排放量	47331.56816	0	1	A
②C2酸化气体排放量	216.3521713	0	1	A
③C3健康危害气体排放量	572.488671	0	1	A
④C4颗粒物质排放量	6813.378402	0	1	A
②E2路面节能减排技术应用量	0.675	0	0	D

定性指标

指标名称	等级水平	分数范围	评价分数
①D1质量管理认证	B	[0.6,0.4]	
②D2工程质量奖励	B	[0.6,0.4]	
③D3工程质量管理措施	B	[0.6,0.4]	
④D4环境排放控制计划	A	[0.8,0.6]	
⑤D5环境排放控制措施	C	[0.4,0.2]	
①E1路面节能减排技术分析	D	[0.2,0]	

图 5-10　指标评分部分工作表

定量评价指标评分部分，根据相应评价指标的定额数值和实测数值，计算其节能减排率，并参照指标基准值，确定其相应的评价分数。

定性评价指标评分部分，根据评价对象提供的相关评价材料，参照指标基准值，确定指标评价等级及其相应的评价分数。

3. 综合评价部分

综合评价部分工作簿主要包含节能减排模糊综合评价以及综合评价得分计算过程及评价结果，给出 E3SAP 系统的最终结论（图 5-11）。

序号	一级指标	二级指标	评价分数	评价水平	权重	得分
A	资源利用	①A1矿料消耗量	0.560	A	0.1907	0.107
		②A2沥青消耗量	1.000	A	0.3064	0.306
		③A3再生材料使用量	0.000	D	0.4333	0.000
B	能源消耗	①B1电力消耗量	1.000	A	0.2500	0.250
		②B2燃油消耗量	1.000	A	0.7500	0.750
C	环境排放	①C1温室气体排放量	1.000	A	0.5264	0.526
		②C2酸化气体排放量	1.000	A	0.2828	0.283
		③C3健康危害气体排放量	1.000	A	0.0730	0.073
		④C4颗粒物质排放量	1.000	A	0.1177	0.118
D	管理控制	①D1质量管理认证	0.500	B	0.0719	0.036
		②D2工程质量奖励	0.500	B	0.0464	0.023
		③D3工程质量管理措施	0.500	B	0.1825	0.091
		④D4环境排放控制计划	0.700	A	0.2427	0.170
		⑤D5环境排放控制措施	0.300	C	0.4565	0.137
E	路面技术	②E2路面节能减排技术应用量	0.444	B	0.8000	0.355

图 5-11　综合评价部分工作表

模糊综合评价部分，根据一级指标的权重以及评价指标的最终得分分析，按照模糊综合评价的计算过程，计算评价对象的评价等级隶属程度，从而确定模糊综合评价的最终评价结果。

综合评价得分部分，根据一级指标和二级指标的权重，以及评价指标的最终得分，计算评价对象的综合评价得分，从而为模糊综合评价为同一等级的两个不同评价对象提供更进一步的量化评价依据。

5.2.3　沥青混合料拌和站能耗评估系统介绍

沥青混合料拌和站能耗评估系统由加热滚筒、沥青加热和储存系统、电力系统三部分构成，通过三部分能耗、排放的分别计算，累加计算混合料拌和站总能耗、总排放。沥青混合料拌和站能耗评估系统工作路线如图 5-12 所示。

1. 加热滚筒（图 5-13）

加热滚筒系统包括基本参数、校准系数、热值、产尘率等几个指标，通过计算，最终以每吨沥青混合料平均燃料用量、加热滚筒的总燃料使用量、每吨沥青混合料平均能耗、加热滚筒总能耗为输出结果。

2. 沥青加热和储存系统（图 5-14）

沥青加热和储存系统包括储罐参数、环境及沥青温度等指标，通过计算，最终以每吨

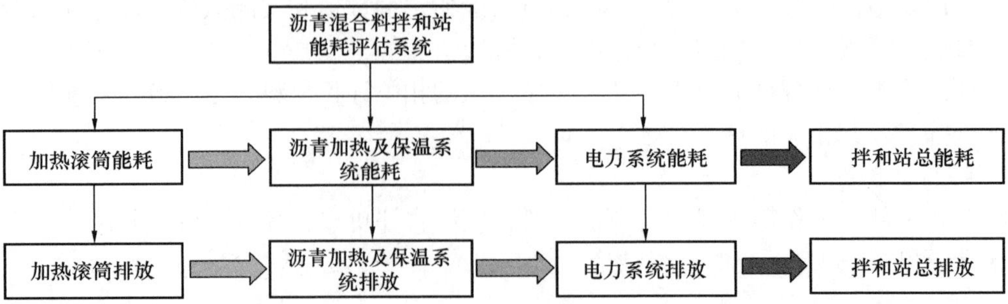

图 5-12　沥青混合料拌和站能耗评估系统工作图

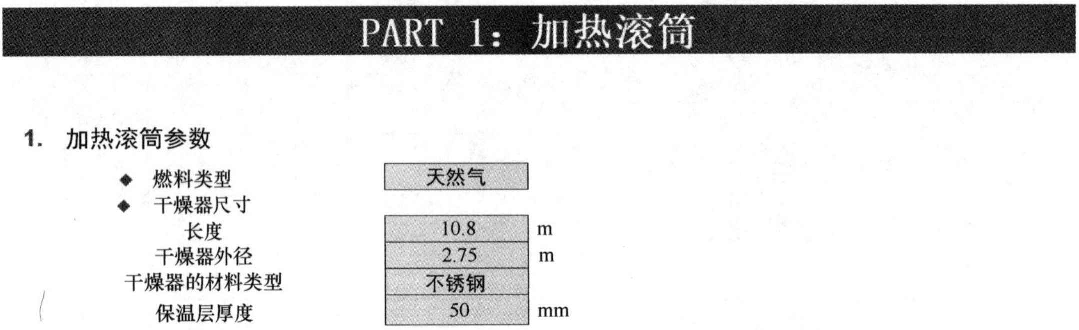

图 5-13　加热滚筒系统

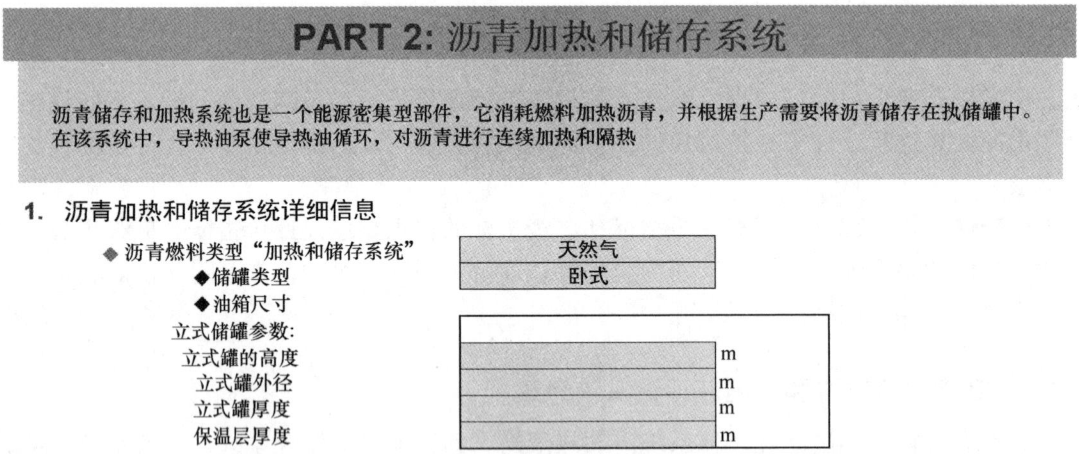

图 5-14　沥青加热和储存系统

沥青混合料平均燃料用量、沥青系统燃料总使用量、每吨沥青混合料平均能耗、沥青系统总能耗为输出结果。

3. 电力系统（图 5-15）

电力系统包括电机参数等指标，通过计算，最终以每吨沥青混合料的平均用电量、总用电量、每吨沥青混合料平均能耗、电力总能耗为输出结果。

PART 3: 电力系统

沥青厂生产能耗的第三部分是电动机启动和运行设备所消耗的电能。电动机的额定功率从技术文件中获得，并与运行周期相乘，以量化电厂设备运行的耗电量。启动时间取决于设备型号、条件和操作员的经验 。因些，在启动前和正常生产后，可以通过电表读数的差值手动记录耗电量

1. 电机参数

◆ 电动机总额定功率	550	kW
◆ 启动装置电表读数差异	200	kW · h

图 5-15　电力系统

5.2.4　沥青混合料间歇式拌和站理论计算

5.2.4.1　沥青拌和站能耗预测模型建立

5.2.4.1.1　能耗预测的热力学模型

沥青混合料生产过程中的能量消耗遵循两个物理规律：能量守恒和质量守恒。了解生产各阶段的详细传热和质量变化过程是很重要的。在本研究中，能源消耗分为三个部分：

（1）旋转干燥机消耗的燃料；

（2）沥青储存和加热系统消耗的燃料；

（3）所有电力用户消耗的电力，如图 5-16 所示。

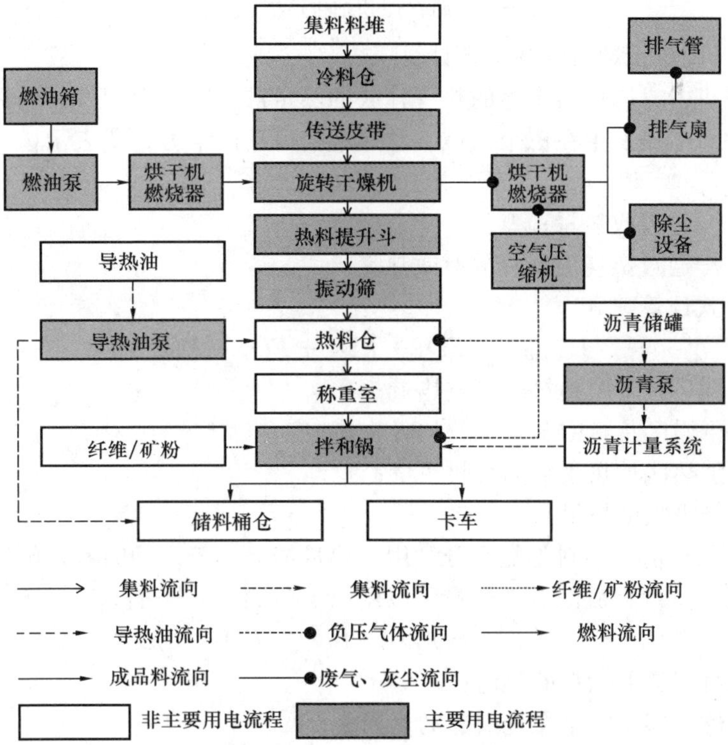

图 5-16　混合料生产流程图

能量损失也发生在热电梯、热储料仓和搅拌机中。这种损失是由离开旋转干燥机的骨料过热来补偿的。该温度用于建模目的。三个组件的详细分解如图 5-17 所示。

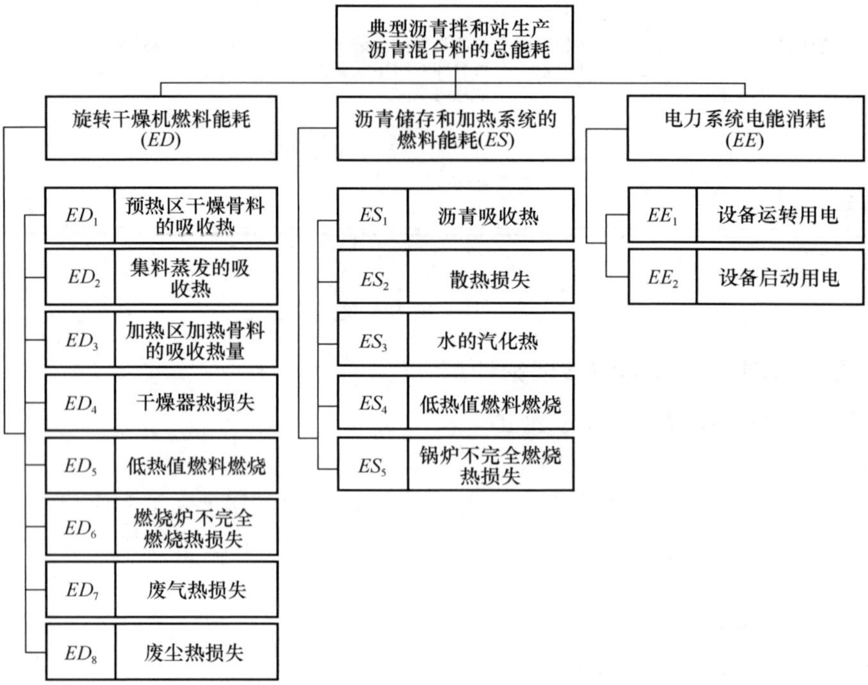

图 5-17　沥青拌和站生产能耗汇总

5.2.4.1.2　旋转干燥机的热平衡计算

在旋转干燥机中，燃烧器产生的热气释放的热量被集料（含湿气）的吸收热量和干燥机的热损失消耗。传热发生在三个区域。总热平衡可用以下方程式表示：

$$E_{\text{absorbed}} = E_{\text{released-effective}} \tag{5-1}$$

式中　E_{Absorbed}——总吸收热量；

$E_{\text{released-effective}}$——通过燃烧燃料释放有效热量。

E_{Absorbed}按下式计算。

$$E_{\text{absorbed}} = ED_1 + ED_2 + ED_3 + ED_4 \tag{5-2}$$

式中　ED_1——预热区干燥集料的吸收热量；

ED_2——干燥区集料中蒸发水分的吸收热；

ED_3——加热区加热集料的吸收热量；

ED_4——鼓吸收的热量。

并不是所有的热值的燃料都能充分利用。热量损失源于多种因素，包括燃料不完全燃烧、废气和废气粉尘。释放的有效热量可以用以下公式（5-3）计算。

$$E_{\text{released-effective}} = ED_5 - ED_6 - ED_7 - ED_8 \tag{5-3}$$

式中　ED_5——特定类型燃料的热值；

ED_6——燃烧器不完全燃烧引起的热损失；

ED_7——废气引起的热损失；

ED_8——排气粉尘引起的热损失。

1. 干燥和加热骨料的吸收热量（ED_1、ED_2、ED_3）

在回转烘干机的预热区，集料和水从环境温度加热到蒸发点假设在这一阶段没有状态变化（从液体到蒸汽）。吸收热 ED_1 可根据以下式（5-4）计算。

$$ED_1=(M_{CA}+M_{FA})C_A(t_2-t_1)+(M_{CA}\omega_{CA}+M_{FA}\omega_{FA})C_W(t_2-t_1) \tag{5-4}$$

式中 M_{CA}——每吨沥青混合料中粗干集料的质量（kg）；

M_{FA}——每吨沥青混合料中细干集料的质量（kg）；

ω_{CA}——湿粗集料含水率（%）；

ω_{FA}——湿细集料含水率（%）；

C_A——骨料比热（kJ/kg·℃）；

C_W——水比热（kJ/kg·℃）；

t_1——冷集料温度（等于环境温度）（℃）；

t_2——蒸发温度（℃）。

假设水的状态变化发生在干燥区。蒸发水中的吸收热 ED_2 按式（5-5）估算。

$$ED_2=(M_{CA}\omega_{CA}+M_{FA}\omega_{FA})C_v(t_0-t_2)+(M_{CA}\omega_{CA}+M_{FA}\omega_{FA})L_W \tag{5-5}$$

式中 C_v——蒸汽比热［kJ/(kg·℃)］；

L_W——水的汽化热（kJ/kg）；

t_0——烟道气温度。

干燥集料在加热区进一步加热至所需温度。该温度高于沥青混合料的温度，以解释前面提到的后续热损失。高温计可用于监测骨料排放温度 t_3，这取决于所需的现场拌和配方（JMF）、施工现场位置和环境温度。例如，沥青玛瑞脂碎石（SMA）混合料的要求温度通常达到 190℃，而普通沥青混合料的要求温度范围为 170～175℃，橡胶沥青混合料的要求温度范围为 190～195℃。加热区中骨料吸收的热量按式（5-6）计算。

$$ED_3=(M_{CA}+M_{FA})C_A(t_3-t_2) \tag{5-6}$$

2. 通过干燥器滚筒的热损失（ED_4）

旋转干燥器壳体的温度高于环境温度。这种温差主要导致两种形式的热损失：辐射和对流。

$$ED_4=E_{\text{radiation}}+E_{\text{convection}} \tag{5-7}$$

辐射热损失辐射可按式（5-8）计算。如方程式所示，辐射受干燥器壳体和空气温度差的影响严重。

$$E_{\text{radiation}}=\sigma\varepsilon\pi DL[(t_4+273.15)^4-(t_1+273.15)^4]\frac{3600}{Q}\times\frac{1}{1000} \tag{5-8}$$

式中 $E_{\text{radiation}}$——辐射热损失（K）；

$E_{\text{convection}}$——对流热损失（kJ）；

σ——斯特凡玻耳兹曼常数［W/(m·K)］；

ε——发射率系数；

D——干燥器直径（m）；

L——干燥器长度（m）；

t_4——干燥器壳体的平均外表面温度（℃）；

Q——每小时产量（t/h）。

由对流引起的热损失按式（5-9）计算。

$$E_{\text{convection}} = q_{\text{conv}} \frac{3600}{Q} \times \frac{1}{1000} \tag{5-9}$$

式中 q_{conv}——流换热率（W）。

对流换热率可以用牛顿定律表示。

$$q_{\text{conv}} = hA_{\text{s}}(t_4 - t_\infty) \tag{5-10}$$

式中 h——对流换热系数［W/(m·℃)］；

A_s——对流换热发生的表面积，在本研究中定义为干燥器表面积 πDL（m^2）；

t——距离表面足够远的空气温度（℃），假设为环境温度 t_1。

对流换热系数 h 取决于物体的表面几何形状、空气运动的性质、空气的性质和体积空气速度。在本研究中，h 是通过假设横流中圆柱（旋转干燥器）上的强制对流，使用空气的努塞尔数（Nu）、普朗特数（Pr）、雷诺数（R）来确定的。

$$h = \frac{Nu \cdot k}{D} \tag{5-11}$$

式中 Nu——努塞尔数；

k——空气导热系数［W/(m·℃)］；

D——旋转干燥器直径（m）。

努塞尔数（Nu）是一个无量纲数，表示由于对流相对于传导，通过流体（空气）层的传热增强。多年来，人们发展了几种模型来计算圆柱绕流的平均 Nu。

$$Nu = C \cdot R^m Pr^n \tag{5-12}$$

式中 R——雷诺数；

Pr——普朗特数；

C，m，n——依赖于 R 的系数。

雷诺数（R）也是表示外部流动状态的无量纲量，主要取决于流体中惯性力与黏性力的比值。R 使用下式计算。

$$R = \frac{VD}{\upsilon} = \frac{V\rho D}{\delta} \tag{5-13}$$

式中 V——接近旋转干燥机时的均匀风速（m/s）；

D——旋转干燥机的直径（m）；

υ——空气的运动黏度（m^2/s）；

ρ——空气密度（kg/m^3）；

δ——空气的运动黏度（Pa·s）。

假设干燥器周围的平均风速为 0.5～3m/s。干燥器周围的平均空气膜温度 t_f 计算为表面温度 t_4 和自由流温度 t_∞（等于环境空气温度）的平均值。

在这种条件下，R 的计算范围为 40000～400000，分别对应于 0.027、0.805 和 1/3 的 C、m、n。普朗特数（Pr）是一个无量纲参数，它依赖于空气的运动黏度和热扩散率。

3. 燃料低热值（ED_5）

燃油低热值（LHV）是指燃油燃烧释放的净热量。它排除了燃料和反应产物中水蒸发的热量。低热值通常用作一种特定类型燃料的原料能源。不同类型的燃料有不同的

LHV。燃料燃烧的低热值是确定为燃料质量和单位 LHV 的乘积，如式（5-14）所示。

$$ED_5 = M_D V_D \tag{5-14}$$

式中 M_D——所需燃料（天然气为 m^3，柴油和重油为 kg）；

V_D——燃料的单位 LHV（kJ/单位）。

4. 燃烧器不完全燃烧热损失（ED_6）

在高效燃烧中，要求空气与进入燃烧器的燃料量保持平衡。空气不足或燃油过多会导致不完全燃烧。燃烧器不完全燃烧引起的热损失是由化学不完全燃烧、机械不完全燃烧、空气中的燃料损失和烟气中的燃料损失引起的。总热损失系数 q 通常由从业人员根据以往经验和行业标准确定。在 ED_6 燃烧器中，由于不完全燃烧而引起的热损失用以下公式(5-15)计算。

$$ED_6 = qM_D V_D \tag{5-15}$$

式中 q——燃烧器热损失率。

5. 废气热损失（ED_7）

废气进入除尘设备时的温度是干燥效率的一个指标。用温度计很容易检查。较高的气体温度表明，由于热量损失，干燥效率较低。废气 ED_7 的热损失可通过式（5-16）估算。

$$ED_7 = M_D C_{SG} V_{SG}(t_0 - t_1) \tag{5-16}$$

式中 G_{SG}——烟道气的比热（$kJ/m^3 \cdot ℃$）；

V_{SG}——完全燃烧一单位燃料时的实际烟道气体积（m^3/单位）。

燃料燃烧是一种化学反应过程，其中燃料与空气中的氧气发生反应，并转化为燃烧产物和能量。燃烧一单位燃料时的实际烟道气体积 V_{SG} 可使用燃烧一单位燃料时的助燃空气体积（m^3/单位）的一系列方程式进行估算。

理论烟道气体积 V_0 可以通过燃料的低热值来估算。式（5-18）适用于液体。

根据欧洲标准 EN 12952—15：2003，式（5-19）适用于气体燃料。理论上所需的空气量可以粗略估计为燃料低热值的函数。过量空气比 ∂ 可根据燃料类型（液体燃料为 1.05～1.2，气体燃料为 1.05～1.1）进行经验估算。

$$V_{SG} = V'_{SG} + (\partial - 1)V'_{\text{air}} \tag{5-17}$$

理论烟道气体积 V'_{SG} 可以通过燃料的较低热值来估算。液体燃料（kg）为：

$$V'_{SG} = 1.76435 + \frac{0.20060V_D}{1000} \tag{5-18}$$

气体燃料（kg）为：

$$V'_{SG} = 0.199 + \frac{0.234V_D}{1000} \tag{5-19}$$

$$V'_{\text{air}} = \frac{2.6V_D}{10000} \tag{5-20}$$

式中 V'_{SG}——燃烧一单位燃料时的理论烟道气体积（m^3/单位）；

∂——过量空气比；

V'_{air}——理论烟道气体积燃烧一单位燃料时的助燃空气量（m^3/单位）。

6. 粉尘热损失（ED_8）

在干燥过程中，会产生一定量的粉尘。

灰尘还带走了来自旋转干燥机系统的热量。大多数沥青混合料厂采用一级和二级除尘系统。一级收集系统采用旋风分离器和沉降室来去除较大的颗粒，而二级收集系统采用织物过滤器和风险洗涤器来收集较小的颗粒。粉尘的数量取决于骨料的类型和质量。通过对搅拌站经验丰富的工程师的访谈，作者发现产生的粉尘占总骨料质量的 2%～5%。式（5-21）用于估算灰尘造成的热损失 ED_8。

$$ED_8 = M_{\text{dust}} C_A (t_5 - t_1) \tag{5-21}$$

式中 M_{dust}——干燥过程中产生的粉尘质量（kg）；

C_A——骨料比热［kJ/(kg·℃)］；

t_5——袋式除尘器处测得的温度（℃）。

5.2.4.1.3 沥青加热储存系统的热力学过程及油耗估算

除旋转干燥机外，沥青加热和储存系统还消耗燃料来加热和维持储存罐中沥青的温度。导热油通过电泵在系统中循环传递热量。附加设备可用于处理特殊类型的沥青。例如，聚合物改性沥青罐配有三套搅拌装置，用于防止聚合物离析。对于橡胶沥青，使用由预混合和固化部分组成的独立混合系统将橡胶屑和沥青混合，形成均匀和不沉降的悬浮液。泡沫沥青是通过喷嘴将水注入热沥青中以产生自发泡沫而产生的。泡沫沥青除了用于就地再生外，在生产温拌沥青（WMA）方面也越来越受到世界各国的欢迎。

$$ES_1 + ES_2 + ES_3 = ES_4 - ES_5 \tag{5-22}$$

式中 ES_1——沥青吸收的热量（kJ）；

ES_2——沥青的热损失（kJ）；

ES_3——水的汽化热（kJ）；

ES_4——燃料的低热值（kJ）；

ES_5——锅炉燃烧引起的热损失（kJ）。

沥青 ES 的吸收热量是将沥青加热至所需温度所需的能量，该温度可根据式（5-23）计算。

$$ES_1 = C_b M_b (t_6 - t_7) \tag{5-23}$$

式中 c_b——沥青的平均比热［kJ/(kg·℃)］；

M_b——沥青质量（kg）；

t_6——所需沥青温度（℃）；

t_7——加热前的沥青温度（℃）。

沥青在储罐中的热损失 ES_2 不容忽视。有两种类型的储罐可用：水平和垂直。热损失需要根据储罐类型进行计算。立式储罐通常安装在混凝土底座上，其热损失主要由储罐侧面和顶面到空气 ES_{2a} 的热传递和储罐底部到混凝土底座 ES_{2b} 的热传导引起，如下式所示。

$$ES_2 = ES_{2a} + ES_{2b} \tag{5-24}$$

$$ES_{2a} = K_a A_a (t_8 - t_1) \tag{5-25}$$

$$ES_{2b} = K_b A_b (t_8 - t_9) \tag{5-26}$$

式中 ES_{2a}——由储罐到空气的热传导引起的热损失（kJ）；

ES_{2b}——由储罐到混凝土底座的热传导引起的热损失（kJ）；

K_a——ES_{2a} 的热传导系数［kJ/(h·m²·℃)］；

K_b——ES_{2b} 的传热系数［kJ/(h·m²·℃)］；

A_a——立式储罐侧面和顶面的总面积（m^2）；

A_b——立式储罐底面积（m^2）；

t_8——储罐中储存的沥青的平均温度（℃）；

t_9——混凝土地基下土壤的平均温度（℃）。

对于卧式水箱，从水箱到空气热量释放使用式（5-27）计算。

$$ES_2 = K_a F_2 (t_8 - t_1) \tag{5-27}$$

式中　F_2——储罐的表面积（m^2）；

其他变量与式（5-24）至式（5-26）中的变量相同。

沥青通过罐车或油桶运输到沥青混合料拌和站。前者最常用于输送大量沥青（如20t），配有大功率燃烧器，用于长途运输。在罐车生产和运输过程中，沥青的水分几乎被完全去除。在一些偏远地区，可以使用桶装沥青。在使用之前，应加热并从桶中倒入沥青，并且沥青中的水分不能完全去除。桶装沥青中的水的汽化热可使用式（5-28）计算。

$$ES_3 = L_u \omega_b M_b \tag{5-28}$$

式中　L_w——单位水潜热（kJ/kg）；

ω_b——沥青含水量（%）；

M_b——沥青质量（kg）。

沥青储存和加热系统 ES_4 的燃料燃烧低热值确定为燃料质量和单位低热值的乘积，如式（5-29）所示。

$$ES_4 = M_B V_B \tag{5-29}$$

式中　ES_4——沥青储存和加热用燃料的低热值（kJ）；

M_B——沥青储存和加热所需的燃料（m^3 表示天然气，kg 表示柴油和重油）；

V_B——燃料的单位 LhV（kJ/单位）。

可使用式（5-30）计算沥青储存和加热系统 ES_5 的锅炉中由于不完全燃烧而产生的热损失。

$$ES_5 = q' M_B V_B \tag{5-30}$$

式中　q'——锅炉热损失系数。

5.2.4.1.4　用电量估算

能源消耗的第三个组成部分是使用电动机操作设备的电力。电动机的额定功率可从技术规范中获得。虽然设备稳定运行期间的耗电量可以通过额定功率乘以运行周期来计算，但启动阶段的耗电量因设备型号、条件和操作人员的经验而有很大差异。启动阶段消耗的实际功率可与电力分开记录。因此，总耗电量 EE 是用等式估算的。

$$EE = EE_1 + EE_2 \tag{5-31}$$

$$EE_1 = 3600 \sum_{i=1}^{n} P_i \times T \tag{5-32}$$

$$EE_2 = 3600S \tag{5-33}$$

式中　EE——电力系统能耗（kJ）；

EE_1——设备运行用电（kJ）；

EE_2——设备启动用电（kJ）；

P_i——电动机额定功率（kW）；

T——电厂运行时间（h）；

S——电厂启动前后电表读数的差值（kW·h）。

5.2.4.1.5 总能量计算

总能量是能量消耗的各个组成部分的总和。消耗的燃料以所需燃料的总单位表示（天然气为 m^3，柴油和重油为 kg），而电气系统中使用的能量直接以能量单位（kW·h）表示。旋转干燥机中所需的燃料质量 M_D 可使用式（5-34）计算，该式由热平衡方程导出。方程式中的分子是根据前面的方程式计算出的总能量，而分母代表燃料释放的有效热量。干燥器热效率 μ 可从技术规范中找到。

$$M_D = \frac{ED_1 + ED_2 + ED_3 + ED_4 + \mu ED_8}{\mu[V_D - qV_D - C_{SG}V_{SG}(t_0 - t_1)]} \tag{5-34}$$

对于沥青加热和储存系统，所需燃料质量 M_B 按式（5-35）计算。方程中使用了热效率系数 μ。

$$M_B = \frac{ES_1 + ES_2 + ES_3}{\mu'(V_B - q'V_B)} \tag{5-35}$$

所有系统（包括旋转干燥机、沥青储存和加热系统以及电气系统）消耗的总能量可通过式（5-36）计算。

$$E_{\text{total}} = M_D V_D + M_B V_B + EE \tag{5-36}$$

式中 E_{total}——消耗的总能量（kJ）；

其他参数已在前面的公式中定义。

5.2.4.2 不同结构形式沥青拌和站能耗预测及验证

5.2.4.2.1 不同结构形式沥青拌和站能耗预测

依据拌和站能耗预测模型，对依托工程采用不同路面结构形式进行评估汇总。为统一计算标准，本节采用符合施工现场实际的工况，对外界影响因素假定见表 5-11。

表 5-11 外界影响因素参数

环境因素	平均环境温度	25℃
	湿度	45%
	天气状况	晴
	风速	2m/s
拌和站生产因素	拌和站类型	4000 型拌和站
	启停次数	1 次
	产量	300t/h
	粗集料含水率	1%
	细集料含水率	1%
	燃料类型	天然气
生产工艺	连续生产	按每日 8h 计算
沥青存储时间	即时使用	沥青进场后仅进行保温

依托工程使用不同结构形式沥青拌和站能耗评估汇总见表 5-12。

表 5-12　不同结构形式沥青拌和站能耗估算

结构层位	结构形式	每吨混合料燃料用量（m^3）			每吨混合料用电量（kW·h）
		燃烧炉	沥青加热及储存系统	合计	电机功耗
上面层	SMA-13	6.90	1.17	8.07	2.30
中面层	AC-20	6.21	1.20	7.41	1.87
	温拌 AC-20	5.40	1.22	6.61	1.92
下面层	AC-25	5.79	1.08	6.87	1.87

5.2.4.2.2　沥青拌和站能耗预测模型验证

通过现场调研，依托工程各标段基本全部采用天然气作为拌和站主燃料进行生产。生产过程中，课题组对依托工程各标段拌和站正常生产过程中用气量进行了统计，统计结果见表 5-13。

表 5-13　各标段沥青拌和站能耗统计

标段	地点	拌和站品牌及型号	燃料	SMA-13	AC-20	AC-25/ATB-25
一标段	蓝村	德基 5000	天然气	天然气 7.4m^3，电 1.7kW·h	天然气 6.9m^3，电 1.7kW·h	天然气 6.5m^3，电 1.7kW·h
	高密	德基 5000 和雪桃 5000	天然气			
二标段	饮马	德基 4000	18 年前重油、18 年后煤转气	重油 8L，煤转气 10～12kg	重油 7L，煤转气 10kg	重油 7L，煤转气 9～10kg
	潍坊东	日工 3000				
三 A 标段	昌乐	日工 5000	天然气	8～9m^3	6～7m^3	6.5m^3
三 B 标段	青州	安迈 4000	天然气	7.5～8m^3	7m^3	6.5～7.0m^3
四标段	淄博	德基 4000	天然气	8m^3	7.3m^3	6.5～7m^3
	临淄	德基 4000				
五标段	邹平	环球 4000	天然气	7.5～8m^3	6.5～7.0m^3	6.5～7m^3
		安曼 4000				
六标段	唐王	西筑 4000	天然气	8m^3	7m^3	6.5～7m^3
六 B 标段	大桥	德基 3000	天然气	8m^3～9m^3	8.5m^3～9m^3	7.5～8m^3

综上，依托工程各标段拌和站及预测模型预测值汇总如图 5-18、图 5-19、图 5-20 所示。

通过对各标段拌和站三种类型混合料实际生产消耗的天然气量与预测模型预测值对比发现，模型的预测值均处在各拌和站实际消耗天然气的分布范围之内，因此本模型能够较好地实现对沥青拌和站各种类型混合料的能耗预测。

考虑到拌和站生产条件复杂，能耗变化不稳定，为使预测模型预测值更加准确，基于预测模型预测值及拌和站实际消耗，取各标段调研平均值对预测值进行修正，修正系数

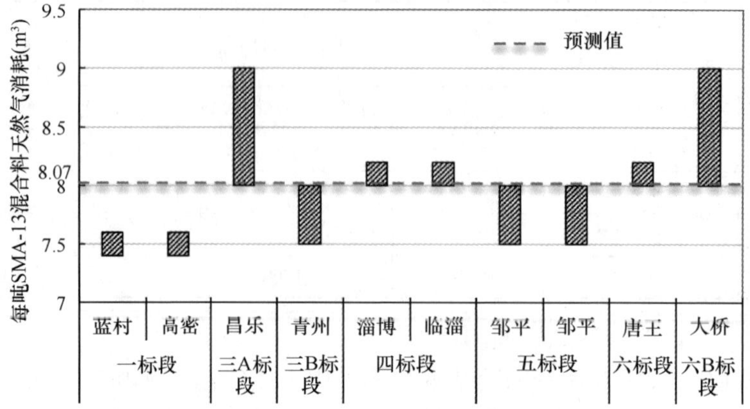

图 5-18　依托工程 SMA-13 现场能耗及模型预测值汇总

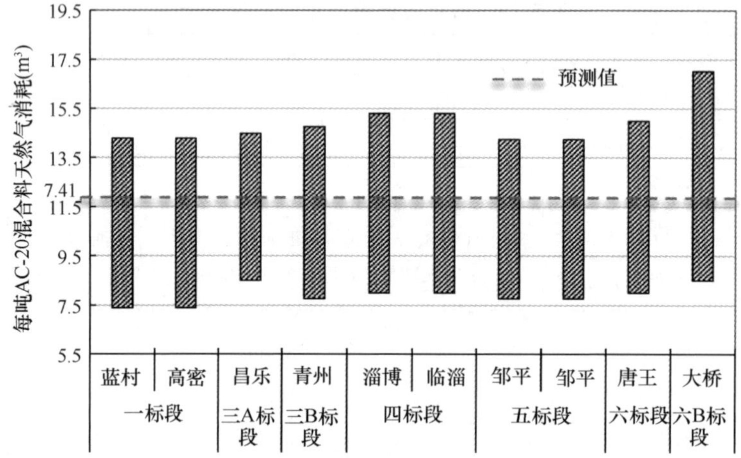

图 5-19　依托工程 AC-20 现场能耗及模型预测值汇总

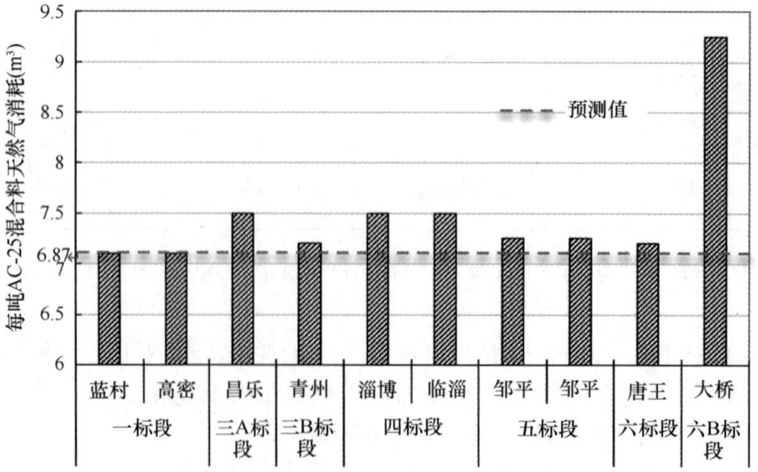

图 5-20　依托工程 AC-25 现场能耗及模型预测值汇总

（表 5-14）如下式所示：

$$K=\text{实测值}/\text{预测值}$$

表 5-14　预测模型修正系数

结构层位	结构形式	每吨混合料燃料用量（m^3）		修正系数区间	修正系数 K
		预测值	实测值区间		
上面层	SMA-13	8.07	[7.5，9]	[0.93，1.12]	0.98
中面层	AC-20	7.41	[6，9]	[0.88，1.21]	0.96
下面层	AC-25	6.87	[6.5，8]	[0.95，1.16]	0.99

由表（5-14），根据混合料结构类型、生产条件、环境状况、生产工艺不同，可对能耗预测值取不同修正系数，对预测拌和站能耗给予修正，结合本课题现场生产情况，SMA-13、AC-20、AC-25 混合料修正系数分别取 0.98、0.96、0.99。

5.2.4.3　沥青罐动态加热系统能耗评估

以 SBS 改性沥青为例，沥青储存时间考虑即时使用、存储 1d、存储 3d 三种方式，采用 165℃保温及保持 130℃采用动态加热方式加温，分别使用沥青存储及加热系统进行能耗预测，预测结果见表 5-15。

通过计算发现，在存储 1d 时可降低天然气用量 24.9%，存储 3d 时可降低天然气用量 25.0%，采用动态加热系统能够显著降低每吨混合料消耗的燃料，降低温室气体排放。

表 5-15　沥青罐动态加热系统能耗评估

沥青储存时间	存储温度（℃）	每吨混合料燃料用量（m^3）	能耗/t（MJ）	能耗降低比率（%）
即时使用	165	1.20	27.1	/
存储 1d	165	3.61	81.4	24.9
	130	2.71	61.0	
存储 3 天	165	10.83	244.1	25.0
	130	8.12	183.0	

5.2.4.4　不同燃料能耗及排放评估

在现场 8h 连续生产工况下，天然气、重油、柴油、液化气、煤油、木炭六种燃料的用量及 CO_2、CH_4、N_2O、CO_2-e 四种温室气体的排放量预测值见表 5-16。

表 5-16　依托工程 AC-20 燃烧炉能耗及排放

燃料类型	结构形式	每吨混合料燃料用量	温室气体排放量/t			
		燃烧炉	CO_2	CH_4	N_2O	CO_2-e
天然气	AC-20	6.21m^3	15.56	0.28	0.046	15.58
重油		5.04kg	19.65	0.66	0.345	19.77
柴油		5.11kg	16.94	0.18	0.061	16.96
液化气		4.69kg	17.74	0.07	0.023	17.75
煤油		5.07kg	15.91	0.18	0.062	15.93
木炭		7.47kg	25.78	41.36	0.229	26.88

由表（5-16）可知，由于不同燃料热值不同，每吨混合料生产所需的燃料数量不同，温室气体的排放量不同。其中在各类温室气体排放量中，天然气排放量均较低，木炭的燃烧会释放大量各类温室气体。另外，重油作为燃料燃烧会释放大量 N_2O。

5.3 本章小结

本章首先分析总结了生命周期分析方法的特点，建立了基于生命周期分析的沥青路面节能减排量化分析体系的基本框架。然后根据沥青路面节能减排量化分析方法，以量化评价指标为基础，结合定性分析指标，对沥青路面建设过程中的能耗与排放等环境问题进行综合评价，提出沥青路面节能减排综合量化评价方法。最后从实用性和简便性的角度出发，在国内外生命周期分析评价系统的基础上，针对我国沥青路面材料、结构与施工工艺的实际情况，以 Excel 为平台开发了适合我国国情的沥青路面节能减排评价系统。主要结论如下：

（1）结合沥青路面节能减排量化分析评价的需要，明确了节能减排量化分析评价的主要内容与流程，建立了基于生命周期分析的沥青路面节能减排量化分析评价体系的基本框架。

（2）针对沥青路面生命周期单元过程划分，提出了基于产品和基于流程的两种生命周期单元过程划分方法；分析了调查法、理论法和定额法三种能耗量化分析方法的优缺点，推荐了沥青路面能耗量化分析方法；分析了典型平均、国家平均和工艺平均三水平排放因子量化分析方法的优缺点，推荐了沥青路面环境排放量化分析方法。

（3）根据沥青路面节能减排评价指标体系，结合我国沥青路面能耗与排放量化分析以及节能减排量化评价工作现状及发展趋势，提出了两水平评价指标基准值，同时根据定性指标和定量指标量化方法的差别，分别提出了Ⅰ水平和Ⅱ水平评价指标的基准值，为沥青路面节能减排评价提供了有效的尺度标准。

（4）根据沥青路面节能减排指标及其权重，以模糊综合评价方法为基础，结合加权综合得分，建立了三阶段的沥青路面节能减排综合评价方法及其评价流程，并根据国内外实测数据，以Ⅱ水平评价为例，进行了示例应用。

（5）从简便、实用以及专业性的角度出发，结合 E3SAP 系统的研发原则及其功能要求，提出了三阶段的 E3SAP 系统研发设计流程，并通过不同设计开发平台的比较，利用 Excel 平台的数据管理、计算分析与图形绘制功能，设计开发了 E3SAP 系统的能耗与排放量化分析模块和节能减排分析评价模块，实现了 E3SAP 系统的基本功能要求。

（6）分析了公路项目施工期能耗分项指标法计算框架，开发了项目施工期节能评估程序，对拌和站能耗进行了预测，预测结果与实测数据拟合较好，最终根据实测数据对预测结果进行了修正，给出了修正系数。

6　沥青路面施工能耗与排放减量化技术对比研究

根据前面所述研究过程对能耗及排放估值的分析，沥青路面施工及能耗主要集中在沥青原材料生产及沥青混合料生产阶段，根据工程建设特点，本章所述沥青路面施工能耗与排放减量化技术研究主要针对沥青混合料生产、路面施工两个环节。实际工程中主要从温拌沥青技术、沥青混合料生产工艺改进技术、污染物控制技术以及减排管理措施四个方面进行定性或定量化研究。

6.1　沥青拌和站能耗现状分析

作为沥青混凝土的生产设备，沥青混凝土拌和站在公路建设面层施工中占有极其重要的地位。沥青混合料施工能源消耗的关键环节——混合料生产，占整个生产过程能源消耗的80%以上，是节能的重要环节（图6-1）。为了在施工建设中取得更高的经济效益，符合国家工业发展要求，施工企业应该选购性能稳定、能耗低的沥青混凝土拌和站，并在此基础上，采取积极措施挖掘其节能潜力。

图6-1　沥青混凝土施工节能工序示意图

沥青混凝土拌和站有两处能耗点：沥青加热系统、石料干燥系统。前者需要将各类沥青从常温加热至160℃左右使用，后者需要将冷的、一定含水量的骨料加热至190℃左右，沥青的加热系统通常采用导热油炉集中加热，燃料源多为块煤、木材、重油、渣油等，骨料的滚筒干燥多采用柴油（轻油）、重油、渣油、煤粉、天然气等，燃烧价值和价格成本各不相同。在市场竞争日益激烈的今天，只有不断节能降耗才能最大程度地获取工程利润空间。如图6-2所示。

目前，国内外市场对沥青混凝土拌和站的节能技术研究并不系统，多是从加强现场管理、人员培训和控制燃料质量、系统保温及原材料规格与含水量控制方面来做工作（图6-3），并未做到从现有技术与工艺革新的角度来挖掘节能潜力，更没有将拌和站的整体节能技术作为课题进行系统研制和控制。基于此，本课题提出的综合节能系统具有很强的市场竞争力和应用前景。

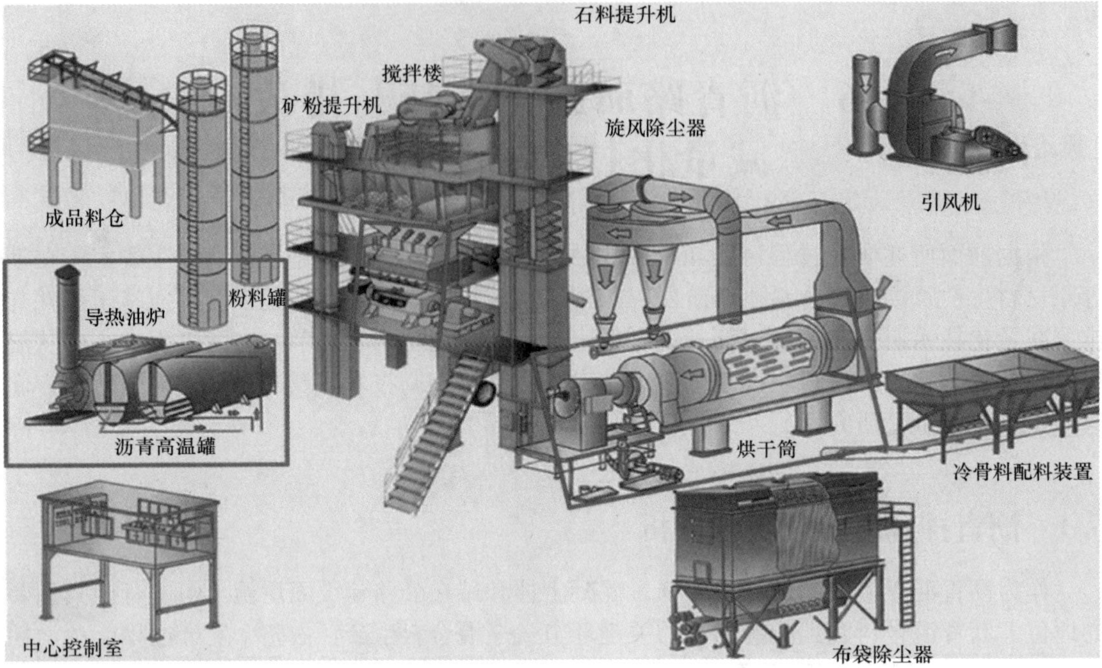

图 6-2　沥青混凝土搅拌站三大节能点示意图

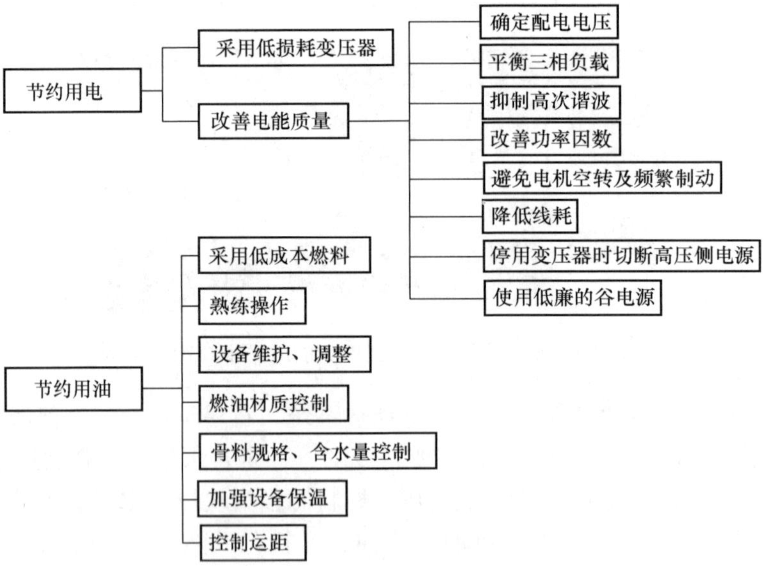

图 6-3　传统技能工艺控制环节

6.1.1　传统石料干燥加热方式分析

1. 燃油型燃烧器

它是指以油燃料为主的燃烧装置，主要由油雾化器和调风器组成。技术特点如下：①燃烧充分；②易于控制；③使用成本高、高排放；④易于堵塞，维护成本高。如图 6-4

所示。

2. 燃煤型燃烧器

它是指将煤粉制备系统供来的煤粉空气混合物（一次风）和燃烧所需的二次风分别以一定的浓度和速度射入炉膛，在悬浮状态下实现稳定着火与燃烧的装置。技术特点如下：

①使用成本相对较低；②对沥青混合料影响严重，酸化沥青；③能源消耗高，燃烧不易充分，对煤质、细度等指标要求高，煤粉产地受限制，专用球磨机加工；④占用场地，环境污染大，排放不达标；⑤维护成本高。如图 6-5 所示。

图 6-4　燃油型燃烧器

图 6-5　燃煤型燃烧器及污染状况

3. 燃气型燃烧器

压缩天然气具有热值高、燃烧稳定、洁净环保等特点，取代重油作为燃料使用。天然气直接由管道输送，经天然气减压站减压后直接送到固定地点的拌和站，对于场地不固定的沥青混凝拌和站，可采用压缩天然气（CNG），将天然气净化压缩后，装在高压容器里通过汽车运送到各个站点。另一种方式是液化天然气（LNG）。常压下将天然气冷冻到－162℃左右，可使其变为液体即液化天然气（LNG），将液化天然气通过铁路或公路用低温容器运输到各个用气点。LNG 的体积可以缩小到标准状态下气态体积的 1/600 左右，因此在某些特定条件下，以 LNG 形式进行天然气储运可能比气态天然气更经济。而且 LNG 气化后密度很低，稍有泄漏即挥发扩散，存储压力低（0.3～0.7MPa），比 CNG（20MPa）更安全。如图 6-6 所示。

采用天然气替代重油的技术改造项目主要包括以下内容：

（1）建造一座压缩天然气调压计量站；

（2）安装厂区管道；

（3）将导热油炉车间热油炉燃烧器系统置换为天然气燃烧器系统；

图 6-6　燃气型燃烧器及污染状况

（4）将沥青混凝土拌和机的燃烧系统置换为天然气燃烧器系统；

（5）建设用于停放并接驳压缩天然气的高压撬车停车场。

技术特点如下：

① 天然气与柴油、重油相比其热值较高，燃烧充分稳定，有着更优良的燃烧特性，而且天然气的热量值单价上更为经济，燃烧效率高于重油，热量利用效率提高 10%～20%，比柴油便宜 50%左右，而且其中不含有任何杂质，燃烧后无废渣、废水产生，降低了设备的故障率，可节约设备维修费用，从而大大降低生产成本。

② 管道运输天然气。在一定输气规模的前提下，管道运输是天然气最经济和有效的输送方式，但由于供应范围受限制，只能向长输干线沿线的工业用户供气。目前我国部分地区天然气普及率极低，主要受三方面因素限制：其一是小型工业用户供气规模较小，很难在有效时间内达到良好的投资回报；其二是工业用户地理位置分散，有些受到天然障碍（如江河等）限制，进行长输管道气化受到制约；其三是受到行政区划独立管理体系的限制，不易寻求从事燃气供应的经营管理主体。对于郊区的沥青拌和站来说，不可采用。

③ 压缩天然气（CNG）运输。单车运输量小；供气范围小（100km 内）；供气不稳定；储存压力高，供气和储气设备都是高压产品，安全性低；占地面积大。对于小规模供气，运输量少时可采用。如图 6-7 所示。

图 6-7　压缩天然气运输（CNG）

④液化天然气（LNG）。气化工艺简单；运行管理方便；安全可靠性高；运行成本最低，单位储存量最大；气源有保障；灵活性强；能量密度高；占地面积小；LNG 气化站的投资高于 CNG 减压站的投资。运输灵活便捷，对于用气量大的沥青拌和站来说，适合采用，但是对工期、工程量相对集中的项目来讲，需要考虑投资性价比。如图 6-8 所示。

图 6-8　液化天然气运输（LNG）

6.1.2　沥青罐加热技术分析

目前，沥青罐的加热普遍采用普通的导热油盘管加热，在使用之前，需要将大型沥青罐（50t 以上）整体加热至工作温度后方可使用，由于整罐沥青可供生产 1000t 以上沥青混合料，该加热方式并未考虑沥青的使用量，对生产频次高、单次沥青混合料生产量较少的拌和站来说，意味着一罐沥青需要反复加热，不但增加了能源消耗，而且导致沥青老化严重，降低了沥青混合料的使用质量，对于使用周期较长、单批生产量低、生产次数频繁的市政企业拌和站尤其不适用。如图 6-9 所示。

图 6-9　沥青罐加热技术

目前，市场上出现了一些所谓“罐中罐”的简易改装，通过在罐体底部隔离一个高温区间，通过导热油管加密进行部分区域的集中加热，以达到“高效”利用的目的。该方式工艺简单，加热效能差，温度控制性差，容易导致部分沥青温度过高、老化甚至发生燃烧现象。这种方式并未达到科学、高效、节能、保证质量的效果。如图 6-10 所示。

图 6-10　不合理的加热方式导致安全事故发生

6.1.3　混合料生产温度分析

沥青混合料所用沥青有基质沥青及改性沥青（SBS 改性沥青、橡胶粉改性沥青等）多种。热拌沥青混合料的生产温度至少 145℃，混合料出料温度过高时，不但沥青及骨料的热消耗大，成本提高，而且烟雾等有害物质的排放量大，拌和过程中会有有害气体和温室气体排放，工人劳动条件恶劣，对工人健康损害加重，同时，混合料拌和沥青路面作业对道路沿线居民的影响也显著增加。研究显示，当温度高于 100℃时，沥青温度每提高 10℃，其老化速率将提高 1 倍。如图 6-11、图 6-12 所示。

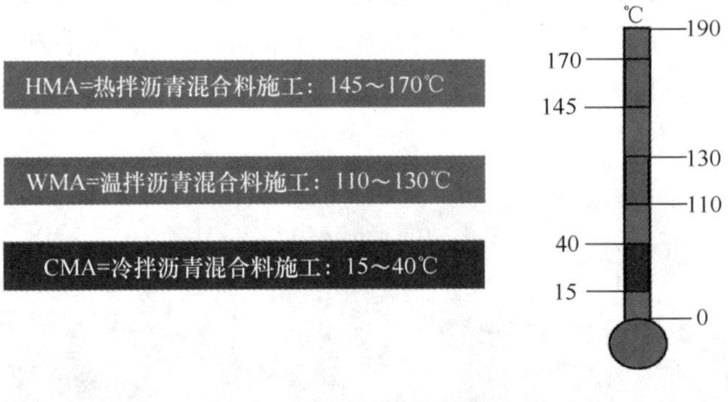

图 6-11　各类沥青混合料的加热温度示意图

图 6-12　沥青烟及对现场施工的影响

沥青混合料拌和温度的高低直接影响燃油消耗量，虽然规范中对施工过程中的温度控制给出了限定范围，但是如果能通过技术革新，在保证沥青混合料压实效果不变的情况下降低拌和温度，无疑可以显著降低燃油消耗。相关数据表明，拌和温度下降 10～60℃，石料加热温度、沥青保温温度下降，燃油成本下降 20%～50%，相对于热拌沥青混合料，温度降低了 30℃左右，相当于生产 1t 混合料将节省 1～1.5kg 燃油。

6.2 拌和站节能减排配套设备改造内容

根据沥青混凝土搅拌站生产能耗现状，通过对搅拌站设备三大主要能耗环节进行节能减排一体化配套设备系统改造，降低混合料生产能源消耗，减少资源浪费，达到节能减排目的。沥青混凝土搅拌站三大主要能耗环节及配套设备改造系统采用节能技术措施如下：

（1）矿料烘干加热子系统。通过采用清洁煤技术，实现煤转工业清洁燃气配套设备改造，降低石料烘干加热系统燃料消耗，减少排放，降低燃料成本，同时降低拌和站干燥系统维护成本。

（2）沥青保温加热子系统。通过采用基于涡流热膜换热的沥青罐动态加热技术，对沥青保温加热系统进行改造，降低沥青加热保温环节能耗及排放，降低成本，提高搅拌站生产效率。

（3）沥青混合料搅拌温度子系统。通过在混合料搅拌阶段采用泡沫沥青降黏技术及配套设备改造，降低混合料施工温度，综合降低混合料生产石料干燥、沥青加热、混合料摊铺、压实阶段能源消耗，减少施工污染物排放，保护环境，降低生产成本，提高生产效率。

以上三个节能子系统在沥青混凝土搅拌站节能实现过程中相辅相成，通过传感技术和计算机软件控制，集成于同一操控界面平台，协同运作，有效降低了搅拌站生产能源消耗、污染物排放和生产成本。如图 6-13 所示。

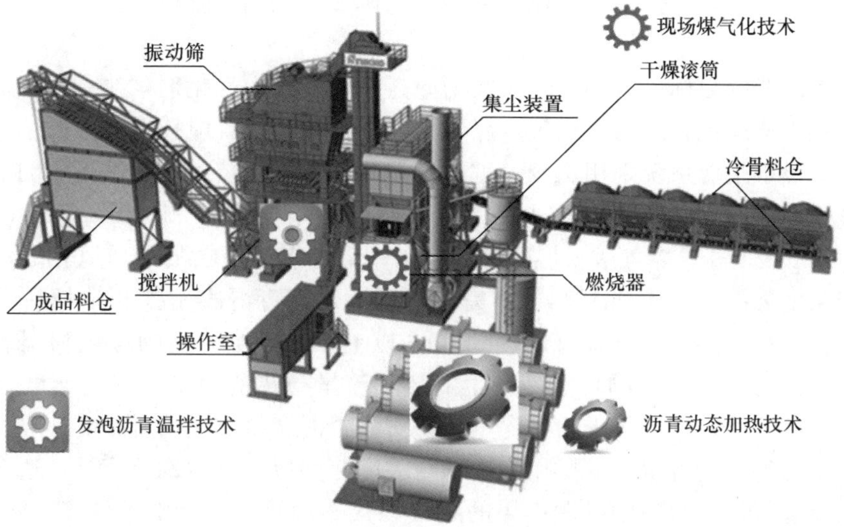

图 6-13　拌和站综合技能环节示意图

6.2.1 基于清洁煤技术研究的现场煤气化技术

6.2.1.1 现场煤气化技术工艺

清洁煤技术，是指煤炭从开发到利用的整个过程中，旨在减少污染物排放与提高利用效率的一整套相关技术，包括煤炭的气化（气化炉）、燃烧（电站锅炉）、循环利用（余热锅炉）等一系列工艺。如图 6-14 所示。

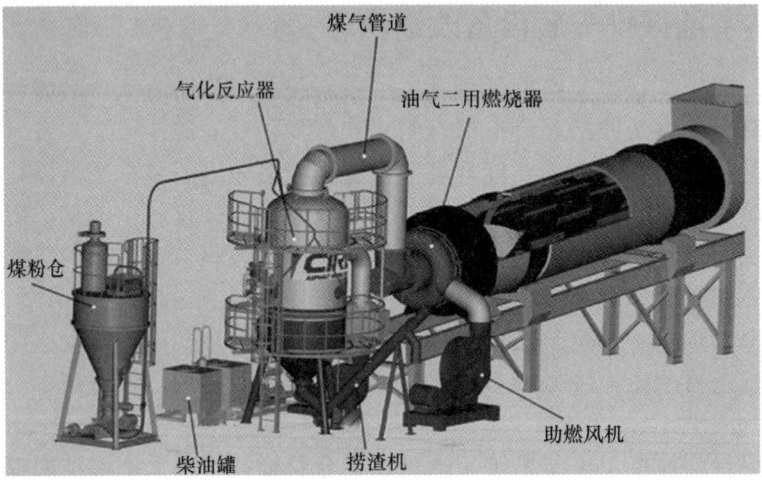

图 6-14 煤转清洁燃气技术设备

煤气化是一个热化学过程。以煤或煤焦为原料，以氧气（空气、富氧或纯氧）、水蒸气或氢气等作为气化剂，在高温条件下通过化学反应将煤或煤焦中的可燃部分转化为气体燃料的过程。

从工艺流程看，主要包括三类技术：第一类是在燃烧前的煤炭加工和转化技术。包括煤炭的洗选和加工转化技术，其中较为前沿的是煤气化技术。第二类是煤炭燃烧技术。主要是清洁煤发电技术，包括循环流化床燃烧、整体煤气化联合循环等。第三类是燃烧后的烟气脱硫技术。

本项设备改造的目标是采用以干煤粉为原料，以空气为气化剂，在一个特殊设计的反应器内，高效、洁净地合成人工煤气，煤气可以直接作为沥青搅拌设备中的干燥装置中的燃料。本配套设备主要系统采用当今先进的煤粉气流床气化技术，在微正压的情况下，以空气作为气化剂，在气化炉内合成人工煤气，煤气热值为 800～1000kcal/m^3，煤气出口温度 950～1150℃。高温煤气进入燃烧器后，与来自助燃风喷嘴的助燃风相遇，自动开始燃烧，燃烧温度最高可以达到 1650℃，完全可以满足沥青混凝土拌和站骨料烘干系统的要求。本设备系统的碳转换化率可以达到 98%以上，具备十分高的煤炭利用效率，体现了设备小、气化与燃烧高效的特点。产生的煤气流量与热值稳定，燃烧速度快，火焰稳定，骨料温度可控性好；煤气中粉尘含量少，对沥青混合料质量没有影响；煤气中不含焦油，清洁环保；整机设备全自动操作，启动与关闭速度快，负荷调节容易，适合各种工况操作，在沥青混凝土拌和站中以燃用煤的燃气替代燃用重油，能够节约 50%～70%的燃料成本。

煤气化制成的合成气可以直接作为燃料，称为人工燃气，其相对于燃料油、天然气而言，具有价格低廉、清洁环保的特点。人工燃气的成本仅为天然气的50%，因此在冶金、重机锻造、玻璃、陶瓷、沥青道路、建筑等行业具备广泛的市场空间。

作为洁净煤技术中最为重要的煤气化技术——粉煤气流床常压空气气化技术是以干粉煤为原料，以常压空气为气化剂，采用气流床反应器，在贫氧、高温（大于1500℃）、常压或低压（0.5MPa以下）、非催化条件下进行还原反应，生成一氧化碳和氢气为有效成分的合成气。由于反应温度高，反应速度很快，在炉内停留时间很短（3～10s），很快就能达到反应平衡，碳转化率高达96%以上。

大修项目采用的气化炉具有以下优势：

（1）气化炉点火到正常投料的自动控制。气化炉点火主要发生 $C+O_2 = CO_2$ 反应。根据煤粉不同燃烧场合的燃烧特点，一般氧气留有一定的富余系数，来保证燃烧充分。氧气过少，燃烧不充分，气化炉升温较慢，且烟道尾气管会冒黑烟；氧气过量会导致气化炉内空气携带出的热量过多而升温过慢。所以适当合理的富余系数才会使气化炉内既燃烧充分，又能快速升温。

根据以往气化炉运行的特点，氧气的富余系数一般设置在1.3～1.4。理论上每1kg煤粉需要 $8m^3$ 空气来充分燃烧，所以气化炉通入的空气量应该控制在 $10.4～11.2m^3$，在这个供气范围内是能够实现煤粉完全燃烧并且通入空气不至于严重过量而影响气化炉升温的。

原有的气化炉仪器仪表控制，煤粉计量主要通过变频调节拨料器的转速来控制煤粉的输送量，通过变频调节风机的转速来调节进风量。尽管理论上电机的转速和煤粉及风机的风量呈线性关系，但是由于非绝对直线关系，所以在实际运行中特别是点火初期还是很难自动调节两者的配比。

为了实现气化炉点火阶段的自动控制，采用的方案是：采集燃烧后烟气的氧含量，通过氧含量的实时数据及时调节煤粉电机转速和进风风机的电机转速，使烟气中的氧含量一直保持在合理范围。具体实施的技术措施为：在气化炉的排气烟道上装一个氧含量探测仪，氧含量探测仪测量的数据实时反馈给控制模块，控制模块将采集的数据和设定的数据进行对比，如果数据偏离了设定的数据则对煤粉拨料器的电机频率或进风风机的电机转速进行调节，直到达到设定的范围。根据气化炉实际运行状况，设定的数据可以微调。

（2）骨料烘干过程中的温度自动控制。项目实施初期，骨料烘干过程中主要根据骨料的进料速度参照尾气温度参数来控制气化炉的投煤量和送气量，同时还包括高温合成气的助燃风。三个电机均采用变频控制，利用风机的转速来调节进煤量和进风量。

以上技术方案从理论上既能实现骨料温度自动控制又能与气化炉联动，但实施过程中发现存在致命的缺陷：当骨料的干湿度变化较大时，不能实现温度的自动控制（因为没有采集最直接的参数——骨料温度。同样流量的骨料干湿度不同，需要的人工燃气量不同），没有根据骨料温度的变化整体调节气化炉的进煤量和进风量。于是增设了骨料温度传感器，主要采用把骨料温度和尾气温度接入气化炉控制模块，根据测量温度和设定温度对比调节煤粉拨料器及气化风机和助燃风机的频率，达到指定要求。即和燃烧重油的控制方式基本相似。

（3）紧急故障的自动停机和热待机运行控制。与钢铁、陶瓷、玻璃制造等行业的加热炉不同，沥青混合料生产骨料加热系统会经常人为或故障停机，紧急停机下的系统保护尤为重要，气化设备在煤制气反应过程中是高温设备，系统停机有一定的顺序和流程。同时对于沥青拌和站也会由于前场的需要暂停生产 1～2h 再继续生产，而气化炉不建议频繁地启停。

根据这种工况我们改进了气化炉的热待机状态运行方案。气化炉系统也做了紧急停机和热待机两套自动控制系统，煤转气控制系统接入时实现与沥青拌和站系统停机信号联动。沥青拌和站一旦发生故障，气化设备自动切换至热待机状态；气化设备故障，沥青拌和站启动紧急停机程序；生产过程中沥青拌和站意外故障使用紧急停机控制程序；当天生产结束启动待机启动程序。这样在拌和站人为紧急停机、故障停机的情况下，杜绝安全事故发生，保障施工现场的人员及财产安全。

6.2.1.2 拌和站节能减排设备系统环境保护与安全

6.2.1.2.1 环境保护措施

沥青搅拌站配套的粉煤气化及其燃烧设备从设计到制造始终追求清洁环保的理念，每个细节、每个机器都完全达到环保要求，整机系统无粉尘泄漏点，运行时清洁干净。同时本系统使用低硫碳，经过炉内部分脱硫，与重油的含硫量（3%～5%）相比，煤气中的含硫量大幅度降低，基本可以与天然气媲美。由于本系统是在还原条件下运行，系统中产生的氮氧化物非常低，完全达到环保要求，所生成的合成气为氢气和一氧化碳及少量甲烷，不含焦油等污染成分。

煤粉气化炉加温系统的尾气排放高于 2014 年最新发布的《锅炉大气污染物排放标准》（GB 13271—2014）中的新建燃气锅炉的排放标准。具体指标见表 6-1。

表 6-1 新建锅炉大气污染排放极限

污染项目	限度			污染物排放监控标准
	燃煤锅炉	燃油锅炉	燃气锅炉	
颗粒物	50	30	20	烟囱或烟道
二氧化硫	300	200	50	
氮氧化物	300	250	200	
汞及其化合物	0.05	—	—	
烟气黑度	≤1			烟囱排放口

6.2.1.2.2 劳动保护和安全

成套设备安全技术成熟，无安全隐患。煤气发生炉内压力为大气压以上 2kPa 左右，远低于国家规定的压力容器 100kPa，属于常压设备。系统内设置多处安全设施（安全阀及水封），当系统超过 2.5kPa 时自动卸压。系统设置蒸气密封，防止煤气泄漏。

产品生产单位取得了质检总局颁发的特种设备制造许可证，在给用户交付产品时，随机交给用户特种设备检测机构签发的“锅炉产品安全性能监督检验证书”。如图 6-15、图 6-16所示。

图 6-15　煤粉制气系统

图 6-16　现场所需煤粉供应

6.2.2　基于清洁燃料研究的油改气技术

随着国内经济的高速发展，公路建设事业方兴未艾，各地大型沥青混凝土搅拌站日益增多，竞争日趋激烈。目前，国内大部分沥青混凝土拌和站以燃烧柴油、重油为主，而柴油、重油价格居高不下，直接造成生产成本增加，公路建设单位压力很大。而天然气同柴油、重油相比，热值较高，燃烧充分稳定，有着更优良的燃烧特性，获得天然气较方便、较便宜的地区更加适合进行燃气改造，改造后不仅能降低公司生产成本，还减少了对环境的污染，改善公司在公众心目中的印象。现对 4000 型燃油燃烧器的改造进行分析。如图 6-17 所示。

目前，国内有极少燃烧器生产厂家可生产燃气燃烧器，但未对沥青拌和机燃烧器进行过改造，且技术很不成熟，不能与拌和机自动控制系统连接，实现自动控温，存在安全隐患，故国产燃烧器不予考虑，如图 6-18 所示。进口沥青拌和机燃烧器技术成熟、安全、稳定，国内已改造多家，且目前使用良好。进口燃烧器主要有美国豪科和意大利将军两个品牌。美国豪科具有操作简单、自动化程度高、安全性好、燃油范围广等优点，但价格较贵，油、气两用燃烧器改造总价为 75 万元，燃气燃烧器也需 60 万元，如图 6-19 所示。

图 6-17　油改气设备

(a)　(b)　(c)　(d)

图 6-18　国内燃烧器实物图

（a）河南陆德煤粉燃烧器；（b）陕西华亿油/煤/气三用燃烧器；
（c）陕西华亿油/气两用型燃烧器；（d）无锡赛威特焦炉煤气燃烧器

烘干加热系统是沥青搅拌设备的关键系统，由热交换装置——烘干滚筒、能量供给装置——燃烧器，以及烟气后处理装置——除尘器组成。其作用在于对湿冷骨料进行烘干并加热到 160～200℃的温度，保证经烘干加热后的骨料能被沥青较好地包裹和黏结。图 6-20 所示烘干加热系统的工作原理图为：冷骨料由烘干筒末端进入，被燃烧器燃烧形成的热烟气逆流加热，烘干滚筒内部各个区段均有叶片，在加热的过程中滚筒不断旋转将骨料扬起，保证骨料和燃烧器燃烧形成的热烟气充分地进行热交换，达到烘干加热要求的骨料被提升机运走进入下一道工序，该过程中产生的烟尘通过重力、布袋除尘器过滤后排入大气，燃烧

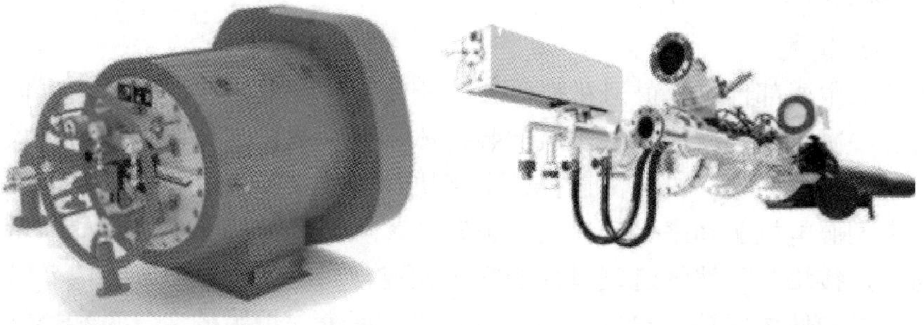

(a)

(b)

(c)

图 6-19　国外燃烧器实物图

（a）法国皮拉德燃烧器；（b）意大利百得重油燃烧器；（c）意大利利雅路燃气燃烧器

器端的鼓风机提供燃烧所需的新鲜空气，并和除尘器后端的引风机相互配合维持烘干滚筒内部稳定的负压环境。

燃烧器作为一种自动化程度较高的机电一体化设备，按其实现功能可以分为五大系统：送风系统、点火系统、燃料供给系统、监测系统、电控系统。图 6-20 所示为油/天然气两用型燃烧器结构总成图。

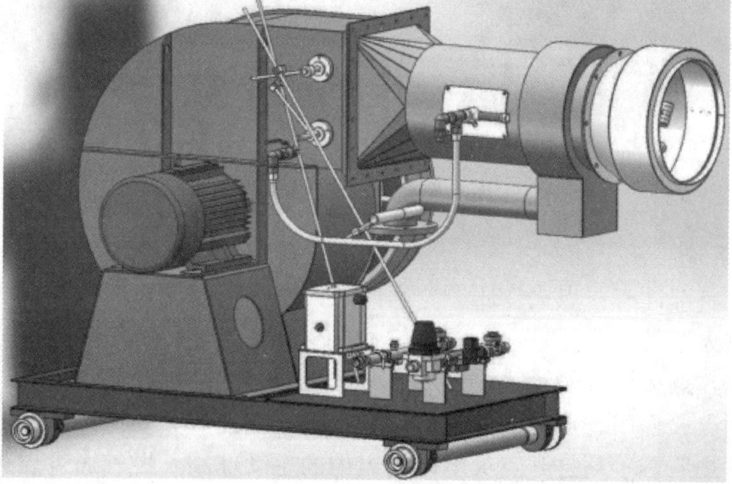

图 6-20　燃烧器结构总成图

6.2.2.1 送风系统

1. 送风系统构成

送风系统的主要部件有：鼓风机壳体、三相交流异步电机、风机叶轮、伺服电机、风门连杆机构、一次风门装配体、二次风门装配体。其主要功能是向炉膛内送入一定风速和风量的新鲜空气。风门连杆机构由连杆、十字块、连接块等组成，遵循基本的机械原理的连杆机构，由伺服电机驱动来带动风门挡板转动，从而调节进入燃烧室的风量。风门连杆机构中部通过连接块与天然气进气口处的蝶阀相连，当燃气供应量发生改变时，蝶阀转动带动风门连杆机构使风门挡板也发生转动，从而保证进入炉膛的空气量和燃气供应量始终保持一个稳定的比例。

二次风门装配体位于鼓风机外壳空气入口处，由轴承、轴承座、风门挡板轴、风门挡板、消声器等组成。消声器内填充大量泡沫，能有效降低空气被吸入时发出的噪声。一次风门装配体位于鼓风机外壳空气出口处，由轴承、轴承座、风门挡板轴、风门挡板、风门指针组成。风门指针和风门挡板轴相连，可以通过风门指针来判断风门的开度。

2. 送风系统工作原理

温度传感器、压力传感器测得骨料温度、炉膛温度、炉膛压力等参数，转换成电信号，传送给 PLC。PLC 通过用户预先设定好的程序带动执行机构自动调节风门开度、鼓风机马达变频器的频率，保证骨料出料温度、炉膛负压的稳定。本课题中所研究的燃烧器加入了二次风门调节系统，能更加精确稳定地控制送入炉膛风量的大小。送风系统结构如图 6-21 所示。

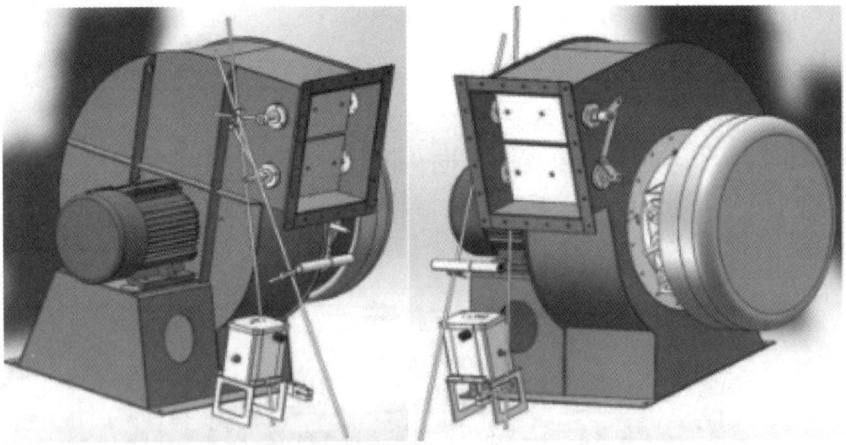

图 6-21　送风系统结构

6.2.2.2 点火系统

点火系统主要部件有：点火变压器、高压点火电极、高压点火电缆、点火燃气管、点火燃气喷嘴、点火燃气小罩、UV 电眼、点火电磁阀组。点火燃气管道和燃料供给管道并不是同一条管道，点火燃气管道上的各种阀件构成点火电磁阀组。如图 6-22 所示。PLC 内部有一套自动点火程序，点火前先完成炉膛吹扫，保证点火安全，检测炉膛残余燃气浓度符合点火条件之后，手动打开点火电磁阀组中的手动球阀，燃气通过点火燃气管道到达点火燃气小罩，被燃气小罩打散，和鼓风机提供的空气充分混合。高压点火电极利用点火变压器所产生的高压电能产生电火花，从而点燃空气和燃气的混合物。UV 紫外线电眼监视火焰的形成情况，并将其转换成电信号，传送给 PLC。PLC 根据火焰是否形成，执行用户预先设定好的程序，如果火焰形成，则开启燃料供给电磁阀，供给燃料；如果火焰未能形成，则关闭燃料供给电磁阀，停止燃料供给，并触发联锁警报。图 6-22 所示为点火系统的结构图。

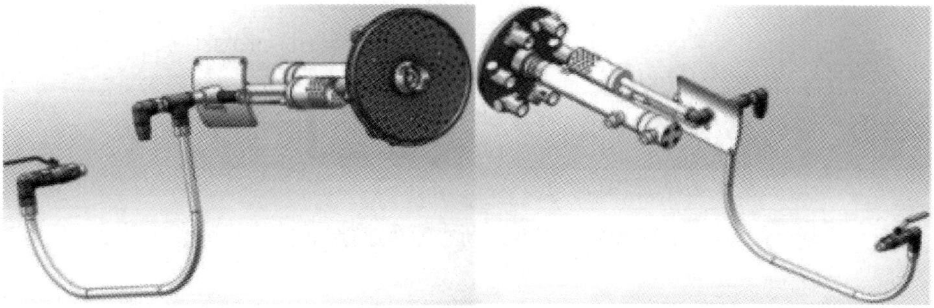

图 6-22 点火系统

6.2.2.3 燃料供给系统

油/天然气两用型燃烧器的燃料供给系统分为燃油供给系统和燃气供给系统。燃油供给系统的主要部件有输油泵、输油泵电机变频器、重油过滤器、重油预热器、温度测量装置、压力测量装置、燃油管、接头、燃油电磁阀、安全阀。燃气供给系统的主要部件有天然气管、气包、过滤器、气动调压阀、电磁阀组、压力检测装置、燃气管道泄漏检测装置、相贯燃气喷嘴。

6.2.2.4 监测系统

监测系统的主要部件有火焰监测器、压力监测器、温度监测器等。它通过实时监测燃烧器火焰、压力、温度等参数，来保证燃烧器安全、稳定运行。火焰监测器对火焰的形成情况进行监测，并将其转化为电信号，传送给 PLC。常用的火焰监测器有 UV 紫外线电眼、光敏电阻、电离电极。压力监测器一般用于监测炉膛压力、燃气压力、压缩空气压力、燃油压力。温度监测器一般用于烟气温度、重油温度、炉膛温度的监测。

6.2.3 基于涡流热膜换热的沥青罐动态加热技术

涡流热膜换热技术有效地结合了纳米热膜技术与涡流不锈钢管的焊接技术，使整个换热系统的传热系数得到了大幅度提高，一般可达到 6000～8000W/(m^2·K)。换热器紧凑度高，占地面积小，是普通管壳式换热器的 1/5，其优质不锈钢内芯可适应各种冷却介质，解决了普通换热器易于腐蚀、易于结垢的缺陷。

该配套设备的主要目的是变沥青罐整体加热方式为根据需求量即时加热的动态模式，通过加热工艺的改进，使沥青加热速度快，点火到产出高温时间不大于 45min。针对道路施工中沥青加温速度慢、能耗高、易老化、污染重等急待解决的问题，并从使用单位的要求出发，一改传统的设计流程，采用沥青罐整体加热至可流动温度，通过外接式涡流热膜换热器实现热能高度集中、高效利用和计量精确可控等措施。实现了沥青的加热与预热，高温沥青的产出同步、自动进行。可大大缩短升温时间、节约能源、杜绝沥青的老化、减少操作程序、降低设备投资和沥青的生产成本。如图 6-23、图 6-24 所示。

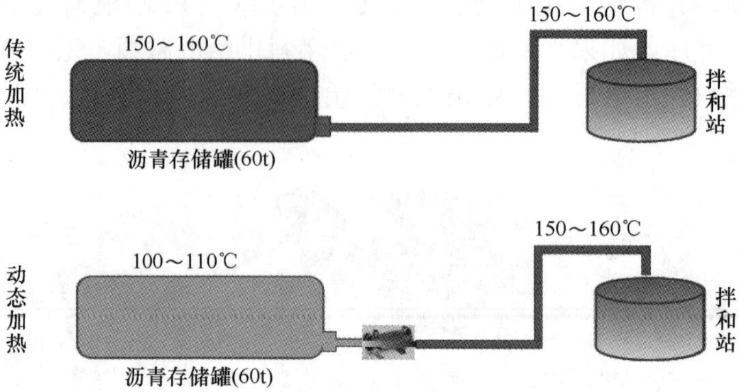

图 6-23　沥青罐动态加热原理示意

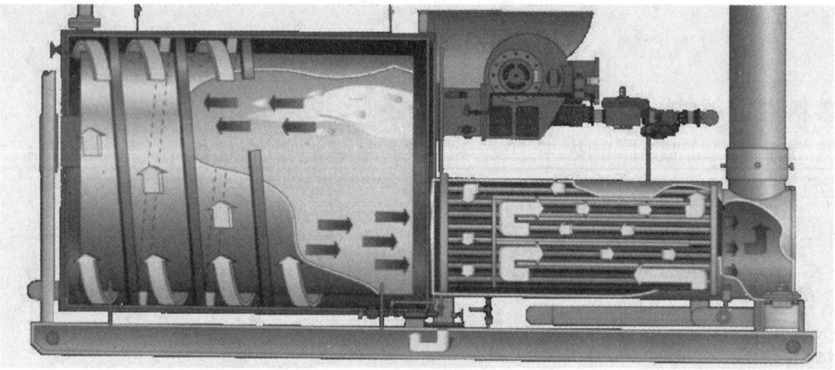

图 6-24　沥青罐动态加热设备

6.2.4　基于沥青发泡技术的沥青混合料降温技术

6.2.4.1　发泡设备的选型、设计和改造

在高温的沥青中加入少量的水，水遇热迅速沸腾蒸发，沥青就会产生微细的泡沫，从而使沥青膨胀。这时沥青的物理性质就会暂时发生变化，表现为沥青的黏度显著降低，这种状态下的沥青称为泡沫沥青。

泡沫沥青并不是一种新的沥青黏结料，而是一种新技术（专用发泡设备）应用所带来的产物。该配套子系统的特点是：

（1）模块化设计。采用模块化设计，实现功能模块组合，提供选择空间，方便运输。

（2）采用高效发泡技术。

（3）无缝连接拌和站。对拌和站简单改造，即可实现无缝连接。

（4）智能控制。

① 流量实时监控、智能调节/控制，实现精确计量；

② 供给—循环智能切换，形成闭环保护；

③ 发泡水量实时监控，智能供给。

针对拌和设备类型选择用单腔体发泡还是多腔体发泡，并基于发泡参数要求对发泡单元进行选型、设计和改造，如图 6-25 所示。

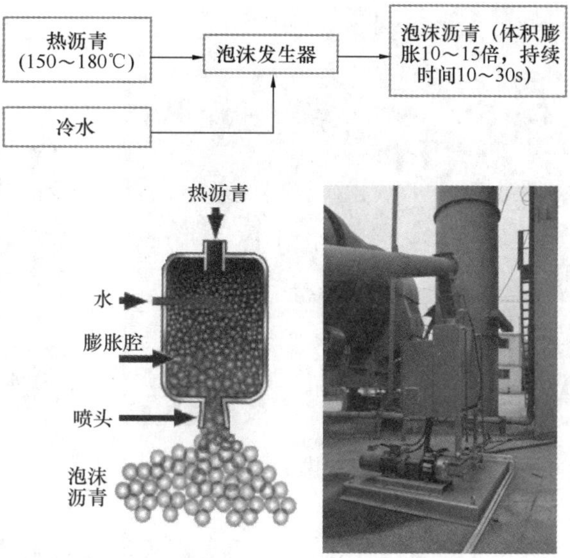

图 6-25　沥青发泡原理及工程应用

6.2.4.2　发泡模块参数调整

根据拌和站产能确定发泡模块的参数。调整的参数主要为沥青单位时间注入量以及沥青喷洒持续时间的调整。

沥青单位时间注入量的调整主要根据拌和站的产能确定发泡管的长度、内部尺寸、变径方式等指标，并确定喷水系统的计量精度和量程。

6.2.4.3　发泡模块与现有设备的控制系统的对接

主要包括发泡装置与拌和站沥青输送管线对接、发泡器喷洒管与搅拌缸对接、配套沥青发泡系统的动态沥青加热装置与沥青储存罐和沥青输送管线的对接、发泡用水与发泡器的对接、发泡控制系统与拌和站原有控制系统的对接五方面。

1. 发泡装置与拌和站沥青输送管线对接方案

如图 6-26～图 6-29 所示。

2. 发泡器喷洒管与拌和锅对接方案

对接方案根据拌锅的类型、拌和锅下料方式、矿粉加入方式进行综合考虑，防止沥青发泡孔堵塞。泡沫沥青喷洒管道设计原则是：①防止喷洒口堵塞；②喷洒管设计减少对发泡质量的影响；③喷洒管通过导热油进行加热。如图 6-30 所示。

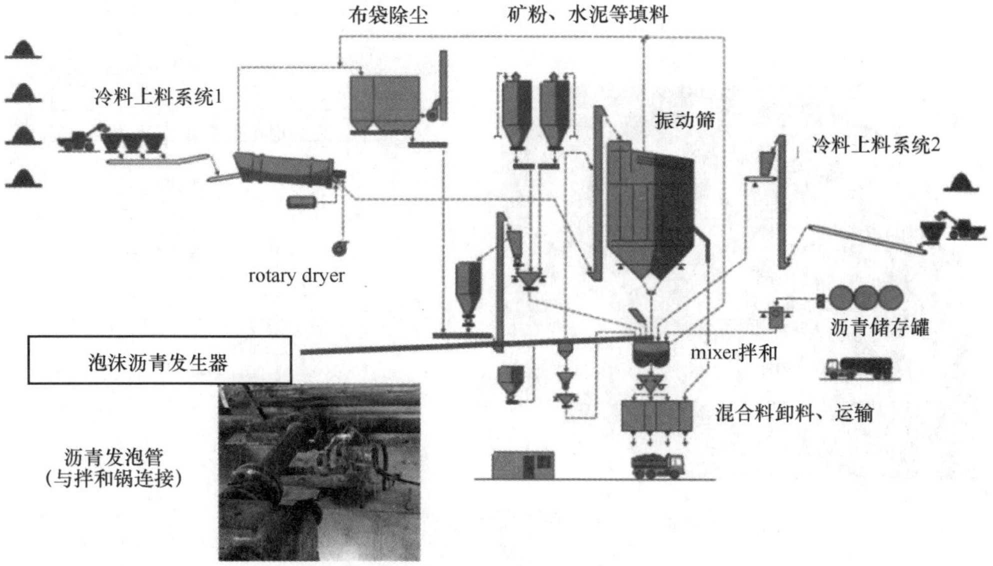

图 6-26　发泡单元与间歇式拌和系统整体对接图

图 6-27　单发泡管式模块对接方案

图 6-28　多发泡管装置与拌和站对接

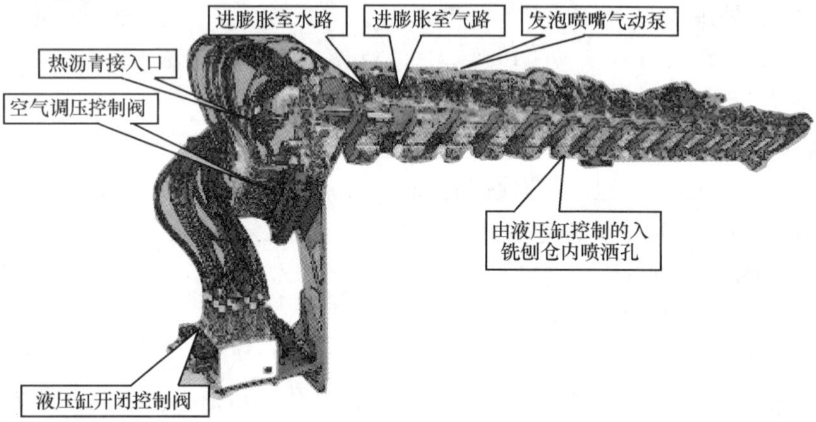

图 6-29　多发泡管（多喷嘴）发泡装置

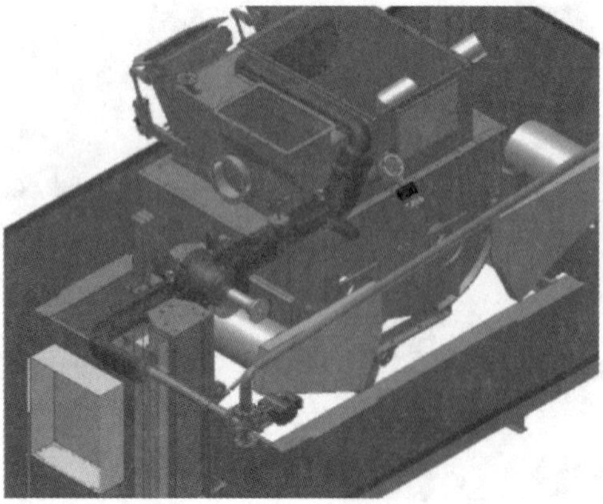

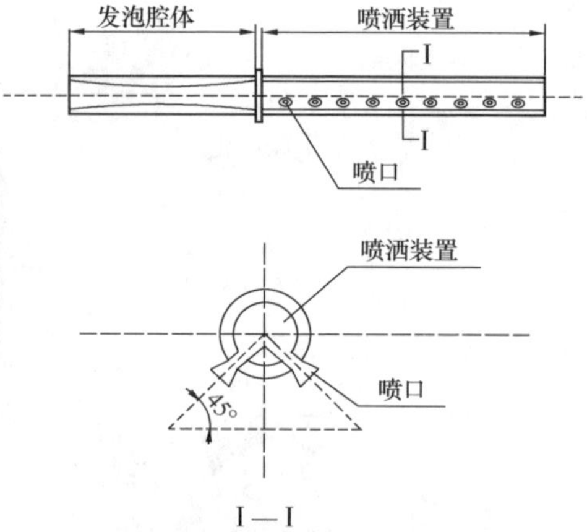

图 6-30　发泡喷洒管与搅拌缸对接方案

6.3 拌和站节能减排设备系统经济效益评价

6.3.1 骨料加热燃料节能环保技术

6.3.1.1 清洁煤制气

（1）替代石油：生产每吨料，节约标准煤2.2kg，能耗下降约24%；比燃油使用成本下降65%，每千米公路节约20万元。

（2）经国家权威机构检测优于国家排放标准：二氧化碳排放下降24%；与燃煤粉相比，烟粉尘下降60%。

（3）燃烧器终身免维护、炉膛无结渣现象，可长时间高效运转。

6.3.1.2 油改气

（1）直接成本节约。天然气是一种无毒、无色、无味气体，其主要成分为甲烷，热值8600～9500kcal/Nm^3。某燃气工业区天然气组分见表6-2、表6-3（Ⅵ%，参比条件20℃，1.01325×105Pa）。

表6-2　天然气组分

CH_4	C_2H_6	C_3H_8	CO_2	其他
96.322	0.806	0.11	20185	0.577

表6-3　天然气指标

H_2S含量	密度	热值	华白指数
<20mg/Nm^3	0.756mg/Nm^3	9378kcal/Nm^3	12263.16kcal/Nm^3

重油又称燃料油，呈暗黑色稠状，主要以原油加工过程中的常压油、减压渣油、裂化渣油、裂化柴油、催化柴油等为原料调和而成。搅拌站生产1t拌和料消耗重油7kg，每1t重油现价3500元，即每吨拌和料需3.5×7=24.5元。生产1t拌和料需7m^{3}天然气，每1m^{3}天然气2.95元，即1t拌和料需2.95×7=20.65元。不难得出结论：若搅拌站由燃油改为燃气，每1t拌和料可节约成本24.5－20.65=3.85元，每年按生产10万t拌和料计算，可直接节约成本38.5万元整。

（2）间接成本节约。目前，拌和站使用重油燃料，经常出现无法点火或点火后燃烧中途熄火等现象，造成大量石料和燃油浪费，仅此一项每年损失约25万元，同时也浪费了大量人力、物力和时间，形成施工单位急等用料、拌和站却因燃烧器点火问题而不能及时供料的尴尬局面，给拌和站造成极坏影响，影响了施工进度。一个工程迟迟不能完工，其他工程不能承接，每年因此丢失的工程量约在2万t，损失纯利润30万元左右。

使用重油对除尘布袋也有极大损害，由于重油燃烧不完全，产生油烟会糊住布袋，影响除尘效果。因此，使用重油除尘布袋每10万t须清洗一次，清洗三次后须全部更换，每次清洗需2.4万元，全部更换需21万元，也就是说用重油生产50万t混合料在布袋上需花费28万元。而使用天然气对布袋影响很小，生产100万t才需花费28万元，此项每10万吨可节约2.8万元。

另外，使用重油每 10 万 t 需要更换 2 个重油泵，进口重油泵每个价格约 2 万元，喷油嘴 2 套，每套价格 1.8 万元，使用燃气基本很少有机械零部件损坏，此项可节约 8 万元。

综上所述，拌和站燃烧器油改气生产 10 万 t 拌和料直接成本和间接成本共可节省 100 多万元，大大降低了企业的生产成本。同时也可带来省时、省力、节能、环保等诸多好处，既能更多地占领市场，又能赢得市场声誉。

（3）各类型沥青拌和设备节能环保参数对比（表 6-4、图 6-31）。

表 6-4　各类型沥青拌和设备节能环保参数对比

燃料形式	煤转气成套设备	燃煤粉型	燃天然气型（CNG）	燃重油型	燃柴油型
燃料燃烧充分性	高	低	高	一般	高
烟气粉尘污染程度	低	严重	低	严重	低
设备维护成本	低	高	较高	很高	很高
混凝土质量	达标	不达标	达标	达标	达标
消耗燃料数（t）	约 10kg	约 15kg	约 10kg	约 6.5kg	约 6kg
能源消耗（标准煤/t）	6.1	10.65	6.1	9.3	8.8
燃烧排放 CO_2（kg/t）	18.5	26.7	18.5	24.2	22.9
较煤转气多排 CO_2（kg/t）	0	9.2	0	5.7	4.4
燃料价格	1 元/kg	1 元/kg	3 元/kg	4.5 元/kg	8.45 元/kg
燃料成本（元/t）	约 10	约 15	约 23	约 29.3	约 50.7
较煤转气多（元/t）	0	5	13	19.3	40.7

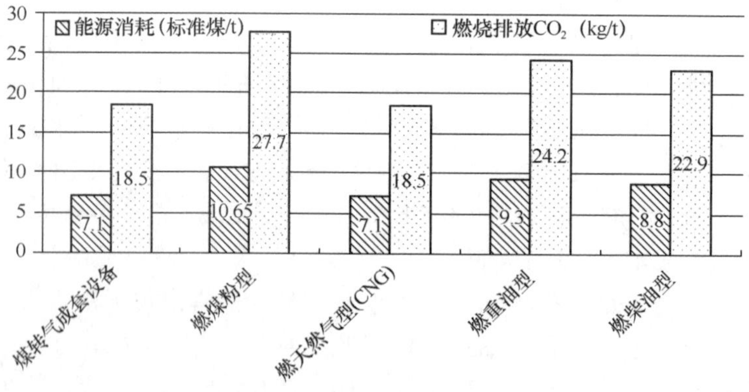

图 6-31　不同燃料节能环保参数对比

6.3.2　基于涡流热膜换热的沥青罐动态加热技术

以 SBS 改性沥青为例，沥青储存时间考虑即时使用、存储 1d、存储 3d 三种方式，采用 165℃保温及保持 130℃采用动态加热方式加温，分别使用沥青存储及加热系统进行能耗预测，预测结果见表 6-5。

表 6-5 沥青罐动态加热系统能耗评估

沥青储存时间	存储温度（℃）	每 1t 混合料燃料用量（m^3）	能耗/t（MJ）	能耗降低比率（%）
即时使用	165	1.20	26.1	—
存储 1d	165	3.61	81.4	24.9
	130	2.71	61.0	
存储 3d	165	10.83	244.1	25.0
	130	8.12	183.0	

通过计算发现，在存储 1d 时可降低天然气用量 24.9%，存储 3d 时可降低天然气用量 25.0%，采用动态加热系统能够显著降低每 1t 混合料消耗的燃料，降低温室气体排放。

采用动态加热节能技术，极大地降低了燃料消耗，较传统方式节能 20%以上，市政施工节能超过 35%。

6.3.3 基于沥青发泡技术的沥青混合料温降技术

（1）在不牺牲沥青混合料路用性能的前提下，拌和温度可降至 110～120℃，碾压温度可降至 70～110℃，相对于热拌，温度降低 20～40 ℃。

（2）节省燃料 20%～30%。

（3）减排效果明显：CO_2约减少 50%，CO 约减少 67%，SO_2约减少 40%，NO_x 类约减少 60%，大大降低了对环境的污染。

（4）摊铺时沥青烟减少约 90%，减轻对施工人员健康的损害。

（5）延长运输距离，延长“施工季”。

6.3.4 综合节能核算

采用以上综合节能工艺，每 1t 节约直接投资保守估计 18 元以上，按年生产混合料 60 万吨计算，每年可节约支出 1080 万元，经济效益非常可观。

6.4 混合料生产、运输及摊铺过程中的保温节能技术

热拌沥青混合料生产和运输过程中，搅拌设备及运输车很多部位无保温层，金属外壳在高温混合料或者热气流的作用下温度较高，以对流和热辐射的方式向空气中散失热量。

根据物体间的传热理论，沥青搅拌设备与运输车辆的散热可视为由空气流体与壁面间的温差作用而产生大空间自然对流换热。流体与壁面间的换热过程与流体的物理特性、对流速度、流体与壁面间的温度差及换热面积等因素有关，换热功率可由下式求得：

$$Q = Sa\Delta t$$

式中 Q——对流换热功率，W。

S——换热面积，m^2。

a——传热系数，W/(m^2 · K)。当空气对流较弱时，a 取 3～10；当空气对流较强时，a 取 20～100。

Δt——壁面与流体主流之间的温度差，K。

散热面积一定时，对流换热损失的热量与设备表面与环境之间的温差成正比，环境温差越大，热量损失现象越严重。尤其是在我国的北部地区气温低、风速大，对生产与运输过程进行设备保温具有十分显著的节能减排效果。

设备的保温设计应符合减少热量散失、节约能源、提高经济效益等原则，对沥青混合料生产和运输设备进行保温设计时以我国设备及管道绝热技术相关规范规定的最大允许热损失量为依据（表 6-6）。

表 6-6 最大允许热损失量（SH 3010—2000)

管道表面温度/℃	隔热层允许热损量（W/m²）	
	常年运行	季节运行
50	58	116
100	93	163
150	116	203
200	140	244
250	163	279

1. 拌和站保温措施

沥青搅拌站热料提升机、振动筛、热料仓、搅拌机以及混合料运输车等平面外壁表面散热损失量由式（6-1）得：

$$Q=\frac{t-t_a}{R_i+R_a}=\frac{|t-t_a|}{\dfrac{\delta}{\lambda}+\dfrac{1}{\alpha}} \tag{6-1}$$

式中 Q——单位面积的保温层表面热损量，W/m²；

t——设备外表面温度，K；

t_a——环境温度，K；

R_i——保温层热阻，m²·K/W；

R_a——保温层表面热阻，m²·K/W；

δ——平面保温层厚度，m；

λ——保温材料的热导率，W/（m·K)。

烘干滚筒与沥青、导热油管路等圆筒式外壁表面散热量由下式计算：

$$q=\frac{t-t_a}{R_i+R_a}=\frac{2\pi|t-t_a|}{\dfrac{1}{\lambda}\ln\dfrac{D_0}{D_i}+\dfrac{2}{\alpha D_0}} \tag{6-2}$$

式中 q——筒状保温层单位长度表面热损量，W/m；

D_0——保温层外径，m；

D_i——管道外直径，m；

其余符号同上。

通过控制表面散热量小于最大允许热损失可计算出生产及运输设备各外壁保温层厚度。沥青搅拌设备及运输车视为常年工作设备，试验取年平均摄氏气温 10℃，若选择岩棉和硅酸铝纤维制品作为保温材料，则根据各部位外壁温度及最大允许散热量计算出各部位的保温层厚度，见表 6-7。

表 6-7 生产与保温设备保温层设计厚度

设备名称		外壁平均温度（℃）	保温材料	换热系数［W/(m²·K)］	导热率［W/(m·K)］	保温层厚度（mm）
热料提升机		61.44	岩棉	10	0.042	28
振动筛		51.76	岩棉	10	0.042	25
热料仓		88.01	岩棉	10	0.042	34
搅拌机		76.88	岩棉	10	0.042	38
烘干滚筒	火焰区	131.87	硅酸盐	10	0.05	52
	料帘区	46.95	硅酸盐	10	0.04	12
沥青管道		156.82	矿渣棉	10	0.08	40
运料车		61.44	岩棉	20	0.042	40

对设备保温设计时应在保温材料外加保护层，如图 6-32 所示，保护层通常采用镀锌铁皮，防止雨水浸入保温材料，同时防止保温材料由于光照造成老化、脆裂。

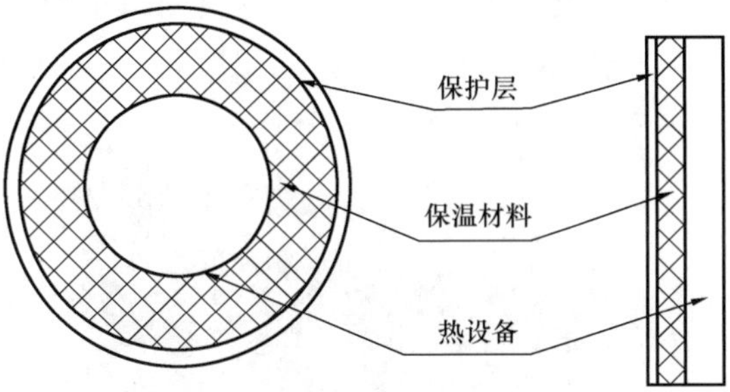

图 6-32 保温结构示意图

对沥青搅拌站烘干滚筒、沥青管路及运料车加装保温层，使用红外成像仪对装有保温层的设备进行检测，可得各处红外图像，如图 6-33 所示，经分析，各外壁表面温度见表 6-8。

图 6-33 滚筒及管路保温示意图

表 6-8 保温后设备外壁温度

设备名称		红外发射率	保温层外壁平均摄氏温度（℃）
烘干滚筒	料帘区	0.95	23.39
	火焰区	0.95	59.29
沥青及导热油管路		0.95	20.85
运输车		0.95	19.67

2. 混合料运输保温措施

在冬季低温施工时，沥青混合料降温速度快，运输车的保温措施一定要做好，运输车顶部不应再简单采用篷布覆盖，而应加盖棉被。同时还应在车厢侧面加装泡沫隔板等保温措施，减少沥青混合料在运输及等待过程中的降温幅度。在前车卸料过程中，覆盖物不揭开，减少混合料与空气接触时间，从而降低温度的损失。运输车的数量根据现场施工的实际情况来确定，现场不宜出现等料或料车积压太多的情况。如图 6-34、图 6-35 所示。

图 6-34 运输车的保温

图 6-35 摊铺过程中运输车辆继续覆盖

3. 混合料摊铺保温措施

摊铺机操作人员提前 1 个小时对熨平板进行加热，保证熨平板温度，防止混合料表面“拖拽”现象的出现；摊铺机料斗两侧用加厚海绵和篷布包裹，降低两侧温度散失效率；

降低摊铺速度，保证混合料的连续摊铺和压实设备的“紧跟”碾压。如图 6-36 所示。

图 6-36　摊铺机预热过程中的保温措施

由于后期全断面摊铺可能采用大宽度摊铺机进行，搅笼布料器过长，可以考虑对摊铺机搅笼进行覆盖，减少摊铺过程中混合料与空气的接触时间，从而降低温度损失。如图 6-37所示。

图 6-37　摊铺机料斗两侧用加厚海绵和篷布包裹

4. 混合料碾压保温措施

沥青混合料低温施工，需要在较高温度时充分振动压实，这是得到理想压实度的保证。振动压路机应“紧跟”摊铺机进行碾压，尽可能减少洒水量，保持合理的压实速度。胶轮压路机轮胎处宜加装围裙，以减少热量散发。对密级配沥青混合料，具体优选的压实工艺建议如下：

① 混合料摊铺以后振动压路机即可进行跟进压实，压实采用高频低幅，压实速度应为4～5km/h（与人行走速度相当）。洒水装置采用间歇式喷水，只要保证不粘轮即可。

② 轮胎压路机不允许洒水，在每天轮胎压路机开始碾压时往往粘轮，为了避免这一现象可以在轮胎上涂抹防粘剂或隔离剂（严禁使用柴油类）。

③ 终压阶段，严禁钢轮压路机开启振动模式来一味地寻求平整度。如图 6-38 所示。

图 6-38　胶轮的保温措施

通过对比加装保温层前后设备外壁温度可知，外壁温度降低至少 60℃，单位时间每平方米散热量可降低 4.3×10^3 kJ。4000 型沥青搅拌站散热面积约 $385m^2$，每辆运输车散热面积为 $38m^2$，若每小时有 5 辆运输车装有沥青混合料，则沥青搅拌站和运输车的总散热面积约为 $575m^2$，每小时可节约 2.5×10^6 kJ 的加热能源，相当于 62.5kg 重油的燃烧热，节能效果显著。

6.5　污染物控制技术

6.5.1　粉尘防治技术

（1）冷配区除尘。冷配区上料和输送是沥青搅拌站厂区产生粉尘的主要原因。一般在冷料区配备独立的除尘系统，利用雷达自动感应抽风系统和防尘封闭系统在冷料区形成负压，防止粉尘飘散泄漏，并对冷料仓上料及冷骨料通过不同皮带衔接传送过程中的落脚处加设粉尘吸附装置，高效收集冷料仓装载机上和皮带运输时产生的粉尘并运送至独立袋式除尘器。

（2）搅拌站主楼除尘。在主楼进行骨料筛分、计量及混合料搅拌和成品仓运输装车等操作时，也会产生一定量的粉尘，应在这些敏感楼层设置负压集尘点。收集的粉尘通过一级惯性除尘和二级布袋除尘串联净化，离线清灰的粉尘可以回收再利用。同时在排粉口安装回收粉喷雾加湿装置，减少回收粉尘时扬尘的排放。

（3）全站封闭系统＋优化收集系统。建立沥青搅拌站的搅拌主楼、冷料上料点和装车区的全封闭系统可将难以控制的粉尘无组织排放进行有组织的控制处理。安装快速卷帘门将装车区的车道密封并加长车道、配备喷雾抑尘装置或移动式抑尘车、优化升级集尘罩的覆盖面积和负压空间等可有效防止持续作业引起的扬尘，尤其是装车区的烟尘逸散难题。收集的粉尘通过负压管道进入主布袋除尘器净化处理。

6.5.2 沥青烟防治措施

针对沥青烟的末端治理，目前主要有回收类技术和消除类技术两类。回收类技术主要有分离法、吸收法、吸附法和冷凝法；消除类技术主要包括燃烧法、低温等离子法、光催化氧化法和生物净化法。表 6-9 梳理了各净化方法的优缺点及适用工况。从搅拌站烟气的组分、回收价值、二次污染及净化技术的可行性、安全性和经济性等方面考虑，不推荐使用吸收法和膜分离法。对于冷凝法，储罐区可继续沿用该技术；对于吸附法，目前常用的吸附剂是活性炭，但由于目前吸附剂的脱附技术不成熟，活性炭需要定期更换等需要很高的维护费用，如采用其他的吸附剂也需要考虑二次污染的处理问题；生物净化法处理废气是在污水治理的基础上发展起来的，在国外有一定的应用规模，生物净化法能耗低，没有二次污染，但生物净化法占地面积大、净化周期长、对净化环境要求高以及微生物菌群的培养需要耗费较多时间，对整个系统的温度、压强、酸碱环境和碳源等要求严格，其净化周期、运行精细度等不适合生产相对粗放的沥青搅拌站，暂不推荐在搅拌站进行沥青烟的净化应用；燃烧法是处理沥青烟的高效手段，但直接引入烘干滚筒燃烧烟气量大，破坏原有的燃烧-烘干-除尘系统，影响整机的生产效率；低温等离子、UV 光催化是目前各搅拌站厂家主推的净化技术，但单一的治理技术难以达到治理要求，需要采用多技术组合对沥青烟进行净化。

表 6-9 常用沥青烟废气处置技术优缺点比较表

序号	技术分类	技术名称	适宜工况	技术优势	技术弊端
1	回收类技术	分离法	高浓度	操作简单，节能高效，回收率高	处理废气效果不佳
2		吸收法	大气量、高浓度、低温	工艺简单，自动化，投资少，净化效果好，运行成本低	对设备要求高，需定期维护，油性吸收溶剂有安全隐患
3		吸附法	低浓度	工艺比较简单，投资成本低，净化效率高	容量有限，不适用高浓度废气，需定期更换吸附剂，脱附可能会有二次污染
4		冷凝法	高浓度、前处理	可回收利用	操作难度大，投资费用高
5	消除类技术	燃烧法	高浓度、可燃	净化效率很高，脱臭效果好，工艺较简单	不适用于高浓度废气，成本高，能耗大，安全隐患大，热回收率较低
6		低温等离子法	大气量、低浓度	净化效率高，反应快，易操作，能处理多组分废气，无二次污染	成本高，需预处理，不能处理易燃易爆气体
7		光催化氧化法	大气量、低浓度	占地面积小，处理效率高，适应性强，运行成本低，无二次污染	投资成本较高，需预处理，UV 灯管无国家标准
8		生物净化法	大气量	常温常压可进行，能耗低，安全系数高	微生物生长条件苛刻，需频繁添加药剂改善微生物生存环境条件，易产生污水污泥

通常UV光催化氧化技术和低温等离子技术协同使用能明显提高净化沥青烟的效率，烟气在进入UV光催化设备前也应进行一定的预处理，否则黏附在UV灯管上的粉尘等会对后期设备运行和维护工作造成一定的影响。

1. 低温等离子技术

低温等离子体被称为物质的第四态，是由外加电压激发背景气体产生的带电正粒子、负粒子（包括正离子、负离子、电子、自由基和活性基团等）组合基团，其中正电荷和负电荷电量相等，在宏观上呈电中性。低温等离子体中的电子温度很高，携带很高能量，重粒子温度很低，因此系统呈现低温。

低温等离子技术多应用于废气治理领域，高能电子同污染物气体分子发生碰撞，当污染物气体分子的化学键键能低于高能电子携带的能量时，气体分子化学键断裂解离。同时，等离子体中的白Fh氧、羟基、自由基等活性基团具有强氧化性，可氧化污染物气体分子。用低温等离子技术处理混合组分恶臭气体、低浓度挥发性有机污染物可获得较好的处理效果，可将难以去除的污染物进行转化或分解。

2. 光催化氧化法

光催化氧化处理有机废气的主要原理是利用光催化剂锐钛型二氧化钛（TiO_2），二氧化钛（TiO_2）作为一种新的光催化半导体材料，近半个世纪以来得到成功运用。日本已将其列为本世纪重点发展的新技术，其被誉为当今世界上最先进的空气净化新技术，近来在中国也得到较广泛应用。光催化剂是光催化过程的关键部分，其活性的高低严重影响光催化效果。目前所用的光催化剂二氧化钛（TiO_2）的光催化活性最高，又不产生光腐蚀，且无毒、价廉，是目前广泛使用的光催化剂。

在室温下，当UV紫外线光灯，波长在253.7nm以下的光量子照射到二氧化钛颗粒上时，催化剂在价带的电子被光量子激发，跃迁到导带形成自由电子，而在价带形成一个带正电的空穴，这样就形成电子-空穴对。利用所产生的空穴的氧化及自由电子的还原能力，二氧化钛和表面接触的水分H_2O和O_2发生反应，产生氧化力极强的自由基，这些自由基几乎可分解和断裂所有有机物的官能键，改变废气中有机物分子的结构，并将其所含的氢（H）和碳（C）变成水和二氧化碳，有机废气中得到降解和净化。

光催化氧化处理装置在处理有机废气的同时，也具有较好的除臭功能。项目四标段采用该技术进行沥青烟废气的处置。

6.6 减排管理措施

6.6.1 场站及施工场地颗粒物管理控制措施

1. 一般管理规定

（1）施工单位对扬尘治理工作负直接责任，依照相关规定和施工承包合同约定，承担公路项目施工扬尘治理具体工作。

（2）施工现场应建立健全扬尘污染防治管理体系和管理制度，明确专人负责扬尘防治工作，落实施工扬尘治理措施。

（3）施工总承包单位对分包单位的扬尘污染防治负总责。专业分包合同及劳务分包合同中，应包含施工扬尘防治的相关措施，分包单位应服从总承包单位的管理，并对承包范围内的扬尘防治负责。

(4) 加大扬尘治理环保资金投入，健全完善环保费用台账，保证施工扬尘防治专项费用足额提取、专款专用，保留扬尘治理费接收和使用凭证。

(5) 现场扬尘治理采用网格化管理，各类区域按总平面布置图合理划分，明确环保施工网格第一责任人、网格监管人、环保监理员、环保巡查员。

(6) 施工现场应配备与工程规模相适应的扬尘治理人员，每天清洁作业区，定时湿式清扫、洒水，落实各项抑尘措施。

(7) 落实易扬尘施工现场、作业区在线监测工作，保证在施工周期内空气质量检测设备的正常运行。

(8) 在公路施工现场出入口的醒目位置公示施工负责人、环保负责人、扬尘治理措施、扬尘监督管理主管部门、监督举报电话等信息，接受社会监督。

(9) 逐级签订扬尘污染防治目标责任书，建立扬尘防治工作奖惩制度。

(10) 对项目管理人员、作业人员进行扬尘治理技术培训交底，落实扬尘防控措施，应建立扬尘防治管理档案，定期对施工扬尘防治措施落实情况进行检查，对检查发现的问题进行分析，制定相应整改措施，严格落实整改。

(11) 扬尘治理的费用应纳入招标文件，计列工程投资，专款专用。

(12) 施工现场应建立健全扬尘治理管理体系和管理制度，对工程施工全过程扬尘治理进行动态管理。

(13) 建立施工扬尘治理台账制度，采取台账式管理、旁站式记录，切实做到工作台账印证追溯措施落实，工作台账记录反映治理成效。

(14) 鼓励施工单位开展施工现场扬尘自控监测，对易产生扬尘污染的工序提前预警。

(15) 积极推广应用绿色施工技术，鼓励采用新技术、新材料、新工艺、新设备减少施工现场作业量，创新扬尘污染防治技术措施。鼓励有条件的项目采用装配式预制结构件进行施工，创建绿色施工示范工程。

(16) 应严格落实工地周边围挡、易起尘物料堆放覆盖、土（石）方开挖湿法作业、施工现场道路硬化、出入车辆清洗、渣土车辆密闭运输“施工现场六个100%”要求。

(17) 应在扬尘防治区域出入口醒目位置设置公示牌，明确扬尘防治措施、负责人、扬尘监督管理主管部门及举报电话等信息，接受社会和舆论监督。

(18) 主管部门应及时受理扬尘污染相关投诉、举报事项，依法作出处理。

2. 技术要求

(1) 工程施工位置处于城区周边、穿村镇路段等区域的，应采用围挡封闭，具备全封闭条件的实现施工现场封闭100%。

(2) 围挡宜连续，高度不应低于1.8m。围挡立面应保持干净、整洁，定时清理，禁止在围挡墙周围堆放物料、器具等。

(3) 施工现场进行封闭施工，半幅通行半幅封闭路段需对通行路幅、施工路幅、被交路口进行洒水抑尘。

(4) 料场、拌和站、预制厂及生活区场内道路采用铺设预制板、水泥混凝土、沥青混凝土或其他功能相当的材料进行硬化，实现场区道路硬化100%。

（5）料场、拌和站、预制厂周边需设置围挡或防风抑尘网，设置高度不得低于 4m；独立堆料场周边围挡或防风抑尘网高度不得低于 6m。

（6）料场材料要分类、分规格存放，采用防尘网（布）覆盖，定期采取喷洒抑尘剂或洒水等措施控制扬尘。除作业面外，覆盖网（布）要完全密闭覆盖物料堆垛，不留死角，实现物料覆盖 100%。

（7）料场应设置喷淋设施，安设固定式或移动式喷淋装置，喷洒面积要覆盖整个料场作业区。

（8）拌和站生产过程要在封闭环境进行，原材料输送采用封闭通廊、管状带式输送机等，易起尘传输过程要进行喷淋作业。综合采取收集、喷淋等抑尘措施，实现易起尘流程拌和生产密闭 100%。

（9）储存水泥、粉煤灰、矿粉、添加剂等的粉料仓、配料仓应设置在密闭空间内，配备收集、除尘设施，应将溢料粉尘排入专用沉淀池内。

（10）水泥混凝土拌和站放料口必须设有冲洗设施，及时冲洗抛落物料；设置沉淀池，收集冲洗污水，并合理处置。

（11）沥青混凝土拌和站宜采用清洁环保燃料。

（12）路面结构层施工前，作业面清扫采用无尘化施工，实现作业洒水抑尘 100%。

（13）路面切割、破碎、铣刨要采取多功能抑尘车（雾炮）或移动抑尘设备配合湿式作业，实现施工期间不扬尘。

（14）路面封层、透层、黏层施工中应采用沥青洒布车，个别边角部位确需采用人工喷洒的，要采取相应的除尘抑尘措施。

（15）施工现场的垃圾要及时清理，临时存放要采取有效密闭遮盖措施，实现废弃物料覆盖 100%。

（16）施工现场严禁熔融沥青、焚烧塑料、垃圾等各类有害物质和废弃物，不得使用高污染燃料。

（17）工程运输车辆采取密闭车斗、篷布完全覆盖等形式密闭运输，保证物料、垃圾、渣土等不外露、不遗撒，有条件的采用全密闭式的低能耗运输车辆，实现车辆密闭运输 100%。

（18）工地现场主要出入口、预制厂、料场拌和站出入口设置冲洗设施，实现车辆冲洗 100%。宜设置沉淀池，洗车污水经沉淀后循环使用，沉淀污泥要定期清理、合规处置。

（19）重污染天气期间，应严格按规定开展非道路移动机械作业。

（20）料场、拌和站、预制场、沿线 50m 距离内有环境空气敏感点施工区段等区域安装远程视频监控系统，实行全时段监控。

6.6.2 环境监测技术

为保证实现施工场地颗粒物排放的全时段监管，监测方式应为连续自动监测，建议采用β射线法监测设备。β射线法是利用β射线穿过沉积颗粒物的滤膜后射线衰减强度与颗粒物浓度成比例的原理，通过对衰减量的测定计算出颗粒物的浓度。β射线法要求的样品量少，数据准确度高，适用于网格化小型空气站、施工工地、公共场所等多种场合。在线监测设备技术参数见表 6-10。

表 6-10 颗粒物在线监测仪技术参数

名称	指标		技术参数
颗粒物（PM_{10}）在线监测仪	监测方式		连续自动监测
	监测方法		β射线法
	24h 流量稳定性		±5%设定流量
	测量量程		覆盖 0～10000μg/m^3
	最小显示单位		0.1μg/m^3
	时钟误差		正常条件下±20s，断电条件下±2min
	线性要求（与参比方法比较）	相对误差	使用参比方法进行至少 6 组有效数据比对测试，符合斜率：1±0.15，截距：0±10μg/m^3
		相关系数	≥0.90
	除湿		具有自动除湿功能
	校准		具备校准功能
	报警阈值		可在全测量范围内灵活设置
	数据存储时间		1 年及以上

注：1. 功能参数检查参照 HJ 653 要求进行

2. 监测方法按 HJ 1100 执行，本技术规范实施后，国家和山东省新发布的其他相关环境监测方法标准，如适用性满足要求，也适用于本技术规范

非道路工程、轨道交通工程施工场地占地面积 1 万 m^2 及以下的施工场地应至少设置 1 个颗粒物监测点；占地面积 1 万 m^2 以上 2 万 m^2（含）以下的施工场地应至少设置 2 个颗粒物监测点；占地面积 2 万 m^2 以上的施工场地应至少设置 3 个颗粒物监测点。道路建设、轨道交通建设等施工场地的每个标段长度≤10km 时，至少设置 1 个颗粒物监测点；长度为 10～30km（含）时，至少设置 2 个颗粒物监测点；长度>30km 时，至少设置 3 个颗粒物监测点。参照国家统计局《2016 年统计用区划代码和城乡划分代码》中 3 位城乡分类代码进行鉴别，原则上主城区（111）、城乡结合区（112）、镇中心区（121）、镇乡结合区（122）、特殊区域（123）均属城镇人口密集区（专业化工园区、集中区除外），以上区域每 500m 至少设置一个监测点。

6.7 本章小结

（1）对我国沥青拌和站的基本情况进行调研，从现有技术与工艺革新的角度来挖掘节能潜力，对拌和站的石料烘干系统对比分析，并分析各种加热系统的优劣。对拌和站沥青罐的加温系统进行分析，研究节能改造的可行性。

（2）通过对搅拌站设备三大主要能耗环节进行节能减排一体化配套设备系统改造，降低混合料生产能源消耗，减少资源浪费，达到节能减排目的。沥青混凝土搅拌站三大主要能耗环节及配套设备改造系统采用的节能技术措施为：①基于清洁煤技术研究的现场煤气化技术；②基于涡流热膜换热的沥青罐动态加热技术；③基于沥青发泡技术的沥青混合料

降温技术。

（3）对三种节能措施的经济效益、环境保护和安全等进行综合分析，研究表明：①基于清洁煤技术研究的现场煤气化技术可以大大降低生产成本，且环境效益显著；②基于涡流热膜换热的沥青罐动态加热技术，可极大降低燃料消耗，较传统方式节能20%以上，市政施工节能超过35%，经济效益明显；③基于沥青发泡技术的沥青混合料降温技术，在不牺牲沥青混合料路用性能的前提下，相对于热拌，温度降低20～40℃，节省燃料20%～30%。

（4）对温拌沥青技术进行说明，列出沥青机械发泡技术的原理及技术要求，编制沥青机械发泡技术施工要求。

（5）对沥青拌和站拌和方式进行分析，并对现有的拌和方式进行优缺点比较，同时对拌和站燃料油改气技术的优势进行分析。

（6）列举了拌和站粉尘处置和沥青烟防治措施，并从管理角度对沥青路面施工场站扬尘管理及监测进行了相应的规定。

（7）对沥青搅拌设备的基本构造进行了分析。根据骨料颗粒在烘干筒内的受力情况和运动规律，对骨料颗粒的料帘形成过程进行了详细分析，建立了烘干筒内料帘密度与烘干筒的相关参数之间的数学模型，确定了料帘密度和能耗之间的关系，提出了提高烘干筒效率、节约能耗的措施与建议。

（8）对沥青搅拌设备中的搅拌装置从机械结构方面对其功率循环进行了探究，提出了改进功率循环的实际方法。

（9）对混合料的生产及运输过程中的保温节能技术进行研究，提出了沥青混合料保温和运输的具体措施，并对其节能效果进行了试验验证。

7 济青改扩建沥青路面施工能耗与排放减量化应用研究

7.1 沥青路面建设阶段能耗与排放量化估算工程示例

根据前文建立的沥青路面建设阶段能耗与排放量化计算方法及能耗与排放量估算值，项目以依托工程济青高速改扩建项目 1 标为例，进行沥青路面建设阶段能耗与排放量化估算工程示例展示。路面结构整体为沥青混合料路面，主线以及服务区贯通车道、一般互通匝道等路面结构方案为：4cm 细粒式改性沥青混凝土（SMA-13）+6cm 中粒式沥青混凝土（AC-20C）+8cm 粗粒式沥青混凝土（AC-25C）。各沥青路面结构层的工程量预算表分别见表 7-1～表 7-3。

表 7-1　项目 1 标 8cm AC-25C 沥青混凝土下面层工程量预算表

工程项目		粗粒式		沥青混合料路面铺筑		沥青混合料运输	
工程细目		沥青混凝土拌和（240t/h 以内）		机械摊铺沥青混合料（240t/h 以内）		15t 以内自卸汽车平均运距 5km	
定额单位		1000m^3路面实体		1000m^3路面实体		1000m^3路面实体	
工程数量		81.035		81.035		81.035	
工料机名称	单位	定额	数量	定额	数量	定额	数量
石屑	m^3	168.13	13624.47				
路面用碎石（1.5cm）	m^3	259.89	21060.26				
路面用碎石（2.5cm）	m^3	299.07	24235.23				
路面用碎石（3.5cm）	m^3	469.28	38028.25				
6～8t 光轮压路机	台班			3.75	303.88		
12～15t 光轮压路机	台班			3.75	303.88		
240t/h 以内沥青混合料拌和设备	台班	1.77	143.432				
12.5m 以内沥青混合料摊铺机	台班			1.91	154.78		
16～20t 胶轮压路机	台班			0.55	44.57		
20～25t 胶轮压路机	台班			1.28	103.73		
15t 以内自卸汽车	台班					13.83	1120.72

表 7-2 项目 1 标 6cm AC-20C 沥青混凝土中面层工程量预算表

工程项目		粗粒式		沥青混合料路面铺筑		沥青混合料运输	
工程细目		沥青混凝土拌和（240t/h 以内）		机械摊铺沥青混合料（240t/h 以内）		15t 以内自卸汽车平均运距 5km	
定额单位		1000m³路面实体		1000m³路面实体		1000m³路面实体	
工程数量		60.777		60.777		60.777	
工料机名称	单位	定额	数量	定额	数量	定额	数量
石油沥青	t	113.47	6896.01				
矿粉	t	117.72	7154.61				
石屑	m³	226.75	13781.07				
路面用碎石（1.5cm）	m³	334.74	20344.33				
路面用碎石（2.5cm）	m³	520.05	31606.82				
6～8t 光轮压路机	台班			3.78	229.74		
12～15t 光轮压路机	台班			3.78	229.74		
240t/h 以内沥青混合料拌和设备	台班	1.76	106.97				
12.5m 以内沥青混合料摊铺机	台班			1.92	116.69		
16～20t 胶轮压路机	台班			0.55	33.43		
20～25t 胶轮压路机	台班			1.29	78.40		
15t 以内自卸汽车	台班					13.83	840.54

表 7-3 项目 1 标 4cm SMA-13C 沥青混凝土上面层工程量预算表

工程项目		粗粒式		沥青混合料路面铺筑		沥青混合料运输	
工程细目		沥青混凝土拌和（240t/h 以内）		机械摊铺沥青混合料（240t/h 以内）		15t 以内自卸汽车平均运距 5km	
定额单位		1000m³路面实体		1000m³路面实体		1000m³路面实体	
工程数量		40.518		40.518		40.518	
工料机名称	单位	定额	数量	定额	数量	定额	数量
改性沥青	t	122.54	4964.88				
矿粉	t	128.40	5202.64				
石屑	m³	261.18	10582.41				
路面用碎石（1.5cm）	m³	723.22	29303.21				
6～8t 光轮压路机	台班			3.80	153.97		
12～15t 光轮压路机	台班			3.80	153.97		
240t/h 以内沥青混合料拌和设备	台班	1.76	71.31				
12.5m 以内沥青混合料摊铺机	台班			1.93	78.20		

续表

工料机名称	单位	定额	数量	定额	数量	定额	数量
16～20t 胶轮压路机	台班			0.56	22.69		
20～25t 胶轮压路机	台班			1.30	52.67		
15t 以内自卸汽车	台班					13.83	560.36

以上述预算数据为基础，采用本课题提出的沥青路面建设阶段能耗与排放量化分析模型，进行能耗与排放量化分析。

1. 沥青混合料生产阶段能耗与排放量化计算

沥青混合料生产阶段的物料和机械使用数量汇总见表 7-4。其中，路面用碎石和石屑分别按照预算定额规定的路面材料松方干密度 1.521t/m^3 和 1.530t/m^3 转换为质量单位(t)，石料取矿粉、石屑和路面用碎石的总和。

表 7-4　项目 1 标沥青混合料生产阶段工料机汇总

工料机（单位）	普通沥青（t）	改性沥青（t）	石料（t）	240t/h 沥青混合料拌和设备（台班）		
				粗粒式	中粒式	细粒式
总量	15474.16	4964.88	328589.90	143.432	106.967	71.311

根据环境排放影响因子及其特征因子，环境排放归类及特征化结果见表 7-5。

表 7-5　项目 1 标沥青生产阶段环境特征化排放结果表

影响类别	影响因子	特征化因子 kg/kg	排放量 kg	特征化结果 kg	总计（kg）
		①	②	③=①×②	
全球变暖	CO_2	1	4165434	4165434	4530284
	CH_4	25	14594	364850	
酸化效应	SO_2	1	20178	20178	33297
	NO_x	0.7	18742	13119	
健康危害	SO_2	0.096	20178	1937	55188
	NO_x	1.2	18742	22490	
	CO	2.4	12817	30761	
颗粒物	TSP	1	3810	3810	3810

石料生产过程的环境排放主要为各种颗粒物质，本课题根据石料生产过程排放因子，将各种颗粒物质排放量汇总，计算得到石料生产过程的环境排放量及特征化结果，见表 7-6所示。

表 7-6　项目 1 标石料生产阶段环境特征化排放结果表

影响类别	影响因子	排放因子（kg/t）	排放量（kg）	特征化因子（kg/ kg）	特征化结果（kg）	总计（kg）
		①	②=①×t	③	④=②×③	
颗粒物质	TSP	0.19	62432	1	62432	78861
	PM_{10}	0.05	16429	1	16429	

根据目前我国沥青混合料生产普遍采用间歇强制式沥青混合料拌和设备，且大多数具有纤维织物除尘设备的实际情况，选择相应的排放因子。济青高速改扩建 1 标公路上、中、下面层沥青混合料总计约 185976.6t，则计算得到沥青混合料生产过程的环境排放量化及其归类和特征化结果见表 7-7。

表 7-7　项目 1 标沥青混合料生产阶段环境特征化排放结果表

影响类别	影响因子	排放因子（kg/t）	排放量（kg）	特征化因子（kg/kg）	特征化结果（kg）	总计（kg）
		①	②=①×t	③	④=②×③	
全球变暖	CO_2	18.5	3440567	1	3440567	3457767
	CH_4	0.0037	688	25	17200	
酸化效应	SO_2	0.044	8182	1	8182	15993
	NO_x	0.06	11158	0.7	7811	
健康危害	SO_2	0.044	8182	0.096	785	103443
	NO_x	0.06	11158	1.2	13390	
	CO	0.2	37195	2.4	89268	
颗粒物	TSP	0.0049	911	1	911	911

2. 沥青路面施工阶段能耗与排放量化计算

根据沥青路面施工阶段能耗量化分析方法，按照不同沥青混合料类型施工所用的机械设备，可以计算得到 Vm^3 沥青路面所用机械设备的能耗。在实际预算定额中，给出了 Vm^3 不同沥青混合料类型所需施工机械的台班数量。因此，也可以根据总台班数和定额中的单位台班燃料消耗量，计算沥青路面施工阶段的能耗，见表 7-8。沥青路面施工过程环境排放量化及特征化结果估算，见表 7-9。

表 7-8　项目 1 标沥青路面施工过程燃料消耗及能耗计算表

机械设备		台班	柴油消耗（kg/台班）	累计油耗（kg）	累计能耗（MJ）
		①	②	③=①×②	④=③×43.0
12.5m 以内摊铺设备		349.67	136.41	47698.48	2051034.64
光轮压路机 胶轮压路机 （t）	6～8	687.58	54.86	37720.64	1621987.52
	12～15	687.58	80.92	55638.97	2392475.71
	16～20	100.69	42.29	4258.18	183101.74
	20～25	234.8	50.29	11808.09	507747.87
所有机械设备总能耗（MJ）				157124.36	6756347.48

表 7-9　项目 1 标沥青路面施工过程环境排放量化及特征化估算结果表

影响类别	影响因子	排放因子（kg/t）	排放量（kg）	特征化因子（kg/kg）	特征化结果（kg）	总计（kg）
		①	②=①×t	③	④=②×③	
全球变暖	CO_2	74100	500916	1	500916	502633
	CH_4	3	20.28	25	507	
	NO_x	0.6	4.06	298	1210	

3. 沥青路面建设阶段能耗与排放量化分析

（1）沥青路面建设阶段能源消耗量化分析。根据计算得到的沥青路面建设阶段各生命周期过程的能耗量化数值，可以确定沥青路面建设阶段的总能耗及各个生命周期过程的能耗比，见表 7-10。

表 7-10　项目 1 标沥青路面建设各阶段能耗及能耗比汇总表

阶段	沥青混合料生产阶段				沥青路面施工阶段		总计
过程	沥青生产	石料生产	原材运输	沥青混合料生产	沥青混合料运输	沥青路面施工	
能耗（MJ）	7.24×10^7	1.56×10^7	8.0×10^7	1.91×10^8	3.2×10^7	8.8×10^6	4.0×10^8
能耗比（%）	18.1	3.9	20	47.8	8	2.2	1

由表 7-10 数据可见，项目 1 标沥青路面建设各阶段总能耗约为 4.0×10^8MJ，相当于标准煤（净发热值 29.31MJ/kg）1.36 万 t。进一步分析各个生命周期过程的能耗比（图 7-1）可以得到沥青路面建设阶段各生命周期过程能耗比排序为：沥青混合料生产＞原材运输＞沥青生产＞沥青混合料运输＞石料生产＞沥青路面施工。

根据上述量化分析结果，沥青混合料生产过程的能耗最高，占沥青路面建设阶段总能耗近一半，因此从沥青路面建设的生命周期视角出发，减小沥青混合料生产过程的能耗有利于减小沥青路面建设阶段的总能耗。因此，采取提高沥青混合料生产过程的热利用效率或使用无须高温加热的温拌沥青技术等措施，减小沥青混合料生产过程的能耗，是降低沥青路面生产阶段能源消耗的有效途径。

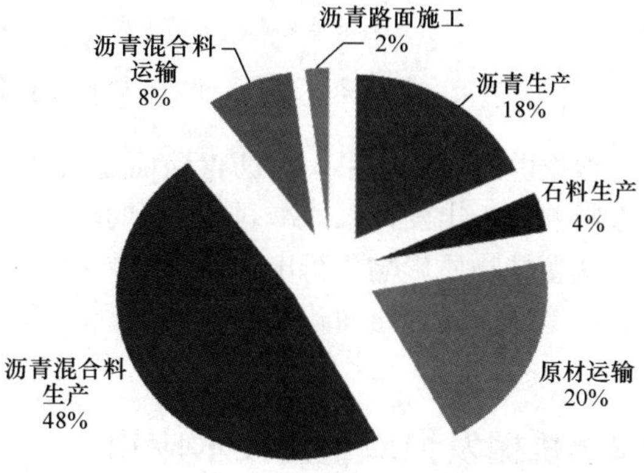

图 7-1　项目 1 标沥青路面建设各阶段生命周期过程能耗比

（2）沥青路面建设阶段环境排放量化分析。将计算得到的沥青路面建设阶段各生命周期过程的环境排放量化数值，按照表格形式表示的沥青路面建设阶段环境排放量化分析模型，汇总见表 7-11。

表 7-11　项目 1 标沥青路面建设各阶段环境排放总量汇总表　(kg)

阶段	沥青混合料生产阶段			沥青路面施工阶段		总计
过程	沥青生产	石料生产	沥青混合料生产	沥青混合料运输	沥青路面施工	
气候变暖	4.53×10^6	—	3.46×10^6	5.40×10^5	5.03×10^5	9.03×10^6
酸化效应	3.33×10^4	—	1.60×10^4	4.43×10^3	—	5.37×10^4
健康危害	5.95×10^4	—	1.05×10^5	1.11×10^4	—	1.76×10^5
颗粒物质	3.81×10^3	6.57×10^5	1.69×10^3	2.05×10^2	—	6.63×10^5

由表 7-11 数据可见，项目 1 标沥青路面建设阶段的环境排放总量近似估算值为 9.03×10^6 kg 等效 CO_2，5.37×10^4 kg 等效 SO_2，1.76×10^5 kg 等效 1,4-二氯苯，6.63×10^5 kg 颗粒物质。就排放产物对环境的影响而言，项目 1 标高速公路沥青路面建设产生的全球变暖影响最为显著，产生的颗粒物质和健康危害影响次之，产生的酸化效应最小。因此，在沥青路面建设过程中，需要采取措施加强温室气体排放、粉尘排放和各种有害气体排放的控制。

根据图 7-2 可以发现，由于各生命周期过程的环境排放类别不同，就某一环境影响类别而言，各生命周期过程的影响程度也有所不同。对于全球变暖、酸化效应及健康危害，沥青和沥青混合料生产过程的影响最为显著；对于颗粒物质，则石料生产过程的影响最为显著。

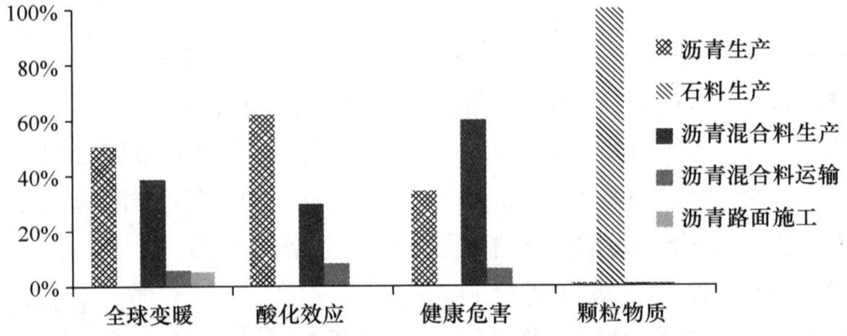

图 7-2　项目 1 标沥青路面建设各阶段生命周期过程环境排放比

根据上述分析结果，对沥青路面建设和管理单位而言，从气候变暖、酸化效应和健康危害影响分析出发，采取减排措施和技术方案控制并减少沥青混合料生产过程的环境排放；从颗粒物质影响分析出发，采取减排措施和技术方案控制并减少石料生产过程的环境排放，是降低沥青路面建设阶段环境影响的有效途径。

7.2　机械发泡减量化技术应用

7.2.1　试验路段选择

根据项目计划，对项目全线典型沥青拌和站进行了调研，最终确定在 1 标的姜营沥青拌和站和 2 标的饮马沥青拌和站改装机械沥青发泡设备，进行试验段的建设。项目组自

2018 年 7 月至 2019 年 9 月分别在这两处拌和站安装了 VOC 总量、TSP、PM_{10}、SO_2 等空气污染物在线监测设备。同时对热拌沥青路面及泡沫沥青路面施工现场进行沥青烟采样分析监测。项目选择的两处拌和站如图 7-3、图 7-4 所示。项目设置的在线连续监测设备如图 7-5、图 7-6 所示。

图 7-3　1 标的姜营沥青拌和站

图 7-4　2 标的饮马沥青拌和站

图 7-5　1 标的姜营沥青拌和站设置的在线监测设备

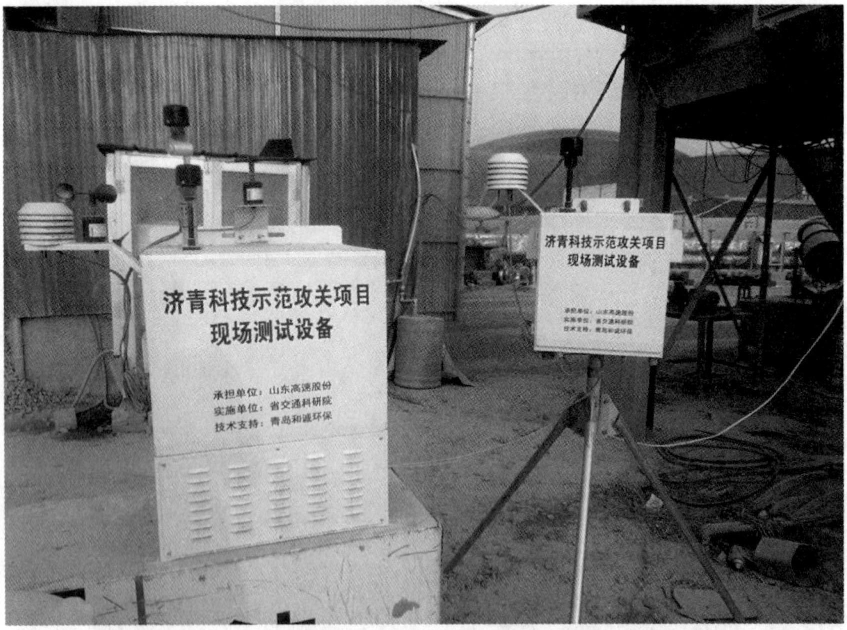

图 7-6　2 标的饮马沥青拌和站设置的在线监测设备

7.2.2　沥青发泡时段路用性能

7.2.2.1　发泡设备参数调试

济青 2 标采用德机 4000 型拌和站改造，采用发泡管的发泡方式，如图 7-7 所示。

图 7-7　拌和站发泡管改造

根据温拌泡沫沥青的发泡要求（膨胀率≥6，半衰期≥30s），道路石油沥青 70＃的发泡要求为沥青温度 150℃，发泡管气压为 7kg，水的添加量为 1.5%，见表 7-12。

SBS 改性沥青的发泡效果明显较基质沥青差，综合不同气压、不同水量的发泡参数，确定沥青温度 165℃，发泡管气压为 4.5kg，水的添加量为 2%，如图 7-8、图 7-9、表 7-13 所示。

表 7-12　70＃沥青调试结果

气压（kg）	水（%）	沥青温度（℃）	膨胀率	半衰期（s）
7	1.5	150	9.7	45

表 7-13　SBS 改性沥青调试参数

气压（kg）	水（%）	沥青温度（℃）	膨胀率	半衰期（s）
6	1.5	165	7.4	35
6	2	165	6.3	40
3	2	165	5.3	20
4.5	2	165	5.6	40

7.2.2.2　室内试验数据

1. 基质沥青 AC-25

基质沥青 AC-25 沥青混合料分别在 120℃和 130℃条件下击实成型，混合料在拌和站拌和完成后，分别在 120℃和 130℃的烘箱中保温 1h，而后成型试件。

通过马歇尔的空隙率试验数据分析，采用泡沫沥青温拌技术，AC-25 沥青混合料的击实温度降低 20～25℃，混合料的出料温度和压实作业温度相应降低 20～25℃，对应的温度为出料温度 140～145℃，压实温度不低于 120℃。见表 7-14、表 7-15。

图 7-8　基质沥青发泡

图 7-9　SBS 沥青发泡效果

表 7-14　基质沥青 AC-25 沥青混合料 130℃ 击实

编号	高度	空中重	水中重	表干重	毛体积密度	最大理论密度	空隙率
1	63.0	1204.1	718.9	1208.7	2.458	2.558	3.9
2	63.2	1204.9	718.4	1208.5	2.458		3.9
3	63.9	1204.6	716.3	1209.3	2.443		4.5
4	62.4	1208.8	722.0	1212.1	2.466		3.6
5	62.7	1204.5	720.3	1208.3	2.468		3.5
均值							3.9

表 7-15　AC-25 沥青混合料 120℃击实

编号	高度	空中重	水中重	表干重	毛体积密度	最大理论密度	空隙率
1	62.6	1201.7	718.9	1207.1	2.459	2.558	3.9
2	62.7	1195.7	713.8	1198.7	2.466		3.6
3	63.0	1208.3	722.8	1212.4	2.468		3.5
4	63.5	1205.2	717.9	1210.8	2.445		4.4
5	63.5	1206.5	717.7	1210.2	2.449		4.3
6	63.5	1207.2	720.2	1211.4	2.458		3.9
均值							3.9

2. SBS 改性沥青 AC-20

改性沥青 AC-20 沥青混合料分别在 160℃和 130℃条件下击实成型，混合料在拌和站拌和完成后，分别在 160℃和 130℃的烘箱中保温 1h，而后成型试件。

（1）马歇尔设计方法确定击实温度。通过马歇尔成型，确定改性沥青 AC-20 的击实温度可有效降低 30℃，混合料的温拌效果明显。施工中，出料温度可以降低 30℃，达到 150～160℃，压实温度降为 130℃以上。见表 7-16、表 7-17。

表 7-16　AC-20 正常 160℃温度击实

编号	高度	空中重	水中重	表干重	毛体积密度	最大理论密度	空隙率
1	63.8	1226.5	721.6	1227.9	2.422	2.530	4.3
2	63.2	1219.8	717.7	1223.1	2.414		4.6
3	63.3	1210.1	712.8	1212.5	2.422		4.3
4	62.9	1207.2	709.8	1208.3	2.422		4.3
均值							4.4

表 7-17　AC-20 沥青混合料 130℃击实

编号	高度	空中重	水中重	表干重	毛体积密度	最大理论密度	空隙率
1	63.0	1212.7	718.2	1214.9	2.442	2.530	3.5
2	63.2	1206.6	711.8	1208.8	2.428		4.0
3	63.0	1206.7	712.9	1208.5	2.435		3.8
4	63.0	1214.5	717.9	1215.8	2.439		3.6
5	63.2	1219.8	719.2	1221.5	2.428		4.0
均值							3.8

（2）旋转压实验证。为了更好地验证改性沥青 AC-20 的温拌效果，采用旋转压实分别在 150℃和 140℃进行验证，验证结果见表 7-18、表 7-19。

表 7-18　AC-20 沥青混合料 150℃旋转压实 100 次

高度	空中重	水中重	表干重	毛体积密度	最大理论密度	空隙率
95.8	4195.8	1207.22512.5	4201.3	2.484	2.530	1.8
94.2	4093.1	2454.7	4097.1	2.492		1.5
94.7	4076.3	2442.2	4083.6	2.483		1.9

表 7-19　AC-20 沥青混合料 140℃旋转压实 100 次

高度	空中重	水中重	表干重	毛体积密度	最大理论密度	空隙率
94.4	4053.9	2423.8	4060.8	2.476	2.530	2.1
94.1	4044.0	2413.4	4050.6	2.470		2.4
94.2	4041.5	2426.3	4049.0	2.491		1.5

通过旋转压实成型的验证，混合料在采用泡沫沥青温拌的条件下，可有效地完成混合料的压实。

3. 铺筑试验路的现场检测

技术咨询单位于 9 月 11 日在济青 2 标进行泡沫沥青温拌的试验路铺筑，铺筑长度 50m，现场试验结果如下所示：

现场 AC-20 中面层路面进行渗水试验检测，结果见表 7-20。

表 7-20　现场 AC-20 取芯数据

空中重	水中重	表干重	毛体积密度	压实度
1123.5	661.1	1124.8	2.4229	99.7

通过现场试验路的渗水试验和混合料的压实度试验，确定混合料的现场压实状况良好，混合料的空隙率和压实度都能满足普通热拌沥青混合料 AC-20 的技术指标要求。

从汉堡车辙试验分析，虽然实际的车辙深度稍大，但主要在于原材料中软石含量较高。从汉堡车辙曲线看，混合料并未出现较明显的拐点，因此混合料的水稳定性较高，具有一定的抗水损能力。整体来看，泡沫沥青温拌 AC-20 满足本课题设计中传统改性沥青 AC-20 的性能要求（图 7-10、表 7-21）。

表 7-21　AC-20 汉堡试验（现场取芯）

芯样编号	变形记录点	碾压 15000 次变形量（mm）	碾压 20000 次变形量（mm）	备注
芯样（一）	左轮第 3 点	4.06	5.91	由现场未泛油面取芯切割而成
芯样（二）	左轮第 9 点	5.13	7.26	

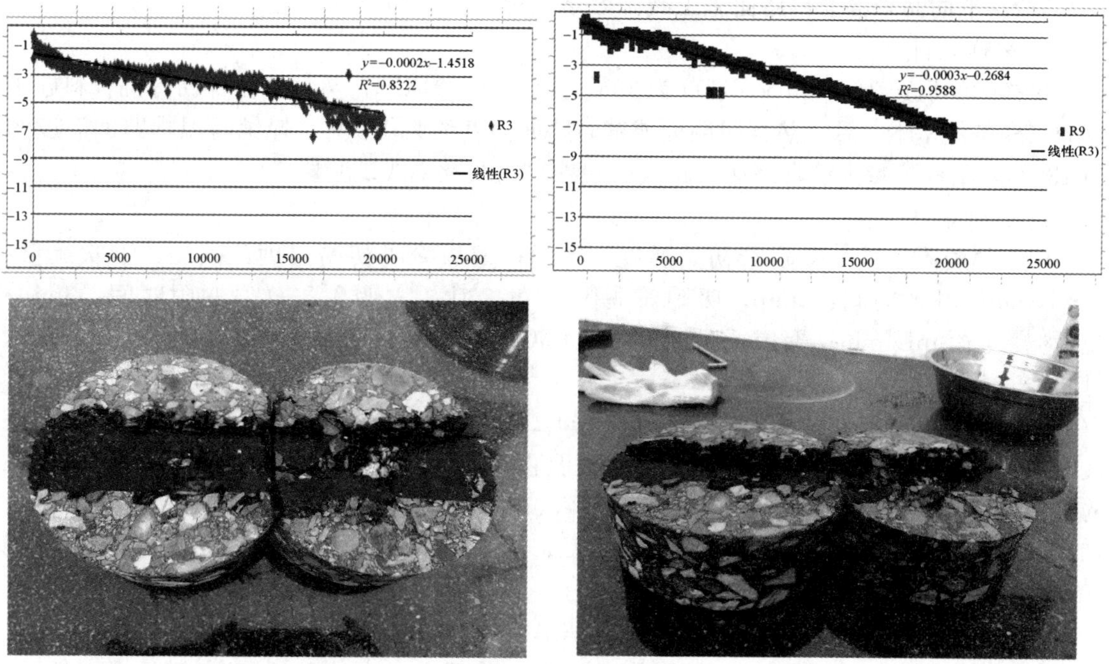

图 7-10　汉堡车辙试验

7.2.3　机械发泡沥青路面排放减量分析

7.2.3.1　拌和站颗粒物排放量分析

1 标姜营沥青拌和站在线监测设备监测数据如图 7-11 所示（单日不同时段）。

姜营站典型单日不同时段排放物自动监测数据						
采样时段	$PM_{2.5}$(μg/m³)	PM_{10}(μg/m³)	SO_2(μg/m³)	NO_2(μg/m³)	CO(μg/m³)	O_3(μg/m³)
0:15	46.1	146.9	37	2	500	2
1:15	51.8	100.1	28	28	967	5
2:15	61.5	470.6	17	59	643	3
3:15	25.1	59.8	14	108	2	1
4:15	10.5	53.3	25	12	4	4
5:15	6.5	19.5	11	2	56	3
6:15	7.6	20.8	17	0	188	4
7:15	10.5	118.3	14	73	820	4
8:15	135.2	236.7	14	71	901	3
9:15	262.4	735.8	28	4	32	3
10:15	28.3	80.6	42	32	573	2
11:15	102.8	182	77	321	621	1
12:15	103.6	184.5	82	389	552	5
13:15	164.4	272.8	77	348	950	1
14:15	97.2	210.6	82	366	595	1
15:15	163.6	448.4	68	49	620	3
16:15	23.4	89.7	31	32	983	1
17:15	15.3	40.3	65	110	621	4
18:15	28.3	63.7	25	84	583	4
19:15	46.9	192.4	2	36	933	2
20:15	29.1	59.8	0	36	168	2
21:15	25.9	55.9	11	112	300	5
22:15	29.9	62.4	20	69	242	3
23:15	49.4	98.7	25	22	678	2

图 7-11　1 标姜营沥青拌和站在线监测设备监测数据

7.2.3.2 不同沥青混合料路面施工减排效果分析

1. 采样条件

采样时的风速为 0.5m/s，温度为 20℃，气压为 101kPa，热拌和温拌沥青混合料施工时的采样条件基本一致。热拌时路面摊铺时路面温度约为 160℃，摊铺时温拌路面温度约为 135℃。采样位置为济青高速公路改扩建项目主线及主线试验段。

2. 分析条件

（1）热脱附条件。吸附管初始温度：室温；聚焦冷阱初始温度：室温；干吹流量：40mL/min；干吹时间：2min；吸附管脱附温度：300℃；吸附采样管脱附时间：3min；脱附流量：40mL/min；聚焦冷阱温度：－10℃；聚焦冷阱脱附温度：300℃；冷阱脱附时间：5 min；传输线温度：150℃。

（2）气相色谱仪条件。进样口温度：200℃。进样方式：分流进样，分流比为 30∶1。柱流量：1.5mL/min（恒流模式）。柱箱升温程序：从 40℃开始保持 1min，以 5℃/min 的升温速率升至 90℃，保持 3min；以 6℃/min 的升温速率升至 140℃，保持 0min；以 15℃/min 的升温速率升至 220℃，保持 3min；以 10℃/min 的升温速率升至 230℃，保持 3min。总程序时间：34.67min。

（3）质谱仪条件。扫描方式：全扫描 SCAN；扫描范围：35～300amu；电子轰击源 EI，离子源温度：230℃；传输线温度：260℃；离子化能量：70eV；溶剂延迟：3min；电子倍增电压：与调谐电压一致。

（4）吸附管老化条件。老化温度：300℃；老化时间：60min；流量：0.8L/min。

3. 测试结果

按 GC-MS 条件对热拌摊铺、热拌压路机、温拌摊铺机和温拌压路机上采集的 VOCs 进行分析，得到总离子流色谱图，如图 7-12 至图 7-15 所示。

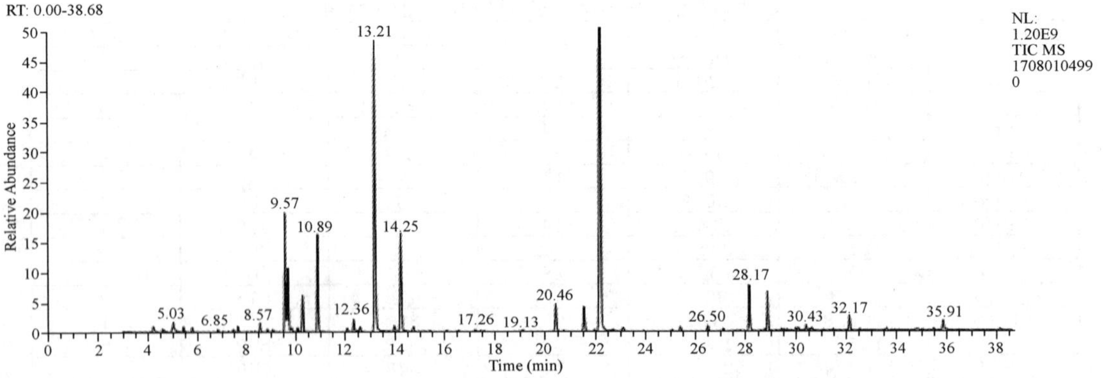

图 7-12　热拌摊铺机上 VOCs 的总离子流色谱图

根据上述总离子流色谱图获得每种 VOCs 的特征离子和保留时间，确定各种 VOCs 的定量离子和扫描时间窗口，利用时间窗口内定量离子的峰面积通过外标法定量，得到两种施工技术沥青混合料释放的 VOCs 种类和含量，见表 7-22。

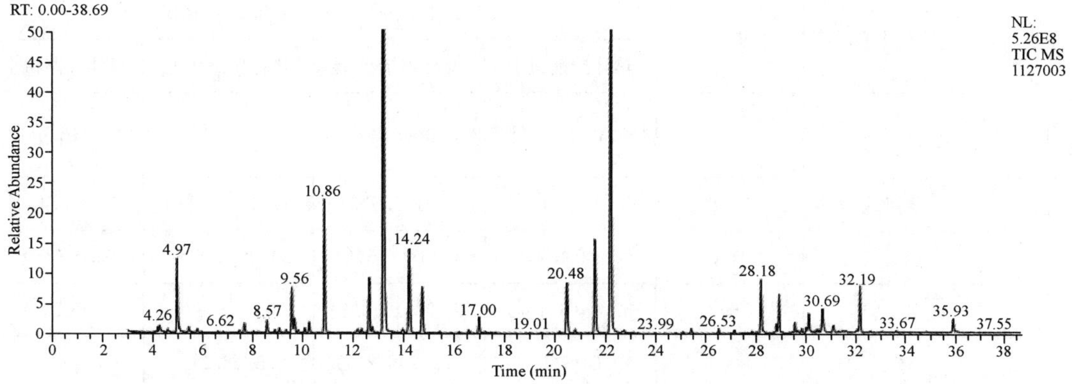

图 7-13　温拌摊铺机上 VOCs 的总离子流色谱图

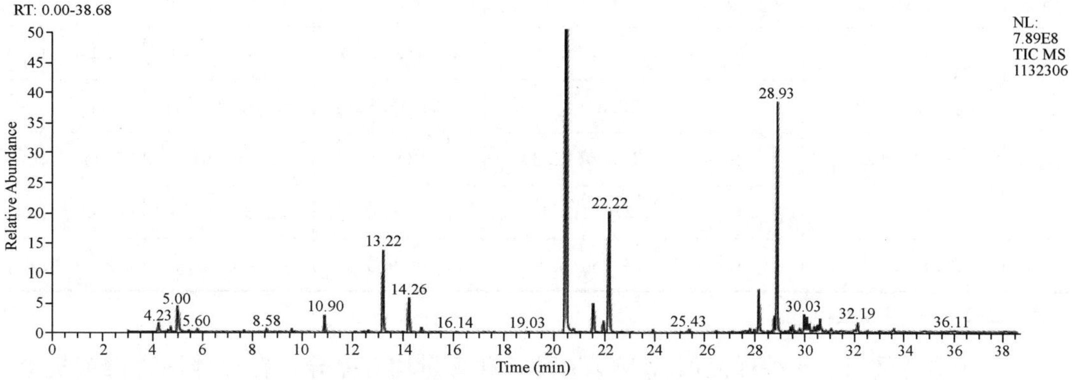

图 7-14　热拌压路机上 VOCs 的总离子流色谱图

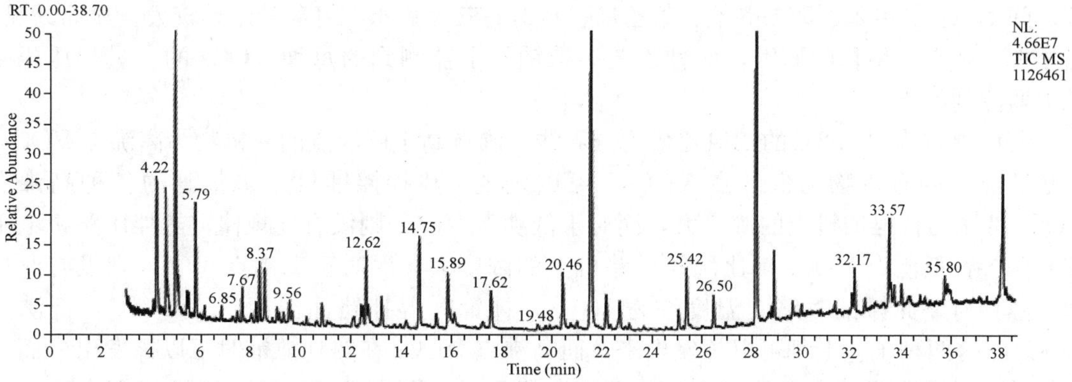

图 7-15　温拌压路机上 VOCs 的总离子流色谱图

表 7-22　两种施工技术沥青混合料释放的 VOCs 成分

编号	化合物名称	沸点（℃）	浓度（$\mu g/m^3$）（相对标准偏差 RSD）			
			热拌摊铺机上	温拌摊铺机上	热拌压路机上	温拌压路机上
1	1,1,2-三氯-1,2,2-三氟乙烷	47.6	5.48(5.2%)	3.98(5.8%)	2.99(6.1%)	2.94(5.6%)
2	二氯甲烷	39.8	18.10(4.6%)	4.91(5.5%)	17.11(4.9%)	4.88(5.4%)
3	三氯甲烷	61.3	82.13(4.2%)	44.38(4.5%)	23.09(4.8%)	0.00(—)
4	四氯化碳	76.8	32.43(6.1%)	15.98(10.3%)	23.57(8.8%)	0.00(—)
5	苯	80.1	10.64(7.5%)	57.09(6.2%)	6.52(8.2%)	6.33(8.7%)
6	甲苯	110.6	36.92(9.2%)	12.86(12.5%)	32.08(10.1%)	10.39(13.1%)
7	1,1,2-三氯乙烷	114	6.74(10.8%)	16.81(13.2%)	0.0(—)	0.00(—)
8	四氯乙烯	121.2	39.26(5.5%)	46.38(5.8%)	34.47(6.2%)	0.00(—)
9	乙苯	136.2	9.45(8.8%)	3.71(3.5%)	2.27(3.7%)	2.69(3.1%)
10	间&对-二甲苯	139	23.81(13.2%)	8.04(12.8%)	8.00(13.5%)	7.22(12.5%)
11	邻-二甲苯	144.4	11.90(12.3%)	6.02(8.9%)	4.00(7.5%)	5.11(9.3%)
12	苯乙烯	146	33.41(4.9%)	10.28(6.8%)	2.22(4.8%)	0.89(4.7%)
13	1,2,4-三甲基苯	168	5.86 (8.4%)	2.91 (9.5%)	1.74 (8.6%)	2.88 (10.1%)

注：试验平行测定次数 $n=6$。

由表中数据可知，4 种样品所含 VOCs 种类和含量均有差异，在热拌沥青摊铺机上和在泡沫温拌沥青摊铺机上都监测到了沥青烟中有 13 种 VOCs，在热拌沥青压路机上监测到了沥青烟中有 12 种 VOCs，在泡沫温拌沥青压路机上监测到了沥青烟中有 9 种 VOCs。4 种样品均含有的 VOCs 成分为 1,1,2-三氯-1,2,2-三氟乙烷、二氯甲烷、苯、甲苯、乙苯、间&对-二甲苯、邻-二甲苯、苯乙烯、1,2,4-三甲基苯，但含量差异较大。显而易见，由于挥发和空气稀释的原因，两种工艺中摊铺机上监测到的每种 VOCs 的含量都比压路机上监测到的要高。

若以沸点为 121.2℃的四氯乙烯为分界线，沸点高于此沸点的有机物为高沸点 VOCs，低于此沸点的有机物为低沸点 VOCs，可以发现，热拌摊铺机上采集到的各种高沸点 VOCs 都比温拌摊铺机上的浓度大，而对于低沸点 VOCs 则没有此规律；热拌压路机上采集到的各种低沸点 VOCs 都比温拌压路机上的浓度大，而对于高沸点 VOCs 则没有此规律。热拌时路面摊铺时路面温度约为 160℃，摊铺时温拌路面温度约为 140℃，低沸点 VOCs 在这两种工艺上都可以挥发出来，而高沸点 VOCs 在热拌摊铺时可以挥发出来而在温拌摊铺时则不能完全挥发出来。等到压实路面时，温度已经下降，高沸点 VOCs 很少再产生，摊铺时产生的高沸点 VOCs 也被空气稀释减少；温度虽然下降，但热拌的温度肯定是要高于温拌的，此时温度作用于低沸点 VOCs，呈现出上述的规律。

从总量上看，泡沫温拌沥青摊铺机上采集的 VOCs 的量比热拌的减少了 26.19%，泡沫温拌沥青压路机上采集的VOCs的量比热拌的减少了74.45%，这有力地说明了温拌沥青技术减少了VOCs的排放。温度是影响沥青VOCs释放量和组成的主要因素，随着温度的增加，沥青中VOCs的组分更加复杂且释放量逐渐增加。温度越高，黏度越小，表面张力越小，沥青中的轻质组分越易从内部扩散出气液界面进入到气相中。由于温拌沥青混合料技术可以在满足使用要求的前提下在较低温度条件下进行拌和，使得沥青黏度降低，因此可有效减少沥青在高温下释放VOCs的种类和释放量。

二氯甲烷、四氯化碳和甲苯这些低沸点VOCs在热拌工艺条件下的含量都是温拌条件下的2倍以上，说明温拌技术有利于抑制这些VOCs的挥发，因为它们的产生受温度影响很大。1,1,2-三氯乙烷两种施工方式，压路机那里采集到的浓度都是零，说明该物质极易挥发，从摊铺到压路都已经挥发干净。乙苯、间,对-二甲苯、苯乙烯和1,2,4-三甲基苯这些高沸点VOCs在热拌摊铺机上采集到的浓度是其他三种样品浓度的2倍以上，说明这些VOCs挥发较快，受温度影响也比较大。

在采集到的VOCs中，热拌摊铺机上浓度最高的是三氯甲烷、四氯乙烯和甲苯，对其VOCs总量的贡献率为50.08%；温拌摊铺机上浓度最高的是苯、四氯乙烯和三氯甲烷，对其VOCs总量的贡献率为63.36%；热拌压路机上浓度最高的是四氯乙烯、甲苯和四氯化碳，对其VOCs总量的贡献率为57.02%；温拌压路机上浓度最高的是甲苯、间&对-二甲苯和苯，对其VOCs总量的贡献率为59.27%。可以看出，四种样品中浓度最高的前三种VOCs对总量的贡献都超过了50%，甲苯和四氯乙烯在这四种样品中的贡献都较大。

4. 结果分析

（1）热拌摊铺机上采集到的各种高沸点VOCs都比温拌摊铺机上的浓度大，热拌压路机上采集到的各种低沸点VOCs都比温拌压路机上的浓度大。从总量上看，泡沫温拌沥青摊铺机上采集的VOCs的量比热拌的减少了26.19%，泡沫温拌沥青压路机上采集的VOCs的量比热拌的减少了74.45%。相对沥青热拌工艺，温拌工艺能显著减少VOCs的产生。

（2）二氯甲烷、四氯化碳和甲苯这些低沸点VOCs的产生受温度影响很大，1,1,2-三氯乙烷、乙苯、间&对-二甲苯、苯乙烯和1,2,4-三甲基苯这些VOCs挥发较快，其产生受温度影响也比较大。受温度影响较大的VOCs成分在降低温度的温拌工艺减少VOCs排放中起到了重要作用。

（3）四种样品中浓度最高的前三种VOCs对总量的贡献都超过了50%，甲苯和四氯乙烯在这四种样品中的贡献都较大。贡献较大的成分在后续研究中应重点关注。

5. 结论

采用本课题提出的沥青路面建设阶段能耗与排放量化分析方法及分析模型对项目1标高速公路沥青路面新建工程进行了量化分析，结果表明：除去沥青生产过程，沥青混合料生产过程的能耗最高；沥青路面建设工程对全球变暖影响较大，其中对于全球变暖、酸化效应及健康危害，沥青和沥青混合料生产过程的影响最为显著；对于颗粒物质，则石料生产过程的影响最为显著。上述结论可为济青高速公路改扩建项目沥青路面建设工程节能减排措施的应用提供科学的指导。如图7-16、图7-17所示。

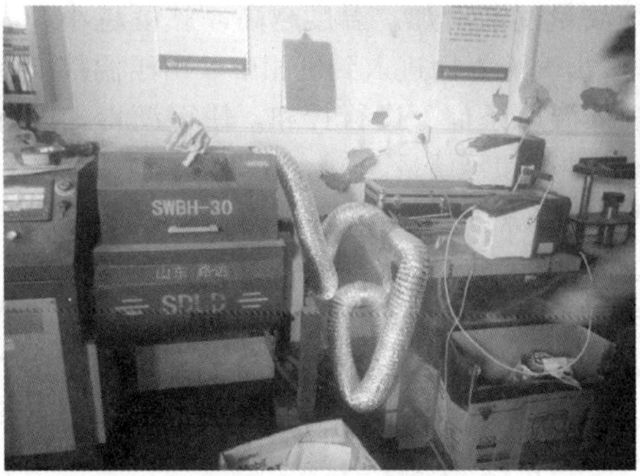

室内采样

拌和楼采样

四标拌和站采样

路面摊铺现场采样

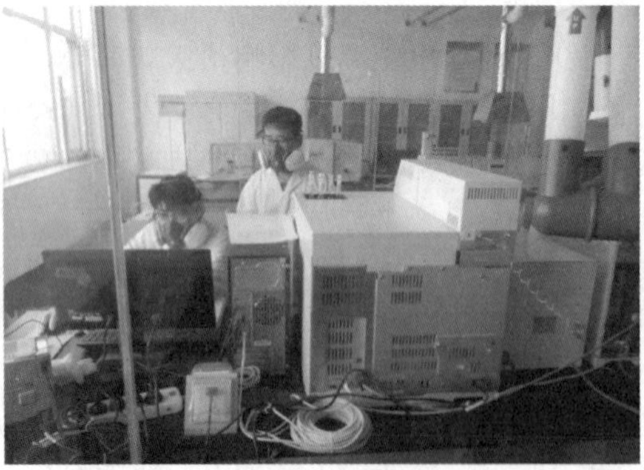

室内测试分析

摊铺机上采样

图 7-16　试验过程

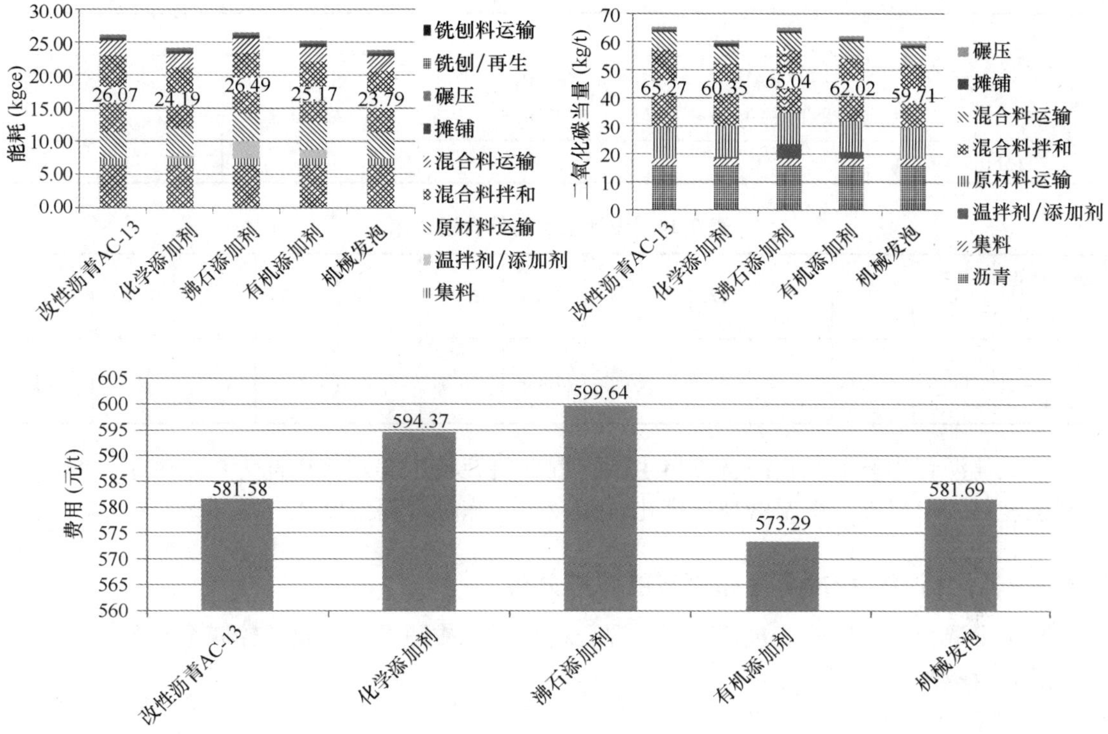

图 7-17　1t 温拌混合料能耗、排放及费用成本对比图

7.3　乳化沥青厂拌冷再生减量化技术应用

7.3.1　配合比设计

采用旋转压实试验确定乳化沥青冷再生混合料的最佳含水率。采用旋转压实试验优选矿料级配，确定最佳乳化沥青含量，设计结果符合配合比设计技术标准和配合比设计检验要求。本试验的乳化沥青冷再生沥青混合料拌和与压实温度为室温 25℃。

设计中采用旋转压实法确定最佳含水率。具体方法为：固定乳化沥青用量为外掺 3.8%，水泥掺量为外掺 1.5%，调试五个外加水量（2.0%、2.5%、3.0%、3.5%、4.0%）与烘干后的骨料进行拌和，旋转压实次数 50 次，根据压实后试件的最大干密度以及干劈强度，确定最佳含水率为 3.0%，以此换算最佳总液体含量为 6.8%。

根据《公路沥青路面再生技术规范》（JTG F41—2008）表 5.4.3 体积指标规定与设计标准，选择三个乳化沥青用量（3.3%、3.8%、4.3%）成型试件，综合性能特征及经济因素，确定最佳乳化沥青用量为 3.8%。

综合以上试验与分析结果，确定设计配合比见表 7-23，设计目标级配各筛孔通过率见表 7-24，设计乳化沥青用量 3.8%，总液体含量为 6.8%，水泥掺量为 1.5%。

表 7-23　设计配合比

级配	集料规格			
	RAP 10～20mm	RAP 0～10mm	新料 10～20mm	矿粉
百分比,%	30	55	12	3

表 7-24　设计级配各筛孔通过率

筛孔尺寸(mm)	26.5	19	16	13.2	9.5	4.75	2.36	1.18	0.6	0.3	0.15	0.075
通过率(%)	100.0	98.0	93.3	85.7	65.8	43.6	31.3	24.5	18.1	12.5	9.0	5.4

在最佳沥青用量下乳化沥青冷再生沥青混合料旋转压实试验指标为：空隙率，9.9%；劈裂强度，0.61MPa；干湿劈裂强度比，89.2%；冻融劈裂强度比，77.9%。

7.3.2　乳化沥青厂拌冷再生路面节能减排分析

冷再生混合料基层施工包括冷再生混合料拌和、摊铺、碾压及运输四个环节。

7.3.2.1　拌和

1. 拌和设备与工艺

冷再生混合料的拌和不需要加热，其拌和站同水泥稳定碎石基层拌和设备类似。拌和设备是能按用量（以质量计）连续配料的连续式拌和机。为了保证拌和品质，同水泥稳定碎石拌和站相比，冷再生材料拌和站将搅拌缸的长度及拌臂加长，并加设了可调节出料速度的控制装置，可以有效提高拌和效率。拌和设备增加了冷料仓的数量，采用精密称重设备，使 RAP 材料的充分分级和多种外加集料的掺加得以实现，提高混合料的均匀性、稳定性。乳化沥青和水的供给系统配备了高精度的动态计量器，并能跟拌和机精确、协同工作，根据拌和机送料情况自动调节乳化沥青和水的喷入量，在喷洒延迟等方面能够精确控制。如图 7-18 所示。

图 7-18　冷再生混合料拌和站

济青改建项目三个标段的冷再生拌和楼均为 ARC300E，生产能力为 300t/h，装机总功率为 280kW，料仓容积为 40m³。冷再生混合料使用乳化沥青作为胶结料，因此不需加热集料或沥青，只消耗电力。

2. 能耗、排放调查与计算

现场调查冷再生拌和站拌和过程中的电耗，采集 5 个工作日的数据。经计算，冷再生拌和站每拌和 1t 再生混合料的电能的消耗量为 1.13kW·h，标准煤折算值为 0.139（kgce）。用于供料的装载机柴油消耗量仍采用 0.105L（0.128kgce）。

冷再生混合料拌和排放主要是拌和楼消耗电能排放、装载机消耗柴油排放（表 7-25、表 7-26）。

表 7-25　生产 1t 冷再生混合料温室气体排放 CO_2 当量

混合料类型	能源	用量	CO_2 当量（kgce）	合计（kgce）
冷再生混合料	电力	1.13kW·h	0.698	0.973
	柴油	0.105L	0.275	

表 7-26　冷再生柔性基层单幅路面 1km 混合料拌和的能耗和温室气体排放

混合料类型	能耗与排放	标段		
		01	02	03
冷再生混合料	标准煤耗（kgce）	178.0	183.8	212.4
	CO_2 当量（kgce）	656.1	669.9	774.0

7.3.2.2　摊铺

1. 工艺及能耗

冷再生沥青混合料柔性基层根据工作面宽度选择一台摊铺机摊铺或两台摊铺机梯队联合摊铺。两台摊铺机联合作业时，摊铺机前后距离一般为 10～20m，两台摊铺机之间重叠 50～100mm，保证纵向接缝为湿接缝。摊铺速度为 3～4m/min，摊铺速度根据拌和站生产能力进行调整。

摊铺过程的能耗主要来源于摊铺机，摊铺机消耗的能源为柴油。济青三个标段均使用相同型号的冷再生材料摊铺机，摊铺机型号及参数见表 7-27。

表 7-27　冷再生摊铺机基本参数表

类型	冷再生摊铺机
型号	天顺长城 SP120～2
总功率（kW）	174
摊铺宽度（m）	2.5～12
摊铺厚度（mm）	350
摊铺速度（m/min）	0～18
料斗容量（m³）	6

摊铺机主要消耗的是柴油，其排放的温室气体主要有 CO_2、CH_4 和 N_2O。

2. 能耗、排放调查及量化计算

现场采集 5 个工作日冷再生混合料柔性基层施工时摊铺机的柴油消耗（表 7-28）。

表 7-28　冷再生柔性基层摊铺机燃油消耗量

工作日	1	2	3	4	5
气温（最低/最高）(℃)	14/25	18/28	17/26	21/28	20/30
连续工作时间（h）	12	12	12	12	5
摊铺长度（km）	1.2	1.2	1.2	1.2	1.2
摊铺宽度（m）	7.9	7.9	7.9	7.9	7.9
摊铺厚度（cm）	15	15	15	15	15
柴油消耗（L）	165	167	175	180	150

根据调研数据，可计算得出，每摊铺 1km 单幅冷再生柔性基层的柴油消耗量为 69.8L，标准煤折算值为 85.1kgce，其排放 CO_2 当量为 182.7kg。

7.3.2.3　碾压

1. 碾压工艺及能耗、排放类型

济青改扩建工程冷再生面层碾压采用单（双）钢轮压路机与胶轮压路机组合的方式，压路机型号主要有 SKM222C、XSM220、徐工 XP302、徐工 XP301 和 HAMMHD130。碾压方式包括静压和振动碾压。如图 7-19 所示。

图 7-19　冷再生基层碾压施工

济青改扩建工程三个标段冷再生柔性基层的碾压工艺列于表 7-29 中。不同类型压路机碾压速度应满足表 7-30 中的要求。

表 7-29　冷再生柔性基层压路机设备组合

标段	流程	初压	复压		终压
01	压路机	1 台双钢轮	2 台单钢轮	2 台胶轮	2 台胶轮
	遍数	静压 1 遍，振压两遍	振压 3 遍	静压 4 遍	静压 3 遍
	行驶速度（m/min）	2～3	3～4	2～3	3～6

续表

标段	流程	初压	复压		终压
02	压路机	2 台双钢轮	2 台单钢轮	2 台胶轮	1 台双钢轮
	遍数	静压 1 遍，振压 1 遍	振压 4 遍	静压 4 遍	静压 2 遍
	行驶速度（m/min）	2～3	3～4	2～3	3～6
03	压路机	2 台双钢轮	2 台单钢轮	2 台胶轮	1 台双钢轮
	遍数	静压 1 遍，振压两遍	振压 3 遍	静压 4 遍	静压 2 遍
	行驶速度（m/min）	2～3	3～4	2～3	3～6

表 7-30　压路机碾压速度　（m/min）

压路机类型	初压		复压		终压	
	适宜	最大	适宜	最大	适宜	最大
双钢轮压路机	2～3（静压或振动）	4（静压或振动）	3～4	6	3～5（静压）	6（静压）
单钢轮压路机	2～3	4	3～4（振动）	6（振动）	4～5	8
轮胎式压路机	2～3	3	2～3（静压）	5（静压）	3～5	6

冷再生混合料碾压过程能耗主要是压路机的能耗，压路机的动力来源是柴油。沥青混合料碾压过程的排放源为压路机排放。压路机燃油排放的温室气体主要有：二氧化碳（CO_2）、甲烷（CH_4）、一氧化亚氮（N_2O）。

2. 能耗及排放量化计算

现场调查碾压过程中的压路机的柴油消耗（表 7-31）。根据调研数据及基础数据，可计算得每碾压 1km 单幅冷再生柔性基层的能耗及排放（表 7-32）。

表 7-31　冷再生柔性基层压路机燃油消耗量

标段	01		02		03	
连续工作时间（h）	12	12	12	12	13	12
碾压施工长度（km）	1.2	1.2	1.2	1.2	1.2	1.2
碾压宽度（m）	7.9	7.9	7.9	7.9	7.9	7.9
厚度（cm）	15	15	15	15	15	15
总燃油消耗（L）	267	276	309	320	317	323

表 7-32　1km 单幅冷再生柔性基层压实工序能耗及排放

混合料类型	标段	能源	用量（L）	标准煤折算系数	标准煤折算值（kgce）	CO_2 当量（kgce）
冷再生混合料	01	柴油	113.1	1.2194kgce/L	137.9	296.2
	02	柴油	131.1	1.2194kgce/L	159.9	343.4
	03	柴油	133.4	1.2194kgce/L	162.7	349.4

7.3.2.4 运输

自卸汽车在运输混合料时的油耗仅与载重量和运输距离有关，和运输的混合料类型无关，所以无论是沥青混合料还是冷再生混合料，对自卸汽车的油耗都不会产生影响。运距会对运输能耗产生较大影响，见表 7-33。

表 7-33 冷再生柔性基层单幅路面 1km 运输的能耗及排放汇总表

沥青混合料类型	能耗与排放	标段		
		01	02	03
冷再生混合料	标准煤耗（kgce）	323.7	296.1	262.5
	CO_2 当量（kgce）	697.9	639.6	570.4

7.3.2.5 冷再生柔性基层施工能耗、排放汇总

根据以上计算、分析，冷再生柔性基层施工（单幅路面 1km）全过程的能耗和排放汇总于表 7-34 中。因为不需要加热，冷再生基层结构层本身的能耗和排放很低，1km 仅为 724.7kgce，排放仅为 1832.9kg（三个标段数值很接近）。1km 水泥稳定碎石基层铣刨的能耗、排放相对较高，分别为 1041.5kgce、2236.9kg。如图 7-20、图 7-21 所示。

表 7-34 冷再生基层施工期（单幅路面 1km）能耗和排放量

标段	结构层	施工流程	能耗与排放（kgce）	合计（kgce）
01	冷再生柔性基层	拌和	178/656.1	1766.2/4069.8
		摊铺	85.1/182.7	
		碾压	137.9/296.2	
		运输	323.7/697.9	
	原路面铣刨		1041.5/2236.9	
02	冷再生柔性基层	拌和	183.8/669.9	1766.4/4072.5
		摊铺	85.1/182.7	
		碾压	159.9/343.4	
		运输	296.1/639.6	
	原路面铣刨		1041.5/2236.9	
03	冷再生柔性基层	拌和	212.4/774	1764.2/4113.4
		摊铺	85.1/182.7	
		碾压	162.7/349.4	
		运输	262.5/570.4	
	原路面铣刨		1041.5/2236.9	

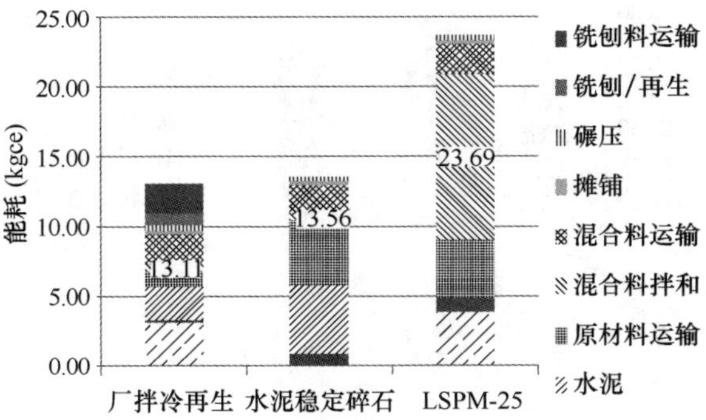

图 7-20　1t 基层混合料能耗对比

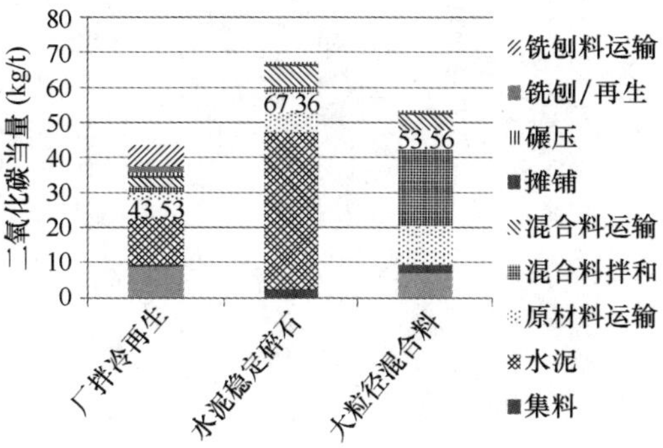

图 7-21　1t 基层混合料排放对比

7.4　橡胶沥青减量化技术应用

7.4.1　配合比设计

AC-20 中面层最终已确定用于生产的比例：18～24：12～18：6～12：3～6：0～3：矿粉：石灰粉=6：32：31：6：22：2：1。沥青用量 4.5%。如图 7-22 所示。

图 7-22　试验段现场

7.4.2　橡胶沥青路面节能减排分析

（1）由于橡胶沥青生产中的碳排放明显高于 SBS 改性沥青，加之橡胶沥青混合料拌和的耗能较高，其总碳排放量相应也更高，因此从降低碳排放角度来讲，橡胶沥青混合料没有明显的效益。

（2）从废弃物循环利用的角度对橡胶沥青混合料进行分析，每吨现场湿法橡胶沥青混合料和成品湿法橡胶沥青混合料分别可循环利用 19.05kg 和 16.43kg 废旧轮胎，按照每条轮胎 8kg 计算，相当于 2～2.5 条废旧轮胎。如图 7-23、图 7-24、图 7-25 所示。

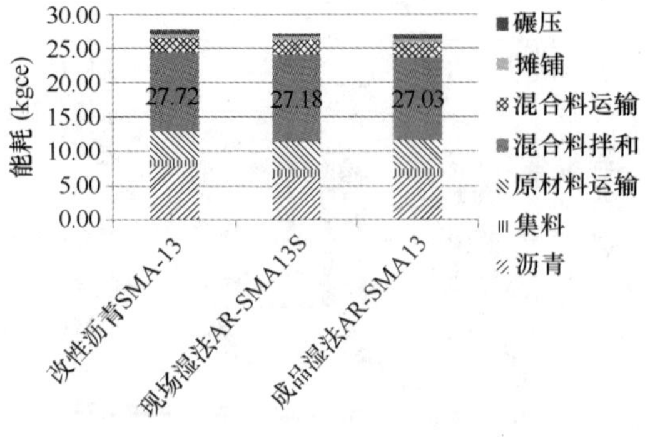

图 7-23　橡胶沥青混合料能耗

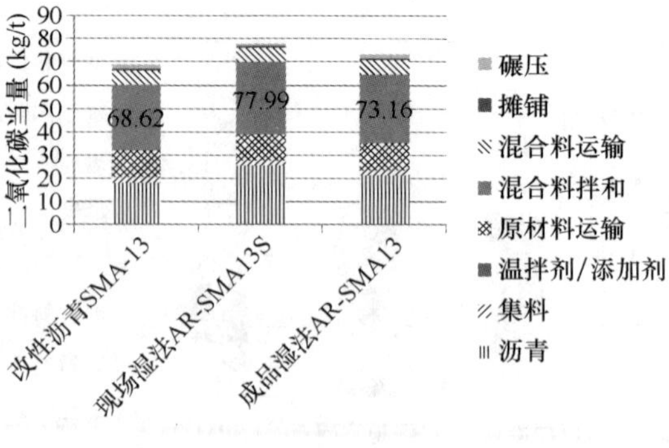

图 7-24　橡胶沥青混合料排放

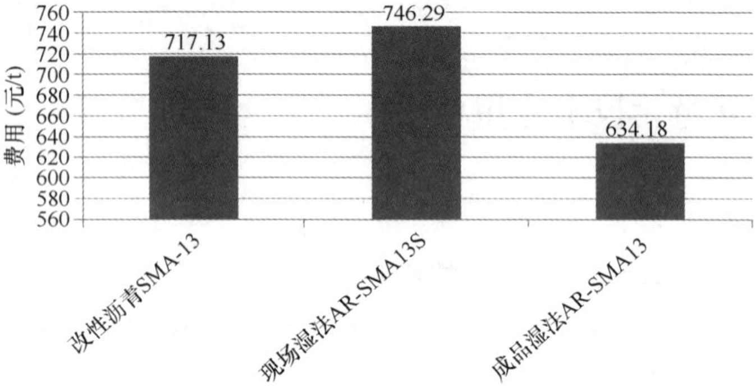

图 7-25　1t 橡胶沥青混合料费用成本

7.5　大宽度摊铺减量化技术应用

依托工程上面层一个工作面采用一台中大摊铺机，中下面层及基层一个工作面均采用一台摊铺机。其中，上面层的摊铺宽度为 19.8m，中下面层的摊铺宽度为 20m，基层的摊铺宽度为 20m。摊铺过程中，一般有 6～8 辆运料车等待。整个面层的摊铺速度定为 3.0m/min，松铺系数为 1.2。如图 7-26 所示。

摊铺过程的能耗主要来源于摊铺机，摊铺机消耗的能源为柴油，摊铺机型号及参数详见表 7-35。

表 7-35　沥青摊铺机基本参数表

类型	沥青摊铺机
型号	中大机械 DT2000
总功率（kW）	306
摊铺宽度（m）	3～20
摊铺厚度（mm）	40～600
摊铺速度（m/min）	0～14.3
料斗容量（m^3）	8

图 7-26　全断面摊铺施工

现场调查依托工程沥青混合料摊铺机的柴油消耗量，上、中、下面层摊铺过程中摊铺机的柴油消耗列于表 7-36。

表 7-36　沥青面层摊铺机燃油消耗调查表

面层类型	上面层 SMA-13	中面层 AC-20	下面层 AC-25	基层
摊铺长度（km）	2	2	2	2
摊铺宽度（m）	19.8	20.0	20.0	20.0
摊铺厚度（cm）	4	6	8	18
柴油消耗（L）	1248	1056	968	1232

依据柴油与标准煤的转换关系可得出各标段每摊铺 1km 单幅路面（面层宽为 4.1m）的标准煤消耗量（表 7-37、图 7-27）。

表 7-37　单位长度面层（1km）施工摊铺机能耗

层位	能源	用量（L）	标准煤折算系数	标准煤折算值（kgce）
上面层	柴油	128	1.2194kgce/L	156
中面层	柴油	108	1.2194kgce/L	132
下面层	柴油	99	1.2194kgce/L	121
基层	柴油	126	1.2194kgce/L	154

从施工期能耗角度考虑，当摊铺宽度 16m 以上时，采用大宽度混合料摊铺机较两台常规沥青混合料摊铺机能耗更低，每公里路面摊铺环节大宽度摊铺机较常规摊铺机能耗降低约 20%。

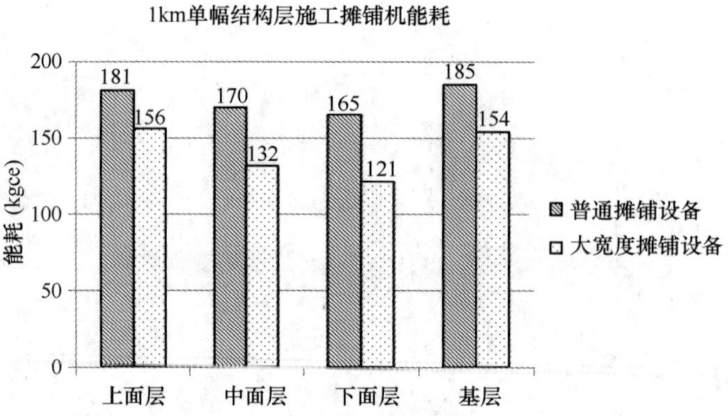

图 7-27　1km 单幅结构层施工摊铺机能耗

7.6　沥青拌和站油改气减量化技术应用

沥青拌和站是在沥青路面施工中耗能最大的机械设备。通过本研究的分析可知，沥青混合料拌和阶段的能耗明显高于摊铺、碾压阶段，为摊铺、碾压阶段的 30～60 倍，摊铺和碾压阶段的能耗较为接近。因此，拌和阶段是节能减排控制的主要环节。沥青拌和站主要在 3 个方面产生耗能：集料的加热烘干；对重油、管路、沥青、阀门等加热保温；电机的驱动。

目前我国在沥青混合料生产过程中的沥青、集料加热都主要依靠煤。煤是一种低热值、燃烧排放量大、价格便宜的低品质化石燃料。由于我国煤产量较大、价格较低，因此煤常常作为沥青混合料生产的主力燃料。但是燃煤设备效率不高、燃烧不充分，造成能量浪费大、碳排放量高。

从减少排放的角度，更换加热燃料，用高品质、高热值的燃料取代低热值、高污染的煤，是实现减少温室气体排放的途径之一。从实用的角度出发，我国投入使用替代燃煤锅炉的导热油锅炉为燃油（重油）锅炉和燃气锅炉。

重油锅炉与燃煤锅炉相比，容易实现雾化燃烧，燃烧效率更高，燃烧更完全；重油的燃料品质比煤更高，氢含量高，燃烧产生温室气体少；含氮、含硫量低，燃烧污染小，对设备的腐蚀低。

天然气燃烧品质最高，氢含量一般达到 20%左右，燃烧纯净，几乎不产生粉尘颗粒 PM；热值高，燃烧混合均匀，燃烧效率高；燃烧后产生的碳排放最少。在美国，由于天然气资源丰富，其国内的沥青拌和设备大多都可使用天然气作为燃料，以天然气生产的沥青混合料占总产量的 70%～90%。我国的一些天然气资源丰富的地区，也已经开始将天然气作为沥青拌和的燃料。

集料加热也存在相同的问题。干燥筒是依靠前端的燃烧室的燃料燃烧，鼓风机将燃烧的高温烟气鼓向后端烘干室，高温加热集料。大部分高速公路建设广泛采用煤、重油作为燃料，普遍存在燃烧不完全、积碳严重的问题，对集料质量也有一定影响。如果改用天然气，能够使燃烧更全面，燃烧产物更清洁，碳排放更少。同理，改用电力加热，避免了一次能量转换，减少了损失，也减少了能耗。本课题三个标段均为新采购 4000 型拌和机，并根据情况进行了一定的技术改造：采用精煤进行集料加热，精煤呈粉末状，其热值高于一般燃煤。但其排放仍高于天然气等清洁能源。改变能源种类对沥青混合料碳排放和能耗的影响见表 7-38。

表 7-38 沥青混合料改变能源种类的节能减排效果

改变能源种类		煤改油	油改气	煤改油	油改气	气改电	柴油改电
环节		集料加热	集料加热	沥青脱桶及加热	沥青脱桶及加热	沥青脱桶及加热	混合料拌和
碳排放对比（kg/t）	前	24.376	21.199	7.13	5.46	3.948	1.465
	后	21.199	13.487	5.46	3.948	7.297	2.054
能耗对比（kJ/t）	前	240187.73	273017.10	70309.41	70309.41	70309.41	23457.12
	后	273017.10	273017.10	70309.41	70309.41	70309.41	9450.00
减少碳排放（%）		13.03	36.38	23.42	27.69	−82.43	−40.21
节约能源（%）		−13.67	—	—	—	—	59.71

7.7 本章小结

济青改扩建项目对油改气技术、机械发泡技术、乳化沥青厂拌冷再生技术、橡胶沥青技术及大宽度摊铺等实体减量化技术进行了成功应用，并提出了相应实体技术要求。其中济青四标段项目中针对排放颗粒物和有机挥发物提出了基于“沥青烟＋VOC”“喷淋＋UV 光解设备”的排放控制技术，取得了良好的节能减排效果。

8 结论与建议

8.1 结论

针对高速公路沥青路面建设过程中的节能减排量化分析问题，本课题主要以济青高速公路改扩建工程建设为依托，将沥青路面施工期界定为材料物化、运输和施工三个阶段。开展了沥青路面施工期能耗及碳排放分析研究、沥青路面施工期沥青烟排放组成分析研究、沥青路面施工期能耗与排放评估技术及体系研究、沥青路面施工能耗与排放减量化技术研究，以及沥青路面施工能耗与排放减量化应用研究等。主要研究结论如下：

（1）提出了沥青路面施工期全过程的研究目的：对沥青路面施工期过程中的能耗与温室气体排放进行分析、计算与评价。明确了沥青路面施工期全过程三个阶段划分方法：材料物化阶段、运输阶段、施工阶段。明确了沥青路面施工期分析的系统边界。分析了能耗获取的方法，确定了采用“定额法＋理论法＋实测法”的基本原则能耗量化计算方法。

（2）通过调研、统计、现场监控建立了公路施工期能耗计算模型，提出了施工期全过程的能耗清单。沥青混合料拌和能耗比重最大，约占总能耗的45％，沥青混合料拌和是能耗的关键环节。

原材料（胶结料）能耗由高到低的顺序为：石灰＞水泥＞SBS改性沥青＞橡胶改性沥青＞改性乳化沥青＞普通沥青＞乳化沥青。

矿质集料和再生料能耗由高到低的顺序为：矿粉＞石屑＞玄武岩粗集料＞机制砂＞石灰岩粗集料＞面层铣刨料＞基层铣刨料。再生集料能耗（0.51～0.66kgce）约仅为新集料能耗（0.86～1.29kgce）的50％。

（3）沥青路面建设过程是机械设备使用最为集中的过程，其能源消耗主要表现为机械设备的燃料消耗。沥青路面建设过程使用的机械设备包括拌和设备、运输设备、摊铺设备和压实设备，这些机械设备大多以柴油作为燃料，因此，沥青路面施工和运输过程的能源消耗实质为各种施工机械的柴油和电能消耗。

（4）从施工期全过程分析的角度考虑，在各种再生技术中，冷再生的节能减排效益最显著，厂拌热再生的节能减排效益与RAP料的掺量有关，就地热再生具有明显的节能减排优势。各种再生技术通过对路面旧料的使用，节约了大量沥青和石料资源，在循环利用方面的效益显著。

（5）从生命周期分析的角度考虑，与热拌沥青混合料相比，并非所有温拌技术均具有节能减排效益。机械发泡温拌技术的节能减排效益最显著，而添加剂温拌技术的节能减排效益较低，特别是沸石添加剂类温拌沥青混合料，其生命周期能耗甚至略高于热拌沥青混合料。

（6）由于橡胶沥青通过废弃物的循环利用，节约了改性沥青中改性剂的生产能耗，使其能耗低于SBS改性沥青，因此从生命周期的角度分析，橡胶沥青混合料具有节能效益。

同时，通过对废旧橡胶轮胎的充分利用，其循环利用效益显著。

（7）对沥青路面典型工艺各环节碳排放进行清单列表和分类，按照施工工艺对碳排放各环节进行计算，并建立碳排放计算模型。$C = C_1 + C_2 + C_3 + C_4 = (P_0/V_0 \times X_1 + P_1 \times X_2 + P_2/V_0 \times X_3)/M_0 + P_3 \times L \times X_2 + P_4/W \times X_2 + P_5/W \times X_2$。

对沥青路面各施工环节沥青烟等污染物排放进行清单和列表分类，同时重点对沥青拌和生产过程中的沥青烟含量进行定性和定量分析，并对沥青烟总量随沥青混合料的温度变化进行了研究，得出沥青混合料沥青烟浓度随温度变化的一元线性回归方程为 $y = 0.3725\lg(x) - 1.642(R^2 = 0.8667)$。

（8）对沥青路面施工期关键节点监测重点进行分析，建立了监测指标及监测方法。建立了沥青混合料拌和过程大气环境监测平台，同时将其接入到山东省交通运输环境监测信息平台进行统一管理，后续根据监测平台的使用效果联合开发了手机 App 应用平台，基本实现了监测终端和数据实时在线管理。

（9）结合沥青路面节能减排量化分析评价的需要，明确了节能减排量化分析评价的主要内容与流程，建立了基于生命周期分析的沥青路面节能减排量化分析评价体系的基本框架。分析了公路项目施工期能耗分项指标法计算框架，开发了项目施工期节能评估程序，对拌和站能耗进行了预测，预测结果与实测数据拟合较好，最终根据实测数据对预测结果进行了修正，给出了修正系数。

（10）提出了基于“机械发泡温拌、油改气、沥青动态加热技术”的一体化节能控制技术；提出了基于“沥青烟＋VOC”“喷淋＋UV 光解设备”的排放控制技术，并结合实体工程进行了成功应用。

8.2 建议

（1）现有的沥青烟测定装置大都是在富集沥青 VOCs 后对其成分和抑制技术进行研究，建议将施工现场沥青 VOCs 采集测定的装置作为研究的发展方向，可在沥青路面施工过程和服役过程中对 VOCs 进行现场跟踪监测。

（2）进一步总结成果进行相关奖项申报。

参考文献

[1] 《交通强国建设纲要》[EB/OL] http://www.gov.cn/zhengce/2019-09/19/content_5431432.htm, 2019.

[2] Nicholas Joseph Santero. Pavements and the Environment: A Life-Cycle Assessment Approach[D]. Berkeley: University of California, Berkeley, 2009.

[3] Ang B W. Decomposition Analysis for Policymaking in Energy[J]. Which Is the Preferred Methods Energy Policy, 2004(32).

[4] Lenten M. Primary Energy and Greenhouse Gases Embodied in Australian Final Consumption: an Input-output Analysis [J]. Energy Policy, 1998, 26(6).

[5] Jincheol Lee, Tuncer B. Edil, Craig H. Benson, et al. USE of BE 2 ST In-Highways for Green Highway Construction Rating in Wisconsin[A]. N Weinstein. Green Streets and Highways 2010: An Interactive Conference on the State of the Art and How to Achieve Sustainable Outcomes[C]. ASCE, 2010: 480-494.

[6] Bjarne Schmidt, Jeppe C. Dyre. CO_2 Emission Reduction by Exploitation of Rolling Resistance Modeling of Pavements[J]. Procedia - Social and Behavioral Sciences, 2012, 48(2012): 311-320.

[7] 尚春静，张智慧，李小冬. 高速公路生命周期能耗和大气排放研究[J]. 公路交通科技，2010，27(08)：149-154.

[8] Weber C, Petrels A. Modeling Lifestyle Effects on Energy Demand and Related Emissions [J]. Energy Policy, 2000(28).

[9] Shyamal Paulal Rabindra Nash Bhattacharya. CO_2 Emission from Energy Use in India[J]. A Decomposition Analysis Energy Policy, 2004(32).

[10] Tarja Häkkinen, Kari Mäkelä. Environmental Adaptation of Concrete Environmental Impact of Concrete and Asphalt Pavements[R]. Espoo: T R C o Finland, 1996.

[11] A. Horvath, C. Hendrickson. Comparison of environmental implications of asphalt and steel-reinforced concrete pavements[J]. Transportation Research Record: Journal of the Transportation Research Board, 1998, 1626(-1): 105-113.

[12] 《环境管理-生命周期评价-原则与框架》(GB/T 24040—2008)[S]. 北京：中国标准出版社，2008

[13] Pablo Zapata, John A. Gambatese. Energy Consumption of Asphalt and Reinforced Concrete Pavement Materials and Construction[J]. Journal of Infrastructure Systems, 2005, 11(1): 9-20.

[14] Kwangho Park, Yongwoo Hwang, Seongwon Seo, et al. Quantitative Assessment of Environmental Impacts on Life Cycle of Highways[J]. Journal of Construction Engineering and Management, 2003, 129(1): 25-31.

[15] Gj Treloar, Ped Love, Oo Faniran, et al. A hybrid life cycle assessment method for construction [J]. Construction Management & Economics, 2000, 18(1): 5-9.

[16] Graham J. Treloar, Peter E. D. Love, Robert H. Crawford. Hybrid Life-Cycle Inventory for Road Construction and Use[J]. Journal of Construction Engineering and Management, 2004, 130(1): 43-49.

[17] Tyler, S. C. Methane and carbon monoxide emissions from asphalt pavement: measurements and estimates of their importance to global budgets[J]. Journal of Geophysical Research, 1990, 9(95).

[18] 朱永彬，王铮，庞丽，等. 基于经济模拟的中国能源消费与碳排放高峰预测[J]. 地理学报，2009，64(8).

[19] 朱勤，彭希哲. 人口与消费对碳排放影响的分析模型与实证[J]. 中国人口资源与环境，2010，20(2).

[20] 马忠海. 中国几种主要能源温室气体排放系数的比较评价研究[J]. 北京：中国原子能科学研究院，2003.

[21] Chui-Te Chiu, Tseng-Hsing Hsu, Wan-Fa Yang. Life cycle assessment on using recycled materials for rehabilitating asphalt pavements[J]. Resources, Conservation and Recycling, 2008, 52(3): 545-556

[22] 潘美萍. 基于 LCA 的高速公路能耗与碳排放计算方法研究及应用[D]. 广州：华南理工大学，2011.

[23] 张德英. 我国工业部门碳源排碳量估算方法研究[D]. 北京：北京林业大学，2005.

[24] 王雪娜. 我国能源类碳源排碳量估算办法研究[D]. 北京：北京林业大学，2006.

[25] 徐国泉，刘则渊，姜照华. 中国碳排放的因素分解模型及实证分析[J]. 中国资源、人口、环境，2006，16(6)：4.

[26] 吴军伟. 道路工程碳排放量计算与分析模型的发展与应用[J]. 城市道桥与防洪，2011(7)：248-252，274.

[27] 张荣春. 沥青就地冷再生技术在农路大中修的应用[J]. 中国西部科技，2011，10(34)：4.

[28] 秦晓春. 低碳理念下绿色公路建设关键技术与应用的探讨[J]. 公路交通科技，2010(10)：4.

[29] 秦永春，李峰. 温拌沥青混合料节能减排效果的测试与分析[J]. 公路交通科技，2009，26(8)：5.

[30] International Energy Agency(EIA). CO_2 emissions from fuel combustion 2013[M] . Pads: IEA Publication, 2013, 10.

[31] D. Cass, A. Mukherjee. Calculation of Greenhouse Gas Emissions for Highway Construction Operations by Using a Hybrid Life-Cycle Assessment Approach: Case Study for Pavement Operations [J]. Journal of Construction Engineering and Management, 2011, 137(11): 1015-1025.

[32] Ting Wang, In-Sung Lee, Alissa Kendall, et al. Life cycle energy consumption and GHG emission from pavement rehabilitation with different rolling resistance[J]. Journal of Cleaner Production, 2012, 33(2012): 86-96.

[33] 郑莉. 路面材料 LCA 及其信息化开发[D]. 长沙：长沙理工大学，2007.

[34] 郑艳华. 生命周期评价法在公路建设项目环境影响分析中的应用[D]. 南京：南京林业大学，2009.

[35] 《强制间歇式沥青混合料搅拌设备》(JT/T 270—2019)[S]. 北京：人民交通出版社，2019.

[36] 苏红云. 沥青搅拌设备节能减排大家谈[J]. 建设机械技术与管理，2011，(6)：27，29，31，33，35，37-41.

[37] 田可兵，刘晓帆. 沥青拌和楼燃油用量的分析探讨[J]. 广东交通职业技术学院学报，2006，5(2)：21-23，27.

[38] 孙绪法. 沥青拌和站节能措施[J]. 工程机械与维修，2010(11)：184-185.

[39] 李际贵. 沥青路面施工机械优化配置[J]. 山西建筑，2007，33(14)：345-346.

[40] 徐晓枫，蓝伟生. 沥青混合料摊铺机选型原则和摊铺质量浅析[J]. 黑龙江交通科技，2009，(05)：55-56.

[41] 冯艮生. 浅谈公路工程施工机械的合理选择[J]. 交通标准化，2008(7)：164-167.

[42] 丁波，于永. 浅析柴油机排放控制技术[J]. 交通科技与经济，2004(004)：51-52.

[43] 赵西安，赖可坚，邹颂宇. 浅谈柴油发动机排放的环保对策[J]. 建筑机械化，2004，25(010)：63-64.

[44] 杨挺然. 控制柴油机排放的技术分析[J]. 交通节能与环保，2006(2)：29-31.

[45] 郑建军，周志恩，张丹，等. 隧道路面沥青摊铺过程空气中 TSP 和多环芳烃污染研究[J]. 环境监测管理与技术，2010，(006)：39-41.

[46] International Agency for Research On Cancer. Bitumens and Extracts of Steam-Refined and Air-Refined Bitumen [R]. Lyon：IARC，1987.

[47] 史宝成，刘景泰. 沥青烟化学组分的气相色谱—质谱联机分析[J]. 环境化学，2001，20(2)：200-201.

[48] E Sikora，S Stone，S Tomblyn，et al. Asphalt exposure enhances neuropeptide levels in sensory neurons projecting to the rat nasal epithelium[J]. Journal of Toxicology and Environmental Health Part A，2003，66(11)：1015-1027.

[49] Mh Simmers. Petroleum Asphalt Inhalation by Mice. Effects of Aerosols and Smoke on the Tracheobronchial Tree and Lungs[J]. Archives of environmental health，1964，9：728.

[50] F. Hugo，A. E. Martin. Significant findings from full-scale accelerated pavement testing[R]. Washington DC：T R Board，2004.

[51] D. Amos. Pavement Smoothness and Fuel Efficiency：An Analysis of the Economic Dimensions of the Missouri Smooth Road Initiative[R]. Washington D. C：FHWA，2006

[52] James S. Gillespie，Kevin K. Mcghee. Get in，get out，come back! What the relationship between pavement roughness and fuel consumption means for the length of the resurfacing cycle[J]. Transportation Research Record，2007，(1990)：32-39.

[53] 田赛男，姚祖康，黄美德，等. 路面平整度对油耗的影响[J]. 中国公路学报，1990，3(1)：1-14.

[54] 周育峰，张浩然. 路面表面特性与汽车油耗关系研究[J]. 公路，2005，(01)：30-36.

[55] 《重型车用汽油发动机与汽车排气污染物排放限值及测量方法(中国Ⅲ、Ⅳ阶段)》(GB 14762-2008)[S]. 北京：中国环境科学出版社，2008.

[56] ISO 14040，Environmental management -- Life cycle assessment --Principles and Frameworks[S]. Geneva：International Standard Organization，2006.

[57] ISO 14044，Environmental management -- Life cycle assessment -- Requirements and Guidelines[S]. Geneva：International Standard Organization，2006.

[58] 张登良. 沥青路面工程手册[M]. 北京：人民交通出版社，2003.

[59] European Bitumen Association. Partial Life Cycle Inventory for Paving Grade Bitumen[R]. Brussels：Eurobitume，1999.

[60] 郭淑霞，于雷，宋国华. 重型柴油车实测排放因子和 MOBILE6 预测值的对比分析[J]. 安全与环境工程，2007，14(02)：17-21.

[61] 黄成，陈长虹，景启国，等. 重型柴油车实际道路排放与行驶工况的相关性研究[J]. 环境科学学报，2007，27(02)：177-184.

[62] 郝艳召，邵春福，于雷，等. 交通路网中重型柴油车油耗和排放多层次分析[J]. 交通运输系统工程与信息，2010，10(005)：123-129.

[63] 黄成，陈长虹，楼狄明，等. 重型柴油车实际道路油耗与排放模拟及其应用研究[J]. 环境科学学报，2010，30(12)：2369-2376.

[64] 交通运输节能减排项目节能减排量或投资额核算技术细则. 交通运输部. 2016.

[65] 张争奇，张苛，姚晓光，等. 厂拌热再生技术能耗与排放量化分析[J]. 江苏大学学报(自然科学版)，2015(5)：615-620.

[66] 王清洲，范鑫，刘淑艳，等. 温拌沥青路面建设期内节能减排效益测算[J]. 中外公路，2017(05)：330-334.

[67] 肖益民，董昭，孙强. 泡沫沥青温拌大粒径透水性沥青混合料性能衰减规律研究[J]. 公路工程，2018，43(05)：204-208.

[68] 李海洋. 基于LCA温拌沥青，路面建设期节能减排效果及经济性评价[D]. 重庆：重庆交通大学，2016.

[69] 程玲，闫国杰，陈德珍，等. 温拌沥青混合料摊铺节能减排效果的定量化研究[J]. 环境工程学报，2010(09)：233-237.

[70] GASTHAUER E，MAZE M，MARCHAND J P，et al. Characterization of asphalt fume composition by GC/MS and effect of temperature[J]. Fuel，2008，87(7)：1428-1434.

[71] JIN J，TAN Y，LIU R，et al. Structure characteristics of organic betonies and the effects on rheological and aging properties of asphalt[J]. Powder Technology，2018，329：107-114.

[72] 李立平. 橡胶沥青VOCs的释放特性及抑制方法研究[D]. 武汉：武汉理工大学，2017.

[73] 李长英，陈明功，盛楠，等. 挥发性有机物处理技术的特点与发展[J]. 化工进展，2016，35(03)：917-925.

[74] 朱晓平，马慧莲，朱秀华，等. 热脱附-气相色谱-质谱法测定环境空气中67种挥发性有机物[J]. 色谱，2019，37(11)：1228-1234.

[75] LIN S，HUNG W，LENG Z. Air pollutant emissions and acoustic performance of hot mix asphalts[J]. Construction and Building Materials，2016，129：1-10.

[76] 张燕青，黄满红，戚芳方，等. 煤矸石中金属和酸根离子的淋溶特性[J]. 环境化学，2014(03)：82-88.

[77] 王新岐，张廉，王朝辉，等. 绿色公路评估指标体系研究[J]. 筑路机械与施工机械化，2016(11)：34-38.

[78] 崔培强. 沥青VOC分析技术及抑制方法研究[D]. 武汉：武汉理工大学，2015.

[79] 龙永双，吴少鹏，肖月，等. 基于PY-GC-MS的沥青VOCs挥发规律研究[J]. 武汉理工大学学报：交通科学与工程版，2018，42(1)：1-6.

[80] 焦信信. 沥青搅拌设备沥青烟排放机理及控制研究[D]. 西安：长安大学，2018.

[81] Cui P，Wu S，Xiao Y，et al. Inhibiting effect of Layered Double Hydroxides on the emissions of volatile organic compounds from bituminous materials[J]. Journal of Cleaner Production，2015，108(12)：987-991.

[82] Xu X，Yu J，Lu H，et al. The rheological behavior of rejuvenated SBS modified asphalt incorporating oil slurry and tri-epoxide[J]. Petroleum Science and Technology，2019：1-6.

[83] 李娜，关甫洋. 阻燃沥青胶浆在隧道沥青路面中的应用研究[J]. 中外公路，2014，34(2)：310-314.

[84] 范成正. 沥青烟气组成及其抑制研究[D]. 青岛：中国石油大学，2015.

[85] 齐乐. 沥青面层节能减排评价指标及评估体系研究[D]. 西安：长安大学，2015.

[86] 彭波，蔡春丽，胡如安. 高速公路沥青路面能耗与碳排放评价[J]. 长安大学学报：自然科学版，2016，36(5)：8-15.

[87] 王婷婷. 公路沥青路面不同预养护方式的绿色评价研究[D]. 重庆：重庆交通大学，2013.

[88] 秦永春，黄颂昌，徐剑，等. 温拌沥青混合料节能减排效果的测试与分析[J]. 公路交通科技，2009，26(8)：33-37.

[89] 秦文香，杨欣. 高速公路改扩建路基路面碳排放计算分析研究[J]. 公路交通科技(应用技术版)，2015(1)：48-51.

[90] 陈书雪，曹子龙，张毅，等. 绿色高速公路施工期能耗统计监测技术及实证研究[J]. 公路，2017(9)：211-215.

[91] 于凯旋，程大千，杨帆，等. 道安高速公路建设期能耗排放监控监测与分析 [J]. 上海公路，2017(3)：17-20.